叢書・ウニベルシタス　1054

歴史学の最前線

〈批判的転回〉後のアナール学派とフランス歴史学

小田中直樹 編訳

法政大学出版局

もくじ

歴史学の最前線

イントロダクション

0

小田中直樹

Naoki Odanaka

1　「危機的な曲がり角／批判的転回」

フランスにおける歴史学を代表する学術誌であり、綺羅星のごとき歴史学者を結集して「アナール学派」という名で世界的に知られる歴史学者グループを生み出したことで知られる『アナール』は、一九八八年に刊行された第四三巻第二号において、運営委員会の手になる巻頭言「歴史と社会科学、トゥルナン・クリティーク」を掲載した。「トゥルナン・クリティーク（tournant critique）?」は、英訳すると「クリティカル・ターン（critical turn）」となり、「危機的な曲がり角」あるいは「批判的転回」と邦訳できる。

しかし、どちらの訳語を採ればよいのか。これは一見些細な問題にみえるが、じつは難問であり、また、それなりに意味のある問題であった。この巻頭言は、みずからもアナール学派の良き同伴者にしてすぐれた歴史学者だった二宮宏之（一九三二―二〇〇六年）によって邦訳されたが、二宮もどう訳すべきか悩み、当初は「危機的な曲がり角」と訳したが、最終的には「批判的転回」を採用するに至っている(1)。

巻頭言の発表から四半世紀以上たった今日から考えると、『アナール』運営委員会は両方の意味を込めてこの言葉をもちいたように思われる。二〇世紀末、アナール学派の歴史学さらにはフランス歴史学の総体は「危機的な曲がり角」にあり、それゆえ、それまでの歩みを批判的に検証しながら新たな方向にむかう運動たる「批判的転回」のありかたを模索する営みが必要である――そう運営委員会は考えたのではないか(2)。

当該巻頭言で『アナール』運営委員会は、歴史学において「カードを切りなおす」ことを提唱した。すなわち、それまで、アナール学派を中心とするフランス歴史学は、マルクス主義や構造主義といった思想、数量的方法をはじめとする方法論、さらには地理学、社会学、人類学など隣接する学問領域の成果を援用しながら、要言すれば「社会科学との大胆な提携のうえに」発展してきた。しかし、一九八八年という時点において、歴史学は「不確実性の時代」に突入しており、これまでのあり方では対応困難である。運営委員会はこのように歴史学界の現状を評価したうえで、利用しうる「新しい方法」、隣接する諸学問領域との「新たな同盟」、この二点について考察と議論を進めることを提唱した。とりわけ前者については、具体的に、比較という手法を深化させうる「分析の尺度」はいかなるものか、歴史学における「証明」の一環をなす「歴史のエクリチュール」はいかなるものであるべきか、という二つの問題を提示した[3]。

本書を編んだ目的は、この「批判的転回」の呼びかけを受けたフランス歴史学界が、直接あるいは間接にいかに反応したか、いかなる新たな方向をめざしたか、そして現在いかなる状態にあるか、これら諸点を知ることにある。

ただし、そのためには、一九八〇年代のフランス歴史学界が直面していた「危機的な曲がり角」すなわち歴史学の危機とはどのようなものだったかを理解しておく必要がある。この点を念頭に置きつつ、まずはフランス歴史学の歴史（史学史）を顧みることにしよう。

2　フランスにおける歴史学の成立

科学としての歴史学、あるいは一学問領域としての歴史学は、通常、一九世紀前半から中葉にかけてのドイツ諸邦において、レオポルト・フォン・ランケ（Leopold von Ranke）（一七九五―一八八六年）を中心とする歴史学者たちによって確立されたといわれている。

一九世紀のドイツ諸邦、さらに広くヨーロッパ諸国では、産業革命以来ひとびとの日常生活をおおきく変えてきた科学に対する一種の信仰が広まっていた。また、ドイツ諸邦やイタリア半島において国家統一運動が展開され、東ヨーロッパでは独立がめざされ、あるいは英仏などが国力をあげて植民地に進出するなど、国家とりわけ国民国家の重要性が認識され、その確立を唱えるナショナリズムが受容されつつあった。歴史学は、科学信仰とナショナリズムの時代に生まれたのである。

このような時代精神は、その後の歴史学のありかたをおおきく規定することになった。まず、各地各国の歴史学界では、いかなる理論や方法論をもちいればよいか、換言すればいかにすれば歴史学は科学たりうるかという問題が熱心に論じられた。そして、資料やデータを適切に分析検討して過去の事実を確定するという手続きを採用するべきことが唱えられた。この立場を実証主義と呼ぶ。また、歴史学の中核には、国民国家の成立・確立・強化に貢献するナショナリズムの色彩を帯びたナショナリズム史観、国家を分析の単位かつ歴史のアクターとする一国史観、そして全国政治や国際政治などいわゆる大文字の政治を主要なテーマとする政治史中心史観を特徴とする「ナショナリスティックで一国史的な政治史」が据えられた。このような歴史学をナショナル・ヒストリーと呼ぶ。かくして、歴史学は実証主義的なナショナル・ヒストリーとして始まった。

フランスにおいても、事態は同様である(4)。科学あるいは一学問領域としての歴史学は独仏戦争における敗北の記憶さめやらぬ第三共和制初期に誕生し、制度化されてゆくが、対独復讐ナショナリズムの蔓延と、敗北の主因がフランス科学の水準の低さに求められたことを背景として、歴史学は実証主義的なナショナル・ヒストリーたらざるをえなかった。

この時期の代表的な歴史学者としてはニュマ・フュステル・ド・クーランジュ（Numa Fustel de Coulanges）（一八三〇―八九年）、ガブリエル・モノー（Gabriel Monod）（一八四四―一九一二年）、エルネスト・ラヴィス（Ernest Lavisse）（一八四二―一九二二年）などが挙げられるが、彼らは、歴史学の先進国たるドイツに学び、ドイツ歴史学をモデルとしつつ、実証主義的なナショナル・ヒストリーとしてフランス歴史学を確立しようと試みた(5)。彼らの努力によって歴史学にかかわる学術誌が創刊され、大学に歴史学科が設置され、歴史学者を組織する学会が誕生し、ほぼ一九・二〇世紀転換期には、科学としての歴史学の制度化の目安が出揃うことになる。

3　アナール学派の成立

科学において、制度化は、往々にして硬直化、陳腐化、矮小化、あるいは細分化と同義である。そこでは、当該学問領域をなりたたせる根本や土台は、当然のもの（ア・プリオリ）として、研究の前提をなす無意識のルールとされる。そのルールの枠のなかで問題が設定され、それを解くことが課題として求められる。科学者には、ルールに則った営為だけが認められる。制度化された科学とは、あらかじめ定められたルールのもとにおこなわれるゲームのようなものなのである。科学史家トマス・クーン（Thomas Kuhn）（一九二二―九六年）は、このようにルーティン化した科学を「通常科学」と呼んだ。通常科学は、やがて硬直化・陳腐化・矮小化・細分化してゆく。そして、ある時点で、既存のルールが問いに付され、異なるルールが採用され、ゲームのありかたそのものが一新され、新たな通常科学が登場する。これがパラダイム・シフトである(6)。

歴史学もその例に漏れない。二〇世紀前半のフランスでは、実証主義的ナショナル・ヒストリーが制度化されて通常科学の位置を占めていたが、第一次世界大戦を経て、異議申立の声が上がりはじめる。一九二九年、第一次世界大戦の結果フランスに返還されたアルザス地方にあるストラスブール大学に勤務していた二人の歴史学者リュシアン・フェーヴル（Lucien Febvre）（一八七八―一九五六年）とマルク・ブロック（Marc Bloch）（一八八六―一九四四年）は『経済社会史年報（*Annales d'Histoire Economique et Sociale*）』なる学術誌の刊行を開始した。同誌は何度かの改称を経て一九四六年に単なる『年報（*Annales*）』すなわち『アナール』という名称に落着き、「批判的転回」に至る過程で多くの若い歴史学者をひきつけることになった。こうして出来上がった歴史学者グループの通称が「アナール学派」である(7)。

アナール学派の創始者たるフェーヴルとブロックは、隣接する諸学問領域とりわけ社会学、心理学、人文地理学、あるいは文化人類学の成果を援用しつつ、彼らの眼前にあった通常科学たる実証主義的ナショナル・ヒストリーの主要な構成要素、すなわち実証主義、一国史観、そして政治史中心史観を批判することにより、新しい歴史学を構築しようと試みた(8)。

まず、実証主義に対する批判であるが、彼らとて歴史学が実証の学、すなわち歴史資料という根拠にもとづき、資料批判をはじめとするルール化された手続きをもちいて論証をすすめ、論理的な結論を導出するという営みであることを否定するわけではない。

問題は、彼らの眼に映る当時の主流派歴史学者たちが、実証主義とは、歴史資料を出発点とし、「実際のところ、事態はいかにあったか」（ランケ）を明らかにすることをゴールとする営為であると考えていることにあった。フェーヴルとブロックにいわせれば、そうではない。歴史研究の出発点は、歴史資料ではなく、歴史学者の問題関心なのだ。フェーヴルは「問題がなければ歴史はない。あるのは単なる叙述、雑多な史実の寄せ集めです」と述べ、歴史学は「問題史（histoire-problème）」たらざるをえないと喝破したが、彼らにとって歴史学は問いかけから始まる営み、すなわち「観察」ではなく「解釈」の学であり、それゆえにこそ他の学問領域と同格の科学たりうるものであった(9)。

次に、一国史観に対する批判であるが、中近世史を専門としていたフェーヴルとブロックにとって、そもそも国家は自明の分析単位やアクターではなかった。また、フェーヴルはフランス東部に位置するフランシュ＝コンテ地方を、ブロックはパリ周辺部に広がるイル＝ド＝フランス地方を、おのおの対象とする地方史研究から、研究生活を開始した。さらに、二人ともに人文地理学、とりわけ環境と人間活動の相互作用のなかで歴史が展開すると唱えるポール・ヴィダル・ド・ラ・ブラーシュ（Paul Vidal de la Blache）（一八四五—一九一八年）の理論に大きな影響を受けていた。このような地理的観点から空間を把握する場合、国境という境界や国家という空間は大きな意味をもたなくなるだろう。フェーヴルとブロックにとって、一国史観に固執するべき理由はまったく存在しなかった。

それでは、いかなる分析単位を採用し、いかなる手法をもちいて分析と論証を進めればよいか。とりわけブロックはこの問題に関心をもって考察の対象とし、答えを「地域」と「比較」に見出した。このうち「地域」とは、イル＝ド＝フランスやフランシュ＝コンテなど「すでに」存在するものではなく、あくまでも研究の主体たる歴史学者の問題関心によって境界と範囲を与えられる空間単位であった。それは、歴史学者の主観にもとづくという意味で主観的であり、研究のテーマや目的が変化すれば放棄される点では一時的であり、したがって可変的なものである[10]。そして、かくして設定された地域について、他の地域と比較して異同を測定するという手続きを踏めば、その特徴が確定できる。ブロックは、この「比較」という手法について方法論的な論文を書き、そのなかで、似通った対象の比較、対照的な対象の比較、時空間的に近接した対象の比較、同じく遠く隔たった対象の比較など、さまざまな比較の特質と有効性を検討した[11]。

最後に、政治史中心史観に対する批判であるが、フェーヴルとブロックが創刊した学術誌のタイトル『経済社会史年報』には、戦争や政争など大文字の政治を叙述したり観察したりするにとどまっている主流派歴史学に対する批判が含意されていた。社会学、心理学、あるいは文化人類学の動向から大きな刺激を得ていた二人にとり、政治の歴史以外にも、歴史学者がなすべき課題は山積していた。たとえば、英仏にみられた国王による患部接触（ロイヤル・タッチ）は、両国民衆にひろく受容されたが、それはいかなる集合的心性に支えられていたのか（ブロック）。マルティン・ルターの思想と行動はいかなる社会階層に受容され、支えられ、またその過程でいかなる変容を遂げたのか（フェーヴル）。こういった課題に答えることは、政治史学の手に余る。経済史、社会史、あるいは文化史をも対象に含めた総合的な歴史学の出番である。

彼らにとって、歴史学の課題は歴史の総体を捉えることにあり、したがって、そこで提示されるべき歴史は「全体史（histoire à part entière）」でなければならなかった[12]。そしてまた、全体史を提示するために援用しうる分析ツールは、じつは隣接諸学問領域がすでに提供しているはずであった。二人にとって、歴史学には学際的なアプローチが必要であり、また採用可能なものであった。

かくして、のちに『アナール』とよばれることになる学術誌は、実証主義的ナショナル・ヒストリーに対する批判的なスタンスにもとづき、歴史学者の問題関心や分析対象の範囲や分析の手法など、総じて歴史学における理論や方法論を検討するとともに、全体史の構築を目指して他の学問領域との学際的な共同作業を試みるための「場」となることを期待されて誕生した。

ただし、フェーヴルとブロックの所説は、実証主義的ナショナル・ヒストリーに対する批判としては有効であり有益であるが、それにとってかわるゲームのルールを十全に提供しているとまではいいがたい。たとえば、政治の歴史を分析するにとどまっていてはならないというのはそのとおりだとして、それでは政治やそれ以外の対象、たとえば経済、社会、文化、あるいは心性は、相互にいかなる関係を取結んでいると考えるべきか。彼らが提唱した問題史や全体史は、いかにすれば描きうるか。一国という分析単位が絶対ではないならば、いかなる時空間を分析単位として採用するべきか。学際的なアプローチが必要かつ可能だというのはわかるが、それでは地理学や文化人類学など隣接する諸学問領域の所説をいかに取り入れるべきか。歴史学は解釈の学であるとして、解釈の手続きはいかなるものたるべきか――これら疑問に答えるという課題は、次の世代に託されることになる。

4　アナール学派の展開・第二世代

第二次世界大戦が終了すると、かつてフェーヴルとブロックが創刊した学術誌は『アナール』と改称され、多くの若い歴史学者を惹きつけることになった。創刊者たちを「第一世代」とよぶとすれば、彼らに直接あるいは間接に教えと影響を受けた「第二世代」の登場である。彼らは、実証主義的ナショナル・ヒストリーに対する批判という第一世代の成果のうえに立ち、それにとって代わるべき新しいゲームのルールとして「問題史的全体史」とでもよぶべきもの、すなわち問題史にもとづく全体史たる科学を構築するべく、さまざまな試みを推しすすめた。

アナール学派第二世代の中核をなしたのは、フェルナン・ブローデル（Fernand Braudel）（一九〇二―八五年）とエルネスト・ラブルース（Ernest Labrousse）（一八九五―一九八八年）の二人である。

一九四九年、ブローデルは、一六世紀の地中海沿岸地域という時空間の総体に接近するという壮大な意図のもとに、博士論文『フェリペ二世時代の地中海と地中海世界』を刊行し、一躍ときの人となるとともに、後代の歴史学者に大きな影響を与えることになった。[13] 同書では、ハプスブルク帝国とオスマン帝国という相異なる文化的背景をもつ二つの帝国の対立、併存、あるいは接触がみられる当該時空間をまるごと捉えるべく、新しい全体史の方法が考案され、提示されていたからである。

彼は、研究対象たる時空間を、政治、文化、社会、経済云々といった諸領域に区分するのではなく、また年代記的に時期によって区分するのでもなく、時間的な持続性に着目して三つの層に区分し、そのうえで、三者を相互に関連させつつ対象に接近することを提唱した。ここで提示された三つの層とは、自然環境や深層心理など、きわめて緩慢にしか変化しない「構造」または「長期的持続」、人口変動や、賃金や物価といった経済指数など、ゆるやかに、そしてしばしば周期的に変化する「変動」または「景況（conjoncture）」、そして、クーデタや企業倒産といった突発的な「事件」である。これら三つの層は、構造が時空間の深層にして基底をなし、それを土台として諸々の変動が展開し、そして諸変動が接触するなかで事件が生じる、という関係にあるとされる。

ブローデルの方法は、時間的な持続性という、時間をとりあつかう学である歴史学になじみ深い基準で分析対象を区分し、また、それらを積み木のように積み上げて総体に接近する点で直感的にわかりやすいため、歴史学者にとっては受容しやすいものであった。彼がアナール学派第二世代の盟主とみなされることになったのも、けだし当然の理というべきであろう。

これに対してラブルースは、ブローデルいうところの変動を時間のなかで把握する方法を確立するとともに、それが構造や事件と接合されうる可能性を提示し、歴史学界に大きな衝撃を与えた。彼は、すでに両大戦間期にフランス革命前後の時期の経済史の専門家として学界にデビューしていたが、物価、賃金、地代といった経済指標について、さまざまな資料のなかからデータを発掘し、時系列に並べてトレンドを見出すという統計学的な手法を試みた。[14] 歴史学の数量化、すなわち数量史学（あるいは時系列史学）と呼ばれる手法の提唱と実践である。

数量化という方策は、今日では「当たり前」のもののようにみえるかもしれないが、当時としては画期的なものであった。また、この方策は、ブローデルが提示した全体史の方法と接合されることにより、歴史学にさまざまな研究の可能性を拓くことになった。すなわち、それは、まずもって変動の層に対して科学的に接近する方策を供給するものであった。また、さまざまな指標の時系列的なトレンドを構築し、それらを相互に比較して異同を見出すことで、諸々の事件の契機を見出すことを可能にするものであった。さらには、これら指標の変動の背景には深層たる構造があるからには、諸変動のトレンドから構造の特徴を読みとることが可能であると示唆するものでもあった。

数量化の対象は、単に経済史の領域にとどまるものではない。なんらかの時系列的な資料が残っており、それらを加工して特定の指標のトレンドを見出しうるようなテーマや領域であれば、なにに対しても応用可能である。

とりわけ重要なのは、人口変動にかかわる諸事象を対象とする歴史研究の急速な発展である。フランスでは、小教区（paroisse）の司祭あるいは助祭（curé）が小教区民の誕生、結婚、死去を記録した小教区簿冊（registre paroissial）が各地に残されている。これらデータを家族を単位として再構成すると、一人ひとりの人生、彼（女）を構成員とする家族のありかた、さらには地域の人口動態が復元できる。この手法を「家族復元法」と呼び、また、家族復元法をもちいて人口動態に接近する歴史研究を「歴史人口学」と呼ぶ。家族復元法は、第二次世界大戦直後、ルイ・アンリ（Louis Henry）（一九一一—九一年）たちによって考案された(15)。この手法をもちいることにより、平均寿命、結婚の年齢、子どもの数といった人口動態の諸指標の変動を確定することが、科学的に厳密な水準で可能になった(16)。

それだけではない。家族復元法は、人口動態の背後にある心性（マンタリテ）や社会的結合関係（ソシアビリテ）など構造の諸領域に接近することも可能にした。たとえば、家族あたり平均子ども数の変動からは、人々の子ども観すなわち子どもに対するまなざしや心性の変遷がみてとれるのではないだろうか。あるいはまた、結婚相手が結婚前に所属していた小教区がわかれば、社会的結合関係の重要な一環をなす人々の交際範囲に接近できるのではないだろうか。

かくして数量史学はまたたくまにアナール学派第二世代を席巻し、歴史学の数量化は、経済活動や人口動態の分析のみならず、徴兵名簿をもちいた体格の変化の研究、出版業者の販売データをもちいた読書傾向の研究、あるいは結婚契約書における署名をデータとしてもちいた識字率の変化の研究など、百花繚乱の相を呈した。

5　アナール学派の展開・第三世代

一九七〇年ごろになると、数量史学もまた通常科学として硬直化、陳腐化、矮小化、あるいは細分化の傾向を示しつつあることがはっきりしてきた。また、新しい世代の歴史学者が登場し、数量史学に対する異議を申立て、さらには別のアプローチを探究しはじめた。アナール学派第三世代の登場である。

第三世代が目指したのは、数量史学という方策では研究の網の目からこぼれおちてしまう事象を捉えることであった。すなわち、数量化できるのは大量現象に限られるから、一回性をもって特徴づけられる事象は数量史学の対象たりえない。定質的な事象は歴史上の事象のかなりの部分を占めているが、これらは数量化になじまないため、数量史学の視野から外れてしまう。[17] 例外事象は、数量化され標準化されるなかで例外性を失ってしまうから、数量史学では接近不可能である。しかして、これら事象に接近できなければ、歴史をまるごと捉えるというアナール学派の目標はかけ声倒れに終わってしまう。

これら特徴をもつ事象に接近し、分析を試みるには、いかなる方策を採用すればよいのだろうか。ここで着目されたのが文化人類学の方法である。人間の生活様式と、そこに与えられたさまざまな形態の意味のシステムの総体を「文化」と呼ぶとすれば、文化は大量現象ではなく、定質的な性格をもち、諸々の例外事象を包含している。文化人類学は、かくなる特徴をもつ文化を分析対象とし、それに接近するべく、参与観察をはじめとする多種多様なアプローチを考案してきた。

アナール学派第三世代を構成する多くの歴史学者は、文化人類学に接近し、その手法を歴史研究に取入れ、あるいは接合しようと試みた。これら努力の結晶として成立したのが「歴史人類学」である。

もっとも、歴史学者は参与観察など出来るはずもない。また、とりわけフランスの文化人類学は、クロード・レヴィ＝ストロース（Claude Lévi-Strauss）（一九〇八―二〇〇九年）をはじめとする構造主義的な人類学の影響のもと、通時的よりも共時的なアプローチに親和的な傾向にあった。これでは、時間を扱う学である歴史学との距離は大きい。それゆえ、歴史人類学が文化人類学からとりいれたのは、あれやこれやのアプローチや手法ではなく、むしろ問題関心、研究対象、そしてなによりも「ものの見方」だったというべきだろう。要するに、大量ではなく瑣末にみえる事象でも、定量的な現象でも、例外事象でも、歴史学の対象たりうるということである。これら事象に接近する方策は、数量化であろうがなかろうが、使えるものであればなんでもよい。

たとえば、ジャック・ルゴフ（Jacques Le Goff）（一九二四―二〇一四年）は、中世ヨーロッパにおける時間観念を取上げ、教会が定める時間と商人が利用する時間という、二つの時間のありかたが相対立しつつ並存していたことを明らかにした。エマニュエル・ル・ロワ・ラデュリ（Emmanuel Le Roy Ladurie）（一九二九年生）は、人口動態や環境などの数量史学から出発したが、徐々に歴史人類学に接近し、中世の一寒村に対して文化人類学的に接近するという離れ業を試み、あるいは、近世南フランスの一小都市で発生した暴動に現れた祝祭と反乱と政治の複雑な意味連関を読解した。モーリス・アギュロン（Maurice Agulhon）（一九二六—二〇一四年）は、フランスにおける共和国のシンボルたる女性像「マリアンヌ」が人びとの心性に根付いてゆく過程という、政治史、文化史とりわけ図像史、さらには心性史の交わる地点に位置する事象の分析にとりくんだ[18]。

歴史人類学なる「ものの見方」を大なり小なり共有した第三世代について、留意するべきは次の二点である。

第一に、分析対象の中心の移動である。第一世代は政治史学を批判し、『アナール』の最初のタイトルから想像できるように社会や経済といった分野の歴史を重視した。第二世代は、歴史学の数量化を重視し、この手法になじみやすい経済、そして人口動態など社会の分野の分析を中心とした。これに対して、第三世代は、文化人類学の影響を受けたことを反映して、先に触れた例でいえば時間観念や暴動や政治的シンボルなど、文化、観念、あるいは政治といった分野にかかわる事象を分析対象とする傾向にあった[19]。かつて人口に膾炙した言葉遣いでいえば「下部構造から上部構造へ」という感じだろうか。

第二に、分析対象の多様化と視野の拡延である。「数量化できるもの」という縛りがなくなり、いまや歴史上のあらゆる事象が歴史学の対象たりうることになった。また、文化人類学から新たな「ものの見方」を吸収したことにより、歴史上の事象に別の角度から光をあてることが可能になった。たとえば、書物の歴史は、第二世代までは「いかなる内容をもつ書籍が、いかに刊行、流通、および販売され、だれに購入されたか」といった視角から検討されたのに対して、第三世代にあっては「書籍の内容は、いかに換骨奪胎（アプロプリアシオン）されて理解されたか」という問題が中心となった[20]。

かくして、アナール学派が提唱する歴史学は、第三世代になり、自然環境から人々の感性に至る多種多様な事象に対して、これまた多種多様な方法、手法、あるいは視角、総じて「ものの見方」にもとづいて接近する、という壮大なものとなった。

しかし、すべてを対象とし尽くすということは、なにも対象としないことと同義である。あるいはまた、第三世代とて、通常科学化するに従い、硬直化、陳腐化、矮小化、あるいは細分化してゆかざるをえない。とりわけ、ここに至って歴史学は広大な領域をカバーするようになっただけに、細分化は不可避であった。一九八七年、歴史学者フランソワ・ドッス（François Dosse）（一九五〇年生）は、アナール学派を検証した書に『歴史学はパン屑のように細分化している』なるタイトルを付して刊行するに至る(21)。

危機と転回は、すぐそこに迫っていた。

6　「危機的な曲がり角／批判的転回」その後

一九八八年に『アナール』運営委員会が「危機的な曲がり角／批判的転回」という問題提起をおこなった背景には、これまで辿ってきたフランス歴史学の歴史があった（本書第一章を参照）。

その後、運営委員会は、歴史学界内外の代表的な研究者を招いて連続セミナーを開催するなど、批判的転回の必要性をめぐり、一年以上にわたって議論をつみかさねた（本書第二章および第三章を参照）。そして、翌一九八九年「歴史と社会科学、批判的転回（トゥルナン・クリティーク）」特集号（第四四巻第六号）を編み、巻頭言において、批判的転回が必要であることを確認したうえで「試みを試みよう（Tentons l'expérience）」と呼びかけた(22)。

「試みる」という意味をもつ二つの語をつなげた印象的なタイトルのこの巻頭言において、運営委員会は、前年の巻頭言でみずから提示した二つの問題、すなわち「新しい方法」および隣接する諸学問領域との「新たな同盟」について、暫定的な検討結果を提示した。

まず前者については、社会など歴史学の分析対象を、実体ではなく「可変的な相互関係」として捉えることが提唱された。これは、ブローデルいうところの構造を分析対象として想定したマクロな「分析の尺度」と、事件を想定したミクロな「分析の尺度」は、相対立する関係にあるとか、どちらが優越するかを選択するべき関係にあるとかいうわけではなく、むしろ相互補完関係にあるのではないか、さらにいえば両者の関係のなかで歴史を叙述するべきではないか、という提言である。

また後者については、歴史学が学際的な研究領域であることが再確認されたうえで、これまでアナール学派の歴史学はおもに人類学、経済学、そして社会学との関係を重視し、それらから分析ツールや手法を援用したり研究上の示唆を求めたりする傾向にあったことが指摘された。そして、今後は、これら以外の隣接学問領域とも積極的な学際的協力関係をとりむすんでゆくことが提唱された。巻頭言によれば「諸社会科学、すなわち生活にかかわる諸科学をみずからのために利用すること」は、歴史学者にとって「権利にして義務」なのである。

そのうえで、運営委員会は「たえず自己を再定義すること」すなわち「イノベーション」こそが歴史学の生命であることを強調する。「歴史学がとりくむべき問題は……歴史学の過去の実践の延長線上にあるが、同時に、諸学問領域のアクチュアルな布置連関と、社会にかかわる知の生産局面の現状の産物である」、すなわち歴史学はアクチュアルな学だからである。ここには、アナール学派の最良の伝統が見てとれる。

それでは、批判的転回の必要を訴える運営委員会の提言は、その後いかに受容されたのだろうか。そして、転回は実際になされたのだろうか。なされたとしたら、いかになされたのだろうか。

二〇一一年、『アナール』運営委員会は、一九八九年以来となる巻頭言を第六六巻第一号に掲載した（本書第六章）。そこでは、同誌のオンライン化と、英語版のオンライン刊行開始が告げられた。そのうえで、翌年、第六七巻第三号において、満を持して長大な巻頭言「『アナール』、今日、明日」が発表された（本書第七章）。そこでは、批判的転回以来の新たな動向として、ポスト・モダニズム、文化論的転回、時間性（historicité）といった諸問題を考慮に入れたことや、哲学や文学との交流が強化されたことが挙げられた。

しかし、実際に同誌の紙面をみると、巻頭言の自己分析には若干の疑問が残るといわざるをえない。たしかに「交錯する歴史（histoire croisée）」（本書第四章を参照）など、新しい方法論の提言はいくつかなされている。あるいはまた、ひろくフランス歴史学界全体を見渡すと、プロソポグラフィが本格的かつ組織的に普及する（本書第五章を参照）など、新たな動向もみてとれる。ただし、それらは、端的かつ主観的にいえば部分的なものにとどまり、歴史学の細分化（専門化）は加速度的に進行しているように感じられる。『アナール』運営委員会も、そのことは理解しているのかもしれない。巻頭言「『アナール』、今日、明日」は「プログラムではなく、実践と執筆行為と手続きと作法《さくほう》が必要だ。ひとことで言えば、語の全ての意味において「スタイル」が求められているのである」という印象的なフレーズで締めくくられた。これはつまり、もはや問題は、歴史理論や歴史学方法論（テオーリア）ではなく「なにをなすべきか」という実践（プラクシス）の次元にあるのではないか、ということである。

それでは、わたしたちはフランス歴史学の歴史、そして、そのうえになされた「批判的転回」の試みから、なにを学びうるのだろうか。また、なにを学ぶべきだろうか。

＊

アナール学派をはじめとするフランス歴史学界が生み出した成果は、とりわけ第三世代の歴史人類学的な業績を中心として、一九八〇年前後に日本に紹介され、いわゆる「社会史」ブームを惹起した。心性、社会的結合関係、動かざる歴史、換骨奪胎、あるいは文化変容といったキーワードが瞬く間に人口に膾炙し、ルゴフ、ル・ロワ・ラデュリ、アラン・コルバン（Alain Corbin）（一九三六年生）といった歴史学者たちの著書が邦訳され、歴史学界をこえて、ひろく読書人層に受容されるという現象がみられた。その意味では、フランス歴史学の所説は、その意義や意味を含めて、わたしたちにとってかなりなじみぶかいものになっているといってよい。すなわち、今日、たとえば心性や社会的結合関係を抜きにして歴史を語ることは困難だということである。

ただし、フランス歴史学やアナール学派が万能だというわけではない。たとえば、きわめて興味深いことであるが、二〇一二年の巻頭言「『アナール』、今日、明日」で触れられて（は）いる文化論的転回の土台をなす言語論的転回は、フェルディナン・ド・ソシュール（Ferdinand de Saussure）（一八五七―一九一三年）やロラン・バルト（Roland Barthe）（一九一五―八〇年）といったフランス語圏の諸思想、いわゆる「フレンチ・セオリー」を援用しているにもかかわらず、当のフランスにおける歴史学界では、大きな反響を呼ぶには至らなかった。歴史学界における言語論的転回の意義については今日でも賛否両論があるが、それにしても、この黙殺に近い沈黙はわたしたちを当惑させるに十分である[23]。

もっとも、理論や方法論やアプローチは、歴史学においても、永続的な生命を保証された存在ではない。それらは、批判あるいは否定され、受容され、あるいは換骨奪胎されることで、各学問領域の歴史のなかに位置付けられる。アナール学派の諸世代の業績もまた、その意義と欠点の両面を含めて、史学史のなかに重要な位置を占めているというべきだろう。

そうだとすれば、今日の時点において、わたしたちが彼（女）たち、さらにはフランス歴史学の最良の部分から学ぶべきは、あれやこれやの理論や方法論やアプローチなどではない。それは、「試みを試みよう」という件の巻頭言のタイトルに表明されているもの、すなわち試行錯誤の精神、不断の自己革新を試みるスタンス、そして運動として学問を捉える志向性であろう[24]。

歴史学は、生きているのである。

（1）『アナール』編集部「アピール　歴史と社会科学――危機的な曲がり角か?」（原著一九八八年）（ジャック・ルゴフ他『歴史・文化・表象――アナール派と歴史人類学』二宮宏之編訳、岩波書店、一九九九年）。

（2）「転回」という言葉は、二〇世紀後半、とりわけ世紀末以来、歴史学、さらには人文社会科学の諸学問領域において、一種の流行語となり、今日に至っている。その端緒をなしたのは、いうまでもなく「言語論的転回（リンギスティック・ターン［linguistic turn］）」である。その後、歴史学だけをみても、「文化論的転回」や「空間論的転回」など、さまざまな「転回」が唱道されている。

（3）前者の設問の背景には、ミクロ・ストーリアのインパクトがある。また、後者の設問からは、広義のポスト・モダニズムがフランス歴史学界にも一定の影響を与えていたことが感得できる。
（4）フランスにおける歴史学の成立については、なによりもまず、渡辺和行『近代フランスの歴史学と歴史家――クリオとナショナリズム』（ミネルヴァ書房、二〇〇九年）を参照。本節も同書に多くを負っている。
（5）ただし、フランスにおける実証主義的ナショナル・ヒストリーとドイツにおける対応物のあいだには、方法論や理論の次元における相違が存在する。この点については、渡辺『近代フランスの歴史学と歴史家』六七、八五、九五頁を参照。
（6）トマス・クーン『科学革命の構造』（原著一九六二年）（中山茂訳、みすず書房、一九七一年）。
（7）アナール学派の歴史や特徴については、すでに多くの紹介と分析がなされており、本節・次節・次々節はそれらに多くを負っている。代表的なものとして、とりあえずピーター・バーク『フランス歴史学革命――アナール学派一九二九―八九年』（原著一九九〇年）（大津真作訳、岩波書店、一九九二年）、竹岡敬温『「アナール」学派と社会史――「新しい歴史」へ向かって』（同文舘出版、一九九〇年）、二宮宏之『全体を見る眼と歴史家たち』（平凡社（平凡社ライブラリー）、一九九五年、初版一九八六年）を挙げておこう。また、同誌に掲載された代表的な論文は邦訳されて『叢書・歴史を拓く――アナール論文選』（全四巻、二宮宏之・樺山紘一・福井憲彦責任編集、藤原書店、二〇一〇―一一年）および『叢書『アナール 1929–2010』――歴史の対象と方法』（全五巻、エマニュエル・ル・ロワ・ラデュリ&アンドレ・ビュルギエール監修、浜名優美監訳、藤原書店、二〇一〇年―）にまとめられているので、容易にアクセス可能である。
（8）フェーヴルの著作については、『大地と人類の進化――歴史への地理学的序論』（原著一九二二年）（全二巻、飯塚浩二・田辺裕訳、岩波書店（岩波文庫）、一九七一、七二年）、『マルティン・ルター――ひとつの運命』（原著一九二八年）（濱崎史朗訳、キリスト新聞社出版事業部、二〇〇一年）、『ラブレーの宗教――一六世紀における不信仰の問題』（原著一九四二年）（高橋薫訳、法政大学出版局、二〇〇三年）、『歴史のための闘い』（原著一九五三年）（長谷川輝夫訳、平凡社（平凡社ライブラリー）、一九九五年（部分訳））など、フランシュ＝コンテ地方を対象とする地域史的な初期の諸著作を除き、主要なものはほぼ全て邦訳されている。ブロックの著作については、『王の奇跡――王権の超自然的性格に関する研究／特にフランスとイギリスの場合』（原著一九二四年）（井上泰男・渡邊昌美訳、刀水書房、一九九八年）、『フランス農村史の基本性格』（原著一九三一年）（河野健二・飯沼二郎訳、創文社、一九五九年）、『封建社会』（原著一九三九／一九四〇年）（堀米庸三監訳、岩波書店、一九九五年）、『歴史のための弁明――歴史家の仕事』（原著一九四一年）（松村剛訳、岩波書店、二〇〇四年）、『奇妙な敗北――一九四〇年の証言』（原著一九四六年）（平野千果子訳、岩波書店、二〇〇七年）など、これまた主要なものはほぼ全て邦訳されている。

（9）フェーヴル『歴史のための闘い』、四五―四六頁。

（10）バーク『フランス歴史学革命』、二六頁を参照。

（11）マルク・ブロック『比較史の方法』（原著一九二八年）（高橋清徳訳、創文社、一九七八年）。

（12）「全体史」という概念については、フェーヴル（Lucien Febvre, *Pour une histoire à part entière*, Paris: S.E.V.P.E.N., 1962）が明確に論じている。二宮宏之は、この言葉を「まるごとの歴史」と訳し、そのうえで「人間たちがその生の営みによって創り出した歴史的世界を、その多様性においてまるごと捉える」営みと定義している（二宮『全体を見る眼と歴史家たち』、一一―一二頁）。

（13）フェルナン・ブローデル『地中海』（原著一九四九年）（全五巻、浜名優美訳、藤原書店、二〇〇四年）。ブローデルの著書については、『物質文明・経済・資本主義　一五―一八世紀』（原著一九七九年）（全六巻、村上光彦・山本淳一訳、みすず書房、一九八五―九九年）や『フランスのアイデンティティ』（原著一九八六年）（全二巻、桐村泰次訳、論創社、二〇一五年）などの主著をはじめ、多くが邦訳されている。

（14）Ernest Labrousse, *Esquisse du mouvement des prix et des revenus en France au XVIIIème siècle* (Paris: Dalloz, 1933); Id., *La crise de l'économie française à la fin de l'Ancien Régime et au début de la Révolution* (Paris: P.U.F., 1944).

（15）Louis Henry and Michel Fleury, *Des registres paroissiaux à l'histoire de la population* (Paris: INED, 1956).

（16）歴史人口学の手法については、ピエール・グベール『歴史人口学序説――一七・一八世紀ボーヴェ地方の人口動態構造』（原著一九六〇年）（遅塚忠躬・藤田苑子訳、岩波書店、一九九二年（部分訳））を参照。なお、歴史人口学については、日本における日本史研究でも、宗門人別改帳など小教区簿冊に相当する資料が残存していることもあって、速水融の一連の業績（『近世濃尾地方の人口・経済・社会』創文社、一九九二年、『近世農村の歴史人口学的研究――信州諏訪地方の宗門改帳分析』東洋経済新報社、一九七三年）をはじめ、すぐれた研究がつみかさねられている。

（17）これら事象に対する関心が高まったことの背景には、いわゆる「一九六八年」やポスト・モダニズムに結実する知的雰囲気があったように思われる。

（18）ジャック・ルゴフ「中世における教会の時間と商人の時間」（原著一九六〇年）（同『もうひとつの中世のために――西洋における時間、労働、そして文化』所収、加納修訳、白水社、二〇〇六年）。エマニュエル・ル・ロワ・ラデュリ『モンタイユー――ピレネーの村一二九四―一三二四』（原著一九七五年）（全二巻、井上幸治他訳、刀水書房、一九九〇、九一年）、同『南仏ロマンの謝肉祭』（原著一九七九年）（蔵持不三也訳、新評論、二〇〇二年）。モーリス・アギュロン『フランス共和国の肖像――闘うマリアンヌ一七八九―一八八〇年』（原著一九七九年）（阿河雄二郎他訳、ミネルヴァ書房、一九八九年）。なお、ルゴフとル・ロワ・ラデュリの著作は、そのかなりの部分が邦訳されている。

（19）ただし、ここでいう「政治」が、かつて政治史学が重視した「政治（the politics）」ではなく「政治的なもの（the political）」あるいは「政治文化（political culture）」とでも呼ぶべきものであることは、いうまでもないだろう。

（20）第一世代および第二世代の書籍史研究の例として、リュシアン・フェーヴル&アンリ＝ジャン・マルタン『書物の出現』（原著一九五八年）（全二巻、関根素子他訳、筑摩書房（ちくま学芸文庫）、一九九八年）およびロベール・マンドルー『民衆本の世界——一七・一八世紀フランスの民衆文化』（原著一九六四年）（二宮宏之・長谷川輝夫訳、人文書院、一九八八年）を参照。第三世代の例としては、ロジェ・シャルティエ『読書と読者——アンシャン・レジーム期フランスにおける』（原著一九八七年）（長谷川輝夫・宮下志朗訳、筑摩書房、一九九四年）、同『書物の秩序』（原著一九九二年）（長谷川輝夫訳、筑摩書房（ちくま学芸文庫）、一九九六年）などを参照。

（21）François Dosse, *L'Histoire en miettes: des "Annales" à la "nouvelle histoire"* (Paris: La Découverte, 1987).

（22）"Histoire et sciences sociales. Tentons l'expérience" (*Annales. E.S.C.*, 44-6, 1989).

（23）歴史学界における言語論的転回の開始を告げたと称されるヘイドン・ホワイト『メタヒストリー』（Hayden White, *Metahistory: The Historical Imagination in Nineteenth-Century Europe*, Baltimore: Johns Hopkins University Press, 1973）の訳書がいまだに刊行されていないのが、主要国ではフランスと、そして日本だけであることは、きわめて示唆的である。

（24）二宮宏之の印象的な用語法によれば、つねに「はみ出して行く」（柴田三千雄・遅塚忠躬・二宮宏之「鼎談「社会史」を考える」、『思想』第六六三号、一九七九年）意思ということになるだろうか。

1

今日の『アナール』

ベルナール・ルプティ

Bernard Lepetit

〔解　題〕

一九九六年、交通事故によるベルナール・ルプティ（Bernard Lepetit）の突然の死去は、いわゆるアナール学派にとって大きな痛手だったにちがいない。ほかならぬ彼こそ、一九八〇年代末から進められていた同学派の自己革新運動の主導的な人物だったからである。

一九八六年『アナール』編集担当書記という要職についたルプティは、ただちに「批判的転回（tournant critique）」の必要性を説きはじめる。彼の努力は、巻頭言「歴史と社会科学、危機的な曲がり角か（批判的転回か）?」（第四三巻第二号、一九八八年）、「歴史と社会科学、批判的転回」特集号（第四四巻第六号、一九八九年）、さらには同誌の副題の変更（「経済・社会・文明」から「歴史・社会科学」へ、第四九巻第一号、一九九四年）として、矢継ぎ早に具体化することになる。その間ルプティは一九九二年に運営委員に昇任し、この動向を精力的に進めてゆく。

ルプティは一九四八年に生まれ、著名な都市史学者ジャン＝クロード・ペローのもと、旧体制期都市史から研究生活を始めるが、やがて関心を歴史学方法論その他さまざまな領域へと越境させてゆく。一九七六年に『一五四五年から一七一五年におけるヴェルサイユの人口』で第三期博士号を取得、一九八七年に『前工業化期フランスにおける都市の骨格と空間の組織、一七四〇年から一八四〇年』で国家博士号を取得、一九八九年から死去するまで社会科学高等研究院（フランス）で指導教授をつとめた。

代表的な著作としては、上記国家博士論文の刊行版である『近代フランスにおける都市、一七四〇年から一八四〇年』（パリ・アルバンミシェル社、一九八八年）のほか、『道路と水路、一七四〇年から

Introduction d'auteur

一八四〇年にいたるフランスにおける交通網と空間組織』（パリ・社会科学高等研究院出版局、一九八四年）、『体験の諸形態、もうひとつの社会史』（編著、パリ・アルバンミシェル社、一九九五年）がある。

本論文「今日の『アナール』」は、アナール学派の盟友ともよぶべきイマニュエル・ウォラーステインが主宰するニューヨーク州立大学ビンガムトン校フェルナン・ブローデル・センターの機関誌『レビュー』からの寄稿依頼に応じて書かれた（第一八巻第二号、一九九五年）。本論文は件の「批判的転回」のコンセプトを要約して説明することを目的としているが、独特の熱気と難解さをはらんでいる。それはまさにアナール学派が現在進行形で自己革新しつつあったことの証明であるというべきだろう。

『アナール』の歴史における第四局面が始まったのだろうか。この疑念が提示されたのは、一九九一年、メキシコ国立人類学歴史学研究所におけるセミナーで、わたしが今日の『アナール』に関する報告をおこなったときのことである。そののち長いあいだ、しかも何度にもわたって、同セミナー主催者と議論を続けてきた。しかしながら、この疑問に文書で回答することについては、わたしは率直にいえば躊躇してきた。そこにはいくつかの理由がある。

もっともわかりやすい理由は、この種の営みには審判員であると同時に参加者であることの難しさがともなうということだろう。もちろん、わたしは、同誌一九八九年度最終号の巻頭言「歴史と社会科学、危機的な曲がり角か（批判的転回か）?」が、同誌の編集における屈折の徴候として読まれうることを期待している。そうでなければ、どうしてあのようなものを書かなければならないだろうか。しかしながら、順序だてて考えてみよう。わたしにとって、やりたくないことを明らかにすることは、これまでかなり簡単だった。それに対して、新しい思考方針をはっきりと、しかも事前に定義することは、はるかにむずかしい。さらにまた、その含意を完璧に捉えることは、不可能である。それゆえ、わたしには、この期待に根拠があるか否かはわからない。かてて加えて、この巻頭言は集団による企画である。つまり、それは同誌運営委員会が熟慮したすえの意思決定の産物であり、全員で状況を分析したうえで対応し、回答することを決定したのである。ところが運営委員会のスポークスパーソン職は存在しないし、公的修史官職もまた存在しないから、わたしはいかなる制度的な真理の担い手でもない。最後にまた、わたしが回答するべき「つい最近の歴史」というのは、せいぜいのところがエレガントな撞着語法にすぎないようにみえる。

第二の理由は、この疑問が棹差す問題設定はどうみても単純化を志向しているということに由来する。

そのことは、「「アナール」運動は三つの局面に分割でき」、第一局面を特徴づけるのは推進者たちがアウトサイダー的な地位にあり、政治事件史学を攻撃したことであり、第二局面を特徴づけるのは、運動が制度化し、新しい方法（数量史学）や概念（構造とコンジョンクチュール〔循環。以下、各論文において〔 〕は訳者による補足を示す〕）が利用されるようになったことであり、第三局面を特徴づけるのは運動の影響力が普遍化し、メンバーの実践が細分化していったことである――と語るウルガータ（公認の正典）をみれば明らかだろう（Burke [1990]）。時間の複雑性に注意を払うべきことを重視した思想運動を、これほど粗野な年代記の枠組におしこめるというのは、おそらく意図的ではないだろうが、皮肉以外のなにものでもない。

さらに深刻なことに、これはあやまたれる手続きである。

この点を明らかにするべく、『アナール』についての最小限で、しかも外在的な定義から出発しよう。つまり、それは雑誌であり、幾多の重要な編集協力者がそれを支え、責任者たちは歴史科学と歴史学者のしごとに関する特別な（あるいは一連の）見解を広めようとしている、というものである。それでは、はたして、厳密な意味での組織、ネットワーク、知的ソシアビリテの諸形態、思想の生産……といった空間のおのおのにおいて、同じように分節化されうる同じような歴史が流れるなどということは、はたして信じられうるだろうか。もちろん、このように第一の、第二の、あるいは第三の『アナール』という枠組で推論すると、おのおのの時期だけについてみればすべての進化が一致するという事態は見出されうることになるから、問題は生じないだろう。しかしながら、こういった同語反復的な宙返りを避け、知的な諸問題がいかに動くかを分析するためには、別のかたちで推論することが必要である。

組織科学や新しい思想史が示唆するところによれば、知的な作業がいかに状況論理に棹差すかは、別のかたちで、つまり、もっとローカルなスケールで検証されるべきである（Baxandall［1985］, Fridenson［1989］, Perrot［1992］）。一八世紀にエンジニア（上級技術職員）が建設した橋、一九一〇年にピカソが描いたカーンワイラーの肖像画、あるいは一冊の雑誌は、すべて生産された対象であるという性質を共有している。それらはどれも合目的性を有し、作成者の意図に（完璧にか否かはとりあえず措いておいて）対応している。また、河を渡るとか平面上で遠近を表現するとか、一九八九年に歴史研究をいとなむとかいった個別具体的な問題を分析および解決するべく、所与の状況において利用しうる資源を動員したことの帰結である。「批判的転回」というエピソードは、時系列的に限定されているため、この種の分析に適している。また、最近のことであり、わたし自身が能動的に参加したため、わたしたちが問題の与件をいかに分析し、それを解決するべくいかなる資源を動員しようとしたかを明らかにすることは、わたしにとって難しいことではない。

1　アイデンティティ危機

『アナール』「歴史と社会科学、批判的転回」特集号（一九八九年一一・一二月）は、同誌の記念日を祝うものだったとみなされうるかもしれない。ただし、「『アナール』六〇周年」という文字とともに表紙を飾った色帯がおとりにすぎないことは、だれもが理解していた。記念行事もなければ決算書もない――『アナール』は万人のものなのだから。同号は、たしかに未来を志向するものだったが、危機という文脈のなかで誕生したのである。

この危機を定義するには、アナール運動（あるいはアナール学派とよんでもよい）と『アナール』誌という二つの次元を区別する必要がある。一九三九年まで、同運動は本質的に同誌に依拠していた。アルバン・ミシェル社刊「人類の進化」叢書も、リュシアン・フェーヴル監修『新フランス百科事典』も、マルク・ブロック所長就任以降のソルボンヌ付属社会経済史研究所も、ストラスブール大学さえも、両者の派生物とみなしうるものではなかったし、両者の延長線上にあると考えるべきものでもなかった。戦後になって、そしてとくに一九六〇年代以降になって、ようやく同運動は高等実習院第六部門（のち社会科学高等研究院に改組）に制度的な根をしっかりと下ろし、大学で研究教育に携わる歴史学者の新世代に影響力を行使し、国際的な評判をよび、知的なアマチュアという聴衆を獲得することになったのである。しかしながら、同運動は拡大を続け、それゆえ輪郭がぼやけはじめた。イマニュエル・ウォラーステインは「すべてが「アナール」になることは、なにも「アナール」でなくなることだ」（Wallerstein [1991]）と述べ、この状況をきわめて的確に評価している。

この曖昧さは、二つの要素によって強化されることになった。

第一の要素は、個人の知的な軌跡は多様だということである。たとえばフランソワ・フュレだが、彼はまず、ジャン・ブーヴィエと共同で利潤の動向を分析し、エルネスト・ラブルースと共同でパリの社会構造を研究した。ついでジャック・オズーフと共同で識字化について研究したが、それは文化史学に属するものであり、そこでもちいられた調査技法と資料処理方法は依然として一九六〇年代的なものだった。一九七一年、歴史における数量化の利用について、フランス語でかかれたものとしてはおそらく最良の論文を刊行した。ところが、その四年後には、同じテーマについて、はるかに批判的な視点を提示した。周知のとおり、それ以後の彼の業績は、おもにフランス革命と政治概念史をとりあつかうことになる。彼によると「わたしが愛しているのは思想史である」[1]。続く二〇年間は（一九五九年から七九年にかけては、ほんの一ダース程度の論文しか刊行しなかったのに対して）膨大な論文を刊行したが、その後は間隔があくようになった。実際、一九八四年に論文が一本、一九八九年に一本、そして現在の時点で最新の論考は一九九二年に刊行されたものである。彼の研究がつねに「「アナール」的なる歴史」を代表しているなどということを、わたしたちは信じられるだろうか。そう信じるためには、すべての人々が同一の歩調で進んでいるのでなければならない。しかしながら、実際には、同運動に（あれやこれやの時点で）参加していると自称する人々の数を考えると、個別具体的な軌跡は多様化してきたといわざるをえない。

第二の要素は、おそらくは同誌の機能にかかわっている。リュシアン・フェーヴルとマルク・ブロックがかわした書簡集がまもなく刊行されることになっているが、そうすれば、両大戦間期の『アナール』がいかなる緊張関係のもとにうみだされたかがわかるだろう[2]。さらにまた、わたしたちの手元には「一九四六年から五六年までは、リュシアン・フェーヴルが唯一の『アナール』運営委員だった。一九五六年から六八年までは、今度はわたしが事実上の運営委員だった」（Braudel［1972］, p. 461）というフェルナン・ブローデルの証言がある。しかしながら、実際のところは、一九四六年から五六年にかけての『アナール』をめぐるフェーヴルとブローデルの協力の形態や、当該時期の二人の編集担当書記（一九五四年から六二年まではロベール・マンドルー、一九六四年から六九年まではマルク・フェロー）の役割については、ほとんどなにもわかっていない。実態は、はるかに複雑なものだったはずである[3]。もっとも、路線は確定していたし、それは、それ以前の時期とは対照的なものだった。一九六九年にブローデルが指名した運営委員に、編集担当書記が加わり、運営委員会が構成された。これは、名目的な責任だけにかかわることではない。彼らは九月から六月まで毎月集まり、同誌の編集政策について議論し、毎月一五本程度よせられる依頼原稿や投稿原稿を審査する。メンバーおのおの研究領域という観点から専門担当分野が決まるなどということはない。外部の専門家に批評を仰ぐことも稀である。これはまったくの共同作業であり、そこで採用された作業様式とあいまって、議論の自由は保障されている。運営委員会の豊穣さは、委員の経歴が多様であることと直接関連している。しかしながら、このクラブはきわめて閉鎖的であり、その機能を外部が知ることはほとんどない。そこから生じるのは、まず「リュシアン・フェーヴルとマルク・ブロックという創刊者の時代」、つぎに「ブローデル時代」、そして複数の名前（その範囲と構成については諸説がある）からなる「第三世代」が続くという、じつに混沌としたイメージである。(4)

このように『アナール』という雑誌の次元については、運営がよく知られていないという問題がある。これに対してアナール運動の次元については、さまざまな（これまた範囲については諸説があるが）史学史的説明が提示され、一種爆発の様相を呈している。時代の雰囲気や、いくつかの論争的な著作は、『アナール』に深刻なアイデンティティ危機のイメージを付与してきた。つまり「ある学派から、爆発のあとの火薬のにおいが漂ってくる。そのメンバーは、おのおの勝手ばらばらに自分の逃げ道を選んでいる」(Dosse [1987], p. 256) というわけである。また、かつて創刊者たちが定めた歴史研究実践に最後まで固執するべきだと説く人々もいる。彼らにいわせれば、現在の『アナール』はかつての『アナール』ではなくなってしまった。さらに「いまや『アナール』はすべての役割を果たしおえた」と解説する人々もいる。(5)

彼らの一部は推論を極限までおしすすめ、たとえば「アナール学派は生きのこるだろうか。わたしにはわからない……。情勢がのりこえられたとき、名前にこだわることは無意味である。さらにいえば、名前を守ることは、しばしば記憶をそこなうものである」(Wallerstein [1988], p. 22) と述べるにいたっている。わたしたちもまた、これと同様のことを検討した。つまり、運営委員会では、六〇周年を記念して同誌を終刊してはどうかという提案も検討されたのである。

それでは、この提案が採用されなかった理由を説明することにしよう。

2　実践の危機

しゃれた言い方をすれば「それは、これまでの危機の直接的な帰結である」といえるだろう。歴史の宇宙が全体としてアナール学派の門に下り、しかしながら、もはや同派は本質的なことをなにひとつ語りえず、創刊者たちの研究計画を無駄にばらばらにしては浪費しているというのは、たしかにかなり陰鬱な情景である。この荒涼たる情景のなかで、いったいどこに希望の糸口を見出しうるのだろうか。古き研究動機が古き外観のままに再利用されても、それを革新的で競争力ある計画とみなすことはできなかった(Stone [1979], pp. 3–24)。物理学者すら、今日では、時間は不可逆的なものであることを知っている。ましていわんや、あちらこちらでイメージされ、わたしたち自身も抱いていた不安は、さらに広まりうるものであることがわかってきた。わたしたちは、このような知的状況において、自分たちには果たしうる役割があると感じた。つまり、歴史研究をいとなむ新しい方法の結実に貢献することであり、この研究領域を信じる新たな理由を提供することである。これらを必要としているのはひとりわたしたちだけではないと感じたからだ。わたしたちが提示しうると思われたもろもろの提案をここで再論することは、あまり意味がないだろう（*Annales* [1989]）。むしろ、そのうちのいくつかをさらにくわしく説明し、それらが『アナール』の初期の研究計画の柱のひとつだった「全体史」といかに接合しているかを明らかにすることにしよう。

一九四一年、高等師範学校の生徒たちを前にした講演において、リュシアン・フェーヴルは、その一二年前にみずから創刊した雑誌の誌名に「社会的」という形容詞をもちいた理由を明らかにした。

> マルク・ブロックとわたしは、とりわけ「社会」が、時代とともにさまざまな意味に使われたため、しまいにはほとんど何も意味しなくなってしまった、あの形容詞の一つであることを知っていました……。〔わたしたちは〕こう考えることで一致していた……。つまり「社会」のような曖昧な言葉は、我々の雑誌の名称として、まさに歴史の神様の名指しの命令によって創造されたのだろう。我々の雑誌は垣を取っ払って……〔しまおうと〕目指しているのだから、と……。社会経済史は存在しない。存在するのは歴史そのもの、統一性を持った歴史です。歴史はもともと社会史なのです。（Febvre [1953], pp. 19–20〔邦訳四〇―四一頁〕）

ただし、このとおりだとすると、社会的な総体を分析することは、それが包括的な性格をもっていることを考えるだけでも、知的な手続きとしてはきわめて困難なものであることがわかる。すべては、この手続きをいかなる様式で実行するかにかかっている。通常実践されてきたのは、人間の実在にかかわる空間や時間や領域を事前に分解するというものである。全体にかかわる知識は、その構成要素にかかわり、よりアクセスしやすい知識から生じるとみなされている。

過去二〇年間にわたり、フランス歴史学界で支配的な位置を占めていたのは、ローカルなモノグラフだった。その理由は、ひとつには、それが好都合なジャンルだからだった。つまり、ひとつの都市、ひとつの県、あるいはひとつの地方（プロヴァンス）が提供するテーマは、特定の文書館に出かけさえすれば、さまざまな側面について、関連する古文書がすぐにみつかるたぐいのものである。また、地域にかかわる科学的な能力を〔大学はほぼ地域単位で設置されていたので〕同じスケールの大学権力に転換させることは、じつに容易にみえた。ただし、地理的な土台にもとづいて定義されるモノグラフを正当化する根拠は、根本的には、包括的な知識はローカルな知識がつみかさねられることによって進歩するという認識論的信念が共有されていることにあった。すぐれた地域的モノグラフをさらに集め、それらのデータを再編すれば、全体にかかわる問題が解決できるだろう、というのが、一九二二年にリュシアン・フェーヴルが、そして第二次世界大戦後にエルネスト・ラブルースが提唱した手続きだった(6)。しかしながら、この研究計画は達成されなかった。旧体制期における授爵や産業革命といった普遍的なプロセスの研究は、先述したような分析をたがいに結びあわせることからは生まれてこない。それは、別の枠組、別のスケール、別の方法、そして別の指標をもちいることによって、はじめて発展するのである。なお、歴史の概説的な教科書では、実証的でモノグラフ的な知識の諸要素が再利用されるのが常だが、それは一種の例証の役割を与えられているにすぎない。

累積的な研究計画の実現を妨げるものは、山ほどある。たとえば、研究者は孤立しており、単独で研究を進めている。問題設定は、研究が進むにつれて進化してゆく。研究対象の境界の意義はモノグラフのおのおのによって異なるが、それについて省察されることはない。それゆえ、異なったスケールにもとづく研究計画と接合するにはどうすればよいかについても、省察されることはない。個別具体的な証明を総計することによって普遍的な考察にいたることを期待するのは、ジグゾーパズルのピースの切れ目を、パズルの絵柄の輪郭と混同するようなものである。しかも、ピースの切れ目はパズルの絵柄の輪郭を代弁し、さらには隠してしまうという効果を発揮する。そういうわけで、この研究手続きにおいては、ローカルなものと包括的なものは（ほとんど）コミュニケートしない。歴史の宇宙を地理的に分解するという手段によって全体史にアクセスしようとすると、わたしたちは方法論的な困難に直面してしまう。つまり、そこでは自己目的化されたモノグラフ的な叙述がくりかえされ、対象が物象化されるのである。

この困難を強調することに対しては、二つの反論が予想される。第一の反論は、都市や地域や国家は単なる空間的な分析カテゴリーではない、というものである。それらは、同時に、自然や文化にかかわる景観の相違や経済的社会的な関係の流動によって境界づけられ、構造化され、あるいは現実化されるような、地理的な存在体である。したがって、それらを独自な研究対象とすることには正当な理由がある。分析カテゴリーにはおのおの対応する実在が存在する以上、これらカテゴリーを物象化することは適切な手続きである。第二の反論は、第一のものとは性格が異なり、ローカルなモノグラフが対応しているスケールは、状況が均質であれば変化させてもよい、というものである。ここで問題になっているのは、調査のステータスである。研究者は、より大きな総体にとっても意義がある全体史を、みずからのスケールにおいて展開する。たとえば、ボーヴェ地方、リヨン、あるいはラングドックを分析することにより、旧体制型社会経済システムの全体が一望できるはずである。全体化は、もはや足し算ではなくホモロジー（相応関係）をもちいて実行される、というわけである。

これら二つの反論を順に検討しなければならない。

第一の反論について、歴史研究は時間にかかわる諸カテゴリーをいかなる様式で利用してきたかを分析することによって検討してみたい。時系列にかかわるスケールは、空間にかかわるスケールと同じく、ある現象を読解するに際して決定的な要素である。時間の表象は、空間の表象とともに、経験が構造化される形態を規定する。ただし、この形態はたがいに異なっている。つまり、カレンダーの均質な時間は、多様ではあるが均質かつ繰返し可能な期間単位に分割できる。これに対して、地図の空間は異質であり、個別具体化されている。場所は物質的な性格をもつため、空間の分割という手続きは堅固な土台と分割線を利用できるようにみえる。これに対して、時間は単線的に進むため、時系列上の分割という手続きの土台や分割線には問題があるようにみえる。これはつまり、時間において、都市や地域や一国空間に相当するものはなにか、ということである。空間的な分析カテゴリーについて考えうる実在論に相当するものは、時間的な秩序のなかには存在しない。したがって、ここでなすべきは、二つの分析カテゴリーを利用する際に土台をなす認識論的な態度はたがいに似ており、また、両者を利用するに際して直面する困難はたがいに似ていることを明らかにすることである。

『アナール』創刊者たちが批判した「クソ実証主義の歴史学」にとって、事件とは、古文書の探索によって再構築しうる時間的単位をなしていた。そして、時系列とは、歴史叙述がもつすべての力をもちいて、真実とみなされた事実を連結することによって構築されるべき全体をなしていた。説明は、新たな細部たる事件が蓄積されることによって進化してゆくとされていた。アナール学派によって理解という作業にいざなわれた歴史学者たちは、これとは正反対の手続きを採用する。時のおのおのは、その長さがいかなるものであれ、複数の社会的な時間を束ねている。そして社会的な時間は、おのおの固有のリズムとスケールにもとづいて流れてゆく。説明とは、これら複数の時間性のひとつひとつを同定および析出するというプロセスの帰結である。この方法では、説明されるべき時系列的連続の長さについて特段の公準が提起されることはない。フェリペ二世時代も、一七八九年春における革命の危機も、ともに「つみかさねる」という手続きではなく「ページをめくる」という手続きにもとづいて分析されるべき領域に属している。ただし、転倒されるべきは手続きだけではない。ここで問題になる、時間にかかわる研究対象のステータスもまた、転倒されなければならない。つまり、いまや（長さの如何にかかわらず、歴史学の研究対象という意味における）事件が全体をなす。これに対して、事件は複数の時系列に位置づけられるが、これら時系列が部分をなす。そして、これら時系列の結合の諸相が説明の対象となる。

この説明プロセスのキーワードは「分解」と「相関」である。それでは、そこではなにがおこるのだろうか。

どうみても混沌としている個別事象のなかから秩序が立ちあがるに際しては、まず時系列のおのおのが個別に同定され、ついでたがいに結びつけられる。パリ盆地の主要都市における小麦価格がそろって変動するとすれば、それは首都をとりまく統一的な経済地域が存在することを意味する。同様に、地中海周辺、ついで大西洋岸の主要港湾における船舶の出入港数がそろってくれば、それは「経済＝世界」が機能していることを意味する。人口曲線と主食価格曲線がそろって変動していれば、そこから、人口と資源の均衡システムの諸相を読みとることができる。賃金と地代と利潤が対照的な動きをみせていれば、ひとつの社会経済組織が機能していることがわかるし、政治的な変動が確定できる。曲線の読み方を知っているものにとって、複数の地点や領域における変動を説明する曲線は、全体性にアクセスする手段なのである。それらが相関しているという事実そのものが、それらによって測定される現実がシステムをなしていることを示し、また保証している。したがって、これら曲線もまた全体史という研究計画の一環をなしている──だからといって、この計画が完遂されるという保証はないのだが。

周知のとおり、これら複数の時間のなかでは、おもに二つの次元が重視されてきた。長期的持続という世紀単位の傾向と、数年（キチン）から半世紀（コンドラチェフ）に及ぶ期間を包摂するさまざまな周期変動である。一方には「時間がうまくとりあつかえず、きわめて長期にわたって媒介する実在である」構造があり、他方にはコンジョンクチュールの「レチタティーヴォ」がある（Braudel［1958］, pp. 725-753）。時間にかかわるこれら二つのカテゴリーを区別することは、これまで長いあいだ、科学的であるための前提条件だったし、研究成果を提示する際にもちいられる順序の土台をなしてきた。(7) このアプローチにおいては、全体性の複雑さを縮減する責を負うのは、統計的なテクニックである。すなわち、すべて歴史学者は複数の時系列を分解できなければならない。ひろくもちいられている伝統的な手続きの諸段階については、いまさら詳説するまでもないだろう。つまり、もっとも長期の運動を確定してとりのぞき、次に長期の運動を確定してとりのぞき……という手続きがくりかえされる。言説を明確化するべく、一般にはグラフ化が利用される。運動のおのおのは、その周期が直近上位にある運動によって構築される座標軸上にプロッ

トされる。(8)

この手続きについては、二つの点に留意するべきである。

第一に、その場合、さまざまに異なる長さの運動のあいだに、実際には一種のヒエラルヒーが出来上がる。運動のおのおのは、周期が直近上位の運動からみると、一種残滓としての性格を帯びる。たとえばコンドラチェフ循環であるが、それは世紀単位の傾向がとりのぞかれたあとに残るものである。そのことは、伝統的な意味における事件に対して、単なる表面的な喧騒であり、構造やコンジョンクチュールの徴候であり、両者の影響を目にみえるかたちでさししめすものにすぎない、というステータスが与えられていることをみれば明らかである。本質的なのは長期のほうなのだ。しかしながら、ヒエラルヒーの存在を正当化できるのは、統計的なテクニックと、このテクニックによって個々の運動を析出する際にもちいられる秩序以外にはない。ヒエラルヒーの根拠は、現象学的な叙述（たとえばアクターの時間意識のスケールの叙述）にも、諸プロセスの理論的な分析にも、見出すことはできない。その論理は、分解と再構築という運動によってカギを提供しうると考えられるシステムの外部にあるからだ。

第二に、相異なる長さをもった時間性を接合する形態は、もはや考慮されないことになる。「キチン循環、ジュグラー循環、コンドラチェフ循環、そしてさまざまな局面は、なんの問題もなくかさなりあいうる」というわけである。しかし、実際には、それらは、この文章を記したときピエール・ショーニュの頭のなかにあったはずのグラフのうえでのみかさなりあうにすぎない（Chaunu［1974］, p. 59）。それ以外の場合は、かさなりあうことはないだろう。エルネスト・ラブルースが示唆しているように、社会組織の諸構造にコンジョンクチュールがあるとすれば、構造的な特徴が革新される場合、その起源は循環的な運動以外の源泉に求められなければならない。しかしながら、そういった源泉は存在しない。史学史的な地図を念頭におくと、ここからは二つの帰結が導出できる。第一は、ラブルース型の循環史か、より長期の「動かざる歴史」（エマニュエル・ル・ロワ・ラデュリ）か、どちらかに退却することである。第二は、さまざまなテーマについて「革命」という運命を語ることである。第二次世界大戦後の史学史をみれば、人口革命、農業革命、産業革命、知識革命、さらには政治革命など、ありとあらゆる種類の革命が検討されてきたことがわかる。それらすべては歴史における突然の変容であり、そこでは、変化とは、ある構造と次の構造とのあいだの根源的な不連続性以外のものではない。この二つの方法論的ないとなみは一種の逃走であるが、そこには共通して一つの徴候がみてとれる。歴史的全体性を可視化するべく導入されたはずの分析的分解というプロセスをもちいると、変化しつづけるという性格をもつ歴史的全体性を再構築できない、という徴候である。この困難は、時間の次元においても空間の次元においてもかわらない。

さて、第二の反論である。つまり、モノグラフは微細宇宙（ミクロコスモス）であり、そこでは、微細というスケールでではあるが、人間の経験における経済的、社会的、文化的な次元を同時にとりあつかう全体史が展開されている、という反論である。この反論を検討するにあたり、まずは社会史学から始めることにしよう。フランスにおいては、社会史学はなによりもまず構造の研究だった。そこでは、あれやこれやの集団を定義し、範囲を確定し、人数を計算し、それらを関係づける支配従属関係を検討し、そこから生じる社会階層化の諸形態を分析することが目指された。さて、歴史にかかわる知識が進化する手段として論争が機能することは、今日では珍しい。それゆえ、一九六〇年代に、旧体制期の社会構造の性格をめぐって、この種の論争の最後のもののひとつが生じたことは、きわめて重要である。そこでは、旧体制社会の（社会職業的ステータスと財産水準という観点から定義される）階級的な性格を主張する人々がエルネスト・ラブルースのまわりに集ったのに対して、身分階層のおのおのに与えられる集合的な社会的評価にもとづく身分制社会を強調する人々がロラン・ムーニエを先頭に対峙した（Labrousse, ed.［1973］）。この論争が今日でも有意義であるとすれば、それは、そこにさまざまな隘路が表現されているからである。本稿では、これら隘路のうちカテゴリーの利用にかかわるものだけをとりあげることにしたい。

構造の分析は、前述したようなかたちで発展したため、同語反復的たらざるをえない。財産のヒエラルヒーを重視するにせよ、典型的な通婚様式を重視するにせよ、徴税記録や公証人文書を分析するという作業は、事前に確定された諸カテゴリーに対して経験的なデータを提供するだけに終わってしまう。それらカテゴリーは、残念ながら、さまざまな分類が可能である。そして、これらの分類は、たがいに部分的に（あるいは完全に）両立不可能でありながら、どれも経験的な観察によって実証済みである。これら分類のどれかひとつを救いだそうとすれば、歴史学という学問領域の要求水準がさほど高いものではないことを斟酌したとしても、かなりの代償を支払う必要がある。歴史学者は、いちどきに、競合する歴史解釈に抗するべく権威ある所説を提示し、過去の社会がみずからを定義するに際して依拠していた分類をイデオロギーと断じ、伝統的なビジョンは過去の「真の実在」をおおいかくしていると主張し、現実は基本的には単純なものであり、それに関する知識は単一の原則に還元されることによってのみ進歩しうると断定し、社会分析が到達しうる暗号のような叙述に説得力を与えるべく分析カテゴリーを物象化し、アクターは創造能力をもっていないと仮定しなければならない。

社会記述（ソシオグラフィ）的な手続きに対する批判のうち、初期の例としては、ジャン＝クロード・

ペローのものがある。一九六八年に刊行された論文のなかで、彼は「社会とは、社会みずからが自己認識しているものでもあり、自己認識していないものでもある」と主張し、構造よりは社会関係を研究するべきことを説いた。公的な祭典、さまざまな形態の任意団体、遭遇の場、あるいは暴力の示威といったものが、都市社会の諸側面を構成している。それらを叙述すれば、過去の社会に関する知識にアクセスできるだろう、というわけである（Perrot［1968］）。一九七五年、彼はカン〔ノルマンディ地方の都市〕をとりあつかった著書を刊行した。この本には、当時のモノグラフ的な都市史研究には必ずみられた「社会構造」の分析が欠けていた。ただし、そこで彼が代替案として提示したのは、その数年前に彼自身が示唆した「社会を徹底的に理解するために必要なのは、階層化ではなく社会関係の分析である」というものではなかった。そうではなく「シャープに読解すれば、人々の行動、医療実践、生産や交換や地域整備を規定するプロセスといったものが社会史の土台を効果的にえがきだしうることが感得できるだろう」（Perrot［1975］, p. 944）。これは、社会を「総体の総体」（Braudel［1979］）と定義するブローデルに戻り、通説的な手続きとの違いを強調することを意味している。それまでの論争では、直接にであれ、あるいは用語を転倒させつつであれ、マルクス型の単純なカテゴリー・モデルが前提とされていた。経済的なるものから社会的なるものへ、社会的なるものから文化的なるものへという対応関係が――規定関係については諸説（ラブルースにとってはまず経済、ムーニエにとってはまず社会、晩年のショーニュにとってはまず文化）があったが――普遍的なものとして仮定されていた。たとえば、経済史が提示する分類に社会カテゴリーをあてはめ、かくして構築された社会経済的マトリクス表に政治的あるいは文化的な事象をあてはめれば、わたしたちは包括的な歴史に至りうる。包括的な歴史の多種多様な構成要素を同一の手続きで整理することができれば、一種の全体化が可能になるはずだからである。

しかしながら、こういった全体化は、当初なされる分割とヒエラルヒー化に全面的に規定されている以上、その意味を証明することはできない。つまり、これは単なる同語反復であり、複数の部分的な研究（人口運動、経済、社会、政治、文化）を並べても、結局は対象が崩壊するだけである。この、全体史の領域は不可能であることがわかったから、もう見捨ててしまいたい、という誘惑は、単なる誘惑以上のものになりえた。その証拠に、この学問領域は、歴史人口学から技術史学に、あるいは経済史学から心性史学にいたる、複数の自律的な下位領域に細分化されてゆく――もちろん、これら下位領域は、一時的にはパイオニア的な性格をもつとみなされたのであるが。そのよい例が、文化人類学が提供した避難所が人気を博したことである。そこでは、表象の分析がふたたび自閉化し、過去の言説がこれまた物象化してゆく傾向がみられる。包括性の再構築は、方法論的には、またしても袋小路に陥ってしまった。単純化を志向する分析カテゴリーは、物象化されるや否や、歴史のプロセスや、歴史のプロセスを明らかにする知的な手続きを硬直化させてゆくのである。

3　移　動

『知の考古学』序論の最後の部分を覚えているだろうか。

あなたはすでに逃げ道をしつらえているのだ。そしてそれによって、自分の次の書物のなかでまた別の場所に突然現れて、今あなたがやっているようにあざけろうとしているのだ。いやいや私はあなた方が私を待ち構えている場所にではなくここにいるのだ、そして私はここからあなた方を笑いながら見ているのだ、と。（Foucault［1969］, p. 28〔邦訳三九頁〕）

ここでミシェル・フーコーが定義しているのは、ひとつの認識論的な研究計画である。社会科学は、そして社会科学とともに歴史学も、たしかにドグマ主義をくりかえす危険はあるが、今いる場所でも期待されている場所でもない場所につねに存在しなければならない、というわけである。しかしながら、別のかたちで考えたり、既存の方法やカテゴリーや伝統という自明の事柄を忘却したりするには、一体どうすればよいのだろうか。ここで求められている移動を実現する手段のひとつとしては、学際性、つまり堅固なアイデンティティをもった人間科学のあいだでなされる、コントロールされた借用のプロセスがある。すでに一九三〇年代、アナール学派の歴史学者たちは、この目的のために、カミーユ＝エルネスト・ラブルースなる若き経済学者の研究業績を利用したのではなかったか。本稿では、成果よりは手続きを論じているため、考えうる移動のデッサンを提示することにとどめざるをえない。以下は、全体性に対する新しいアクセスという具体的な問題に即して記された読書ノートのようなものである。

最初の事例は行為の社会学から借用することにしよう。リュック・ボルタンスキとロラン・テヴノーは、一連の著書や論文を通じて、人間の行為を状況の連続とみなすことを提唱している。これらの状況において、アクターは、個人間の交換に関与せざるをえないため、みずからの地位を正統化するべく己の能力を動員する。(9) 彼らは、政治経済学が演出してきた抽象的な個人なるものも、全国統計をはじめとする社会科学のおかげでわたしたちがなれしたしんできた階級や社会集団なるものも、検討することを拒み、人間を「状況」のなかでのみ考察するべきことを説くのである。その際、彼らは危機（たとえば職場紛争）や告発（警察署に提出された告発状や、新聞に送付された抗議文書など）といった状況を重視する。それは、ローカルに構築される妥協をみれば、個人の地位の正統化について考えうるさまざまなモデルのあいだに存在する緊張関係を読みとることができるし、また、それらを説明せざるをえなくなるからである。紛争や告発において、アクターおのおのは、正しいこと（たとえば職場紛争では、職務能力に応じて各自を評価することとか、市場法則を尊重することとか、労働条件を改善することとか、組合民主主義を発展させることとかである）の意義を動員する。ボルタンスキとテヴノーは政治哲学から六つの（語の厳密な意味における）「モデル」を借用し、それを「シテ（cité）」と命名する。「シテ」は、正統化と妥協にかかわる文法のカテゴリーをなしており、また、アクターが利用しうる資源でもある。

彼らは、かくして、既存の分析枠組に対するひとつの代替案を提供した。また、個別的なものと普遍的なものの関係や、個人と集合体の関係について、新たな表象をひとつ提案した。さらに、集合体はアクターたちを圧迫する重税のようなものであると考えたり、アクターたちは純粋で完璧な合理性をそなえているとみなしたりすることを拒否した。この場合、集合体は、一時的で日付がついた構築の産物にして、能動的ではあるが一時的で不安定な合意の帰結として、たちあらわれる。これにより、状況の特性に応じてアクターが動員する重要な諸資源は、一時的に、個別具体的な布置連関にかかわりをもつ。この集合的構築物の安定性と持続性の程度は、動員可能な資源の多様性と、実際に動員される資源の異質性によって規定される。

この研究計画においては、一見して明らかなとおり、正統性原則に依拠することによって、対象や社会制度が安定化し、個人間の個別具体的な布置連関が組織される。これに対して、個人間の個別具体的な布置連関が、歴史ではなく普遍性の領域にあるようにみえる正統化モデルにいかなる影響を与えるかは、十分に明らかではない。ある時空間的なスケールが西洋先進社会の現状を分析する際には有効かもしれないとして、しかし、それが（たとえば企業内で労働を組織するに際して技術的効率性原則よりも民主的原則が優越するときなど）ローカルな正統化体制が動揺すると同時に、アクターが利用できる準拠「シテ」、つまり動員しうる資源の一覧が変容するような状況を研究する際にも利用できるというわけではない。たとえば、征服や文化的混淆によって誕生した社会を分析するような場合である。そういうわけで、ボルタンスキとテヴノーの著作は、歴史がもつこの側面を看過している。しかしながら、彼らはそこで、歴史学者は重要な点について研究手法を修正するべきことを説いている。つまり、社会科学における理論はすべてそれに妥当する類型の時間性を伴っており、また、この時間性は当該理論がアクターに付与する能力と密接に関連していることに言及する（Dodier［1991］）。さらに、叙述的な年代記や長期的持続の歴史のかわりに、短いシークエンスや詳細な場面を分析するべきことを示唆する。最後に、凝集の帰結ではない全体化の手続き、すなわちアクターの能力、彼らが関与する状況の全体的評価の様式、彼らがなしうる、そして総体として社会的紐帯を構成する「一般性の向上」の形態といったものから生じる手続きを提唱する。

社会的紐帯の問題については、最近のジャン＝ピエール・デュピュイの著作でも、とくに二つの基本的な発想をめぐって論じられている。[10] 第一に、この問題に対して社会科学が多種多様な回答を提示してきたのは、人間同士を結びつける紐帯が基本的に不可視だからである。彼によれば「社会は「それ自体で」、つまり、たしかに個人は「社会に作用はする」が、しかし彼らの意思や認識をこえたところに、というよりは、それらのはるか手前で、総体として存在可能である」(Dupuy [1991], p. 10)。第二に、アクターから超越した、外在的で固定的な地点などというものは、社会には存在しない。彼によれば「人間の集合体が外部の目印とみなしているものは、実際には、そのメンバーたちが織りなす相互依存的な行為が構築されることから生じる、つまりそれは集合体自体に端を発している」(Dupuy [1991], p. 66)。社会が粉砕され、それと同時に新たな形態の全体化が再構築されるような、極限的な個人化のプロセスたるパニックをみれば、このメカニズムを明らかにできるかもしれない。実証的な文献をみると、どこでも、ひとつの確証とひとつの仮説が同時に提示されていることがわかる。つまり、パニックは自己実現的な社会表象のクラスに属すことが確証されている。また均衡状況からパニックへの移行はなめらかにおこなわれ、秩序の解体は秩序それ自身から生じるという仮説が提示されている。さらに考察を進めるうえで有益なのは、フロイトの大衆心理学とワルラスの経済学である。パニック状況では、群集は普遍化された模倣のプロセスを発展させる。そこでは、群集はたがいに模倣しあい、普遍的な行動を生起させる。この行動は、システムに先立って存在するわけではないが、そのくせシステムに外在するようにみえる、という特徴をもっている。市場では、経済的アクターは、価格システムはみずからの外部に客観的に存在する諸要素によって規定されるとみなし、そのシステムにあわせてみずからの行動を合理化する。しかしながら、価格システムは彼らの意思決定が組合わされるなかから生まれる。したがって、市場と群集は、パニックを、フランス語における二重の意味で「含む＝抑制する（contenir）」。全体性の機能にかかわる原則を明瞭に表現する「例外的にしてノーマルな」エピソードとして、これ以上のものはないだろう。

歴史に議論を戻すべく、もう少し検討を続けることにしよう。ケインズによれば、熟練した投機家とは群集よりもよく将来を見通せる人のことである。そうだとすると、慣習の判断と投機のプロセスを分析することが面白くなってくる。通常の時期には、各自の指向性は万人が知っている。また、行動は、共有されている慣習にしたがって配分されている。危機になり、共通感覚が失われると、他者を模倣することが唯一の合理的な行動になる。このプロセスでは、それと同時に、アクターからなるシステムに外在する客観的な嗜好性があらたに構築される。まさにここで歴史研究が有効になる。模倣のメカニズムは新しいもの、あるいは不確定なものに開かれている。そこでは、いかなる対象も、潜在的には出現可能である。しかしながら「プロセスの現実の時間においては、このメカニズムは自己強化的なダイナミズムにもとづいて特定の対象を選択し、この対象以外に対しては門戸を閉じる」(Dupuy [1991], p. 96)。それは、ひとつの歴史の所産であり、ひとつの前進運動に依存している。だからといって、歴史学者であればこういった提案によって安心するかといえば、それはわからない。「出現しつつある対象は、ゲームの形式的な構造から演繹するという手続きでは規定されえない」のであれば、「構造とコンジョンクチュール」という看板をかかげて歴史を学ぶという作法に、一体いかなる価値があるのか。この点は、語るという伝統的な作法の価値にもあてはまる。個別具体的な叙述は全方位的な妥当性をもつという幻想は、歴史の物語にとっても伝記にとっても重要である(Passeron [1990])。社会的紐帯の動態的な構築を理解するにはいかなる問題を設定するのが好ましいかを明らかにすることは、あきらかに、学際的な研究計画の領域に属している。

共有された時間にかかわる慣習(conventions)、というのが、経済学の新しい潮流の土台をなす新たなパラダイムである。この潮流は、純粋で完全な市場競争均衡という概念のまわりに構築されている経済理論のハードコアを破砕するための武器として、歴史を利用する（*Economie Appliquée*［1985］, *Revue Economique*［1989］, *Economie Appliquée*［1989］, Lesourne［1991］）。全体性の問題にかんしては、慣習の経済学は、システマティックに、そしてしばしば新しいかたちで、さまざまな問題を提示している。これらの問題は、歴史学者が全体性の問題を考えるときに直面するものである。ここでは、そのうちのいくつかだけをとりあげる。第一に、構築的な慣習は、ルソー的な能動的契約の産物ではなく、個人間の相互作用の産物である。それは、個別具体的な行為の産物であると同時に、デュルケムいうところの「社会と伝統」によって課された制約的（にして大抵は不透明）な枠組をなしている。社会的なるものが構築されるプロセスについていうと、この慣習を考慮にいれると、個人と構造の対立とか、自由と制約の対立とか、あるいは過去と現在の対立とかいった、単純化されたもろもろの対立を再検討せざるをえなくなる。第二に、経済的慣習は個人の行動のコーディネートを可能にするような（組織や法規則において具体化しうる）集合的表象であるとすると、「事象」と「表象」を対立関係に還元すること（および表象を表象として分析するという方法論的な逃避をなすこと）は正当性を失う。知識のシステム、記憶の構築、人材育成のプロセス、あるいは既存の情報といったものは、単なる現象理解のための枠組ではない。それらは現象を記録し、設定するのである。

ありうるコーディネーション原則は多様であることから、複雑な宇宙がうみだされる。それゆえ、単一の説明原則に還元することによって全体性を考えるわけにはゆかなくなる。さまざまなコーディネーション様式のあいだでゲームが始まり、かくして構造機能主義的な決定論を避けることが可能になる。アクターがそなえると想定されている合理性の類型を再検討することが求められる。集合的行動を関係の総体として動態的に説明するという立場は放棄することなく、アクターを、彼（女）たちが所属する集団の均質性の統計的な表現に還元しなくてもすむようになる。経済的なるものと社会的なるもののあいだで、文化的なるものと経済的なるもののあいだで、社会的なるものと文化的なるもののあいだで、社会を、部分的な等価値性やローカルな緊張関係が普遍化されたシステムとして考察できるようになる。慣習の経済学は時間的なパースペクティヴにはっきりと棹差しているからだ。新たな慣習システムは、どのようなものであっても、みずからの歴史における偶然性に規定された存在としてたちあらわれる。慣習の不可逆性と危機が、経済システムを特徴づける。アクターには人材育成とプロセス的合理性が割当てられることになる（Boyer, Chavance and Godard［1991］）。

それでは、一部の経済学者の提案によって頑健な解答がもたらされたか、といえば、そのようなことはない。ただし、歴史学者は、経済学者たちがうまく解決できない困難に直面しているという事態から、ひとつの示唆をえることができる。つまり、みずからの問題設定を更新し、みずからの分析をつまびらかにするべきなのだ。ほとんどの経済学者は、慣習は時間的な重みをもつと考える。ルーティン、暗黙または明示的な規約に適合的な対象の連続生産、あるいは偶然の効果を縮小させてくれるルールを考えればわかるとおり、慣習の安定性は時間そのものから導出されている。もちろん、この点を強調することには、それなりの問題もある。アクターのあいだの合意はつねに個別具体的な形態をとりうるが、しかし大抵は、ひとつの変種として、アクターには手の届かない巨大な支配的慣習に内接する。おそらくそこには三つの動機がある。第一に、分析においては、ローカル化されたアクターのあいだの妥協がくりかえされるなかで、いかなるかたちで慣習が更新されるかよりも、むしろ、いかなるかたちで慣習が妥協に意味を与えるかが重視される。第二に、ここで経済学者がもちいる時間スケールは、目の粗いものである。つまり、超長期の慣習と、それらがテストされる瞬間の継続のあいだには、なにもない。第三に、アクターの時間認識は非対称的である。彼らのモデルにおいては、経験よりも期待のほうが重要である。すべては、あたかも「慣習は過去担当、アクターは未来担当」であるかのように進められてしまう。ちなみに、ここにもまた、歴史が貢献しうる研究計画の萌芽をひとつみてとれる。ここには、とりわけ、社会的なるものに接近し、動態的な全体化について思考する際にとりうる新しい方法があり、それは検討に値する。

『アナール』は変化したか。同誌の編集計画が今日いかなる方向に発展しうるかについては、想像が可能だろう。研究手段の次元についていえば、もっと明確に学際化をすすめるべく再度訴えることが必要である。もちろん、社会科学における幻想の共通言語（リンガ・フランカ）をつくりあげるという野心をいだくべきではない。むしろ、共有されているパラダイムを土台として、差異の一覧表を作り、異議を申したてあう機会を見出すべきである。それによって各自の手続きとモデルが洗練され、豊富になることが、おそらくは期待できるのではないだろうか（Lepetit［1991］）。研究目的の次元についていえば、同誌の編集計画の土台をなす社会史学という大望を、別のかたちで再発見することが必要である。状況づけられた行動、アイデンティティの構築、あるいは現象のスケジュール化といったものに、新しいかたちで注意を払えば、新しい知的布置連関が素描できるだろう。一九五〇年代から六〇年代を特徴づける「古き同盟関係」は、マクロ経済学的なアプローチ、社会構造の研究、そして長期の分析を、社会史学という学問領域のなかで結びつけるものだった。そしてまた、発展の探究という観点にもとづいて、有意義な設問を序列化するものだった。しかしながら、いまや、慣習と社会的紐帯と歴史性を結びつけ、「合意はいかに成立する（あるいは成立しない）か」という設問にもとづいてその他の設問を序列化するべきことを説く、新しい同盟関係の構築を促進するときである。ちなみに、合意が大きな問題となっているこの世界において、「合意はいかに成立するか」が緊要の課題であることについては、贅言を要さないだろう。

もちろん、ここで述べてきたのとはまったくちがったかたちで、『アナール』の立場のみならず個人の立場を反映するような分析を試みることもまた、各自の自由である。わたし自身もまたこの例に漏れないからこそ、本稿では研究方法を断片的に、そしてまた一種の応答として提示することが有効であると考えた。それにしても、この点については、いかに結論すればよいだろうか。おそらくは、第二次世界大戦後の最初の号の巻頭を飾るべくリュシアン・フェーヴルが執筆した「新たな「アナール」宣言」から一部を引用するべきだろう。

ブロックと私は一九二九年に、『年報〔アナール〕』が生きたものであることを望んだ。私どもの努力を今後久しく引き継いでくれる人々が、意志をも併せて継ぐよう希望する。ところで、生きるとは変化することにほかならないのだ。知識の領域にエジプトのピラミッドのごとく、悠然かつ平然と腰を据えているあの偉大な雑誌たちに感嘆せずにはいられない。どっしりと腰を下ろして微動だにしない姿は遠目には、実に堂々たるもの。とはいえ、ピラミッドが墓であることには変わりなく、高名な人物の遺体をミイラにして巨大な石塊の中央に閉じ込めている。セメントと透明なガラス万歳！（Febvre [1946], p. 1〔邦訳六八頁〕）

つまり、連続性を表明するには、そしてまた――歴史学者であれば経験から認識しているとおり――未来や過去をはじめとする時間上の電荷はすべて現在に基づいているがゆえに、変化しなければならない、ということである。

＊このテクストが存在するのも、ここで探究をなしえたのも、すべてカルロス・アギーレ・ロハスの友情にみちた協力のおかげである。本稿で展開されている見解はすべてわたし個人のものである。ただし、この種の分析をどのようなかたちで提示するかについての発想は、ジャン＝クロード・ペローとの討論から生まれた。本稿第二節の発想は、ジャック・ル・ゴフの幾多の指摘、ユーリ・ベススメルトヌィの報告、ニコラ・コポソフの質問から生まれた。本稿第三節の発想は、アラン・ブローとシモーナ・チェルッティの主催になるセミナーから生まれた。彼らの意見をわたしがどのように利用したかを知ったら、彼らはきっと驚くだろう。それでも、彼らには謝意を伝えたい。このテクストは一九九一年に書かれた。一九九四年一月、『アナール』運営委員会は新しい委員として（とりわけ）アンドレ・オルレアンやロラン・テヴノーを迎え、拡充された。それと同時に、同誌の副題は修正された。かくして『アナール――経済・社会・文明』は『アナール――歴史・社会諸科学』となった。

（1）　ここでフランソワ・フュレの完璧な業績リストを提示する必要はないだろう。フランス革命史および政治概念史に関する研究以前に発表された初期の業績として、Bouvier, Furet and Gillet［1965］, Daumard and Furet［1961］および Furet and Ozouf［1977］だけを挙げておこう。ここで言及した二本の論文は「数量史と歴史的事象の構築」（『アナール』一九七一年）と「現代科学の諸問題」（『ディオジェーヌ』一九七五年）であるが、ともにFuret［1982］に再録されている。同書刊行に際して記された序文に「思想をともにする学派ではなく、影響力と評判のヘゲモニーであり、さらにはまたそれ以上のもの、つまり共通の一般的精神である」(p. 8) と述べられていることからわかるとおり、これもまたアナール学派に対する死亡宣告のようなものである。

（2）それまでは、Fink［1989］を参照。

（3）Ferro［1992］はその点に関する断片的な言及を含んでいるが、それによると、編集担当書記の自律性は強いものだった。

（4）Dosse［1987］を参照。Couteau-Bégarie［1983］にもとづいてドッスが作成した運営委員会の表（Dosse［1987］, p. 3）は、その機能を知っている人間からすると、笑止千万である。Burke［1990］も参照。

（5）Duby［1987］, p. 132を参照。一九八〇年以降、ジョルジュ・デュビーは一種の実践統合運動を唱道するにいたる（Duby and Lardreau［1980］を参照）。

（6）Febvre［1922］を参照。ラブルースについては、たとえば彼がLéon, ed.［1954］に寄せた序文を参照。

（7）正典としては、たとえばGoubert［1960］を参照。その第一部は「構造——一八世紀ボーヴェ地方社会の支配的特徴」に、第二部は「コンジョンクチュール——一六〇〇年から一七三〇年にいたるボーヴェ地方における経済・社会・人口の変動」に、おのおのあてられている。

（8）その典型がBouvier［1969］第二章である。

（9）まずは彼らの最近著たるBoltanski［1990］およびBoltanski and Thévenot［1991］を参照するべきである。

（10）Dupuy［1982］およびDupuy［1991］を参照。本稿では後者を分析対象とする。

引用文献

Annales〔1989〕, "Tentons l'expérience"（*Annales ESC* 44-6）.
Baxandall, M.〔1985〕, *Patterns of Intention*（New Haven: Yale University Press）.
Boltanski, L.〔1990〕, *L'amour et la justice comme compétences*（Paris: Métaillié）.
Boltanski, L. and Thévenot, L.〔1991〕, *De la justification*（Paris: Gallimard）〔リュック・ボルタンスキー&ローラン・テヴノー『正当化の理論――偉大さのエコノミー』三浦直希訳、新曜社、二〇〇七年〕.
Bouvier, J.〔1969〕, *Initiation au vocabulaire et aux mécanismes économiques contemporaines*（*XIXème-XXème siècles*）（Paris: Sedes）.
Bouvier, J., Furet, F. and Gillet, M.〔1965〕, *Les mouvements du profit en France au XIXème siècle*, Vol.1（Paris: Mouton）.
Boyer, R., Chavance, B. and Godard, O.〔1991〕, *Les figures de l'irréversibilité en économie*（Paris: Editions de l'EHESS）.
Braudel, F.〔1958〕, "Histoire et sciences sociales"（*Annales ESC* 13-4）.
Braudel, F.〔1972〕, "Personal testimony"（*Journal of Modern History* 44-4）.
Braudel, F.〔1979〕, *Civilisation matérielle, économie et capitalisme*（Paris: Colin）〔フェルナン・ブローデル『物質文明・経済・資本主義』全六巻、村上光彦・山本淳一訳、みすず書房、一九八九―九九年〕.
Burke, P.〔1990〕, *The French Historical Revolution*（Cambridge, UK: Polity Press）〔ピーター・バーク『フランス歴史学革命――アナール学派一九二九―八九年』大津真作訳、岩波書店、一九九二年〕.
Chaunu, P.〔1974〕, "L'économie"（Le Goff, J. and Nora, P., eds., *Faire de l'histoire*, Vol. 2, Paris: Gallimard）.
Couteau-Bégarie, H.〔1983〕, *Le phénomène nouvelle histoire*（Paris: Economica）.
Daumard, A. and Furet, F.〔1961〕, *Structures et relations sociales à Paris au milieu du XIIIème siècle*（Paris: Collin）.
Dodier, N.〔1991〕, "Agir dans plusieurs mondes"（*Critique* 529 / 530）.
Dosse, F.〔1987〕, *L'Histoire en miettes*（Paris: La Découverte）.

Duby, G. [1987], "Le plaisir de l'historien" (Nora, P., ed., *Essais d'égo-histoire*, Paris: Gallimard).

Duby, G. and Lardreau, G. [1980], *Dialogues* (Paris: Frammarion)〔ジョルジュ・デュビー&ギー・ラルドロー『歴史家のアトリエ』阿部一智訳、新評論、一九九一年〕.

Dupuy, J. [1982], *Ordres et désordres* (Paris: Seuil)〔ジャン＝ピエール・デュピュイ『秩序と無秩序――新しいパラダイムの探求』古田幸男訳、法政大学出版局、一九八七年〕.

Dupuy, J. [1991], *La panique* (Paris: Delagrange).

Economie Appliquée [1985], "La science économique et l'auto-organisation" (*Economie Appliquée* 38).

Economie Appliquée [1989], "La science économique et l'auto-organisation" (*Economie Appliquée* 42).

Febvre, L. [1922], *La terre et l'évolution humaine* (Paris: Albin Michel)〔リュシアン・フェーヴル『大地と人類の進化――歴史への地理学的序論』全二巻、飯塚浩二・田辺裕訳、岩波書店（岩波文庫）、一九七一、七二年〕.

Febvre, L. [1946], "Face au vent" (*Annales ESC* 1-1)〔リュシアン・フェーヴル「嵐に抗して――『年報（アナール）』のマニフェスト」、同『歴史のための闘い』長谷川輝夫訳、平凡社（平凡社ライブラリー）、一九九五年、所収〕.

Febvre, L. [1953], *Combat pour l'histoire* (Paris: Collin)〔リュシアン・フェーヴル『歴史のための闘い』長谷川輝夫訳、平凡社（平凡社ライブラリー）、一九九五年（部分訳）〕.

Ferro, M. [1992], *Histoire de Russie et d'ailleurs* (Paris: Balland).

Fink, C. [1989], *Marc Bloch* (Cambridge, UK: Cambridge University Press)〔キャロル・フィンク『マルク・ブロック――歴史のなかの生涯』河原温訳、平凡社、一九九四年〕.

Foucault, M. [1969], *L'archéologie du savoir* (Paris: Gallimard)〔ミシェル・フーコー『知の考古学』慎改康之訳、河出

書房新社（河出文庫）、二〇一二年〕.

Fridenson, P.［1989］, “Les organisations”（*Annales ESC* 44-6）〔パトリック・フリダンソン「組織、新たな研究対象」、本書第二章〕.

Furet, F.［1982］, *L’atelier de l’historien*（Paris: Flammarion）〔フランソワ・フュレ『歴史の仕事場（アトリエ）』浜田道夫・木下誠訳、藤原書店、二〇一五年〕.

Furet, F. and Ozouf, M.［1977］, *Lire et écrire*（Paris: Minuit）.

Goubert, P.［1960］, *Beauvais et beauvaisis de 1600 à 1730*（Paris: Mouton）〔ピエール・グベール『歴史人口学序説——一七・一八世紀ボーヴェ地方の人口動態構造』遅塚忠躬・藤田苑子訳、岩波書店、一九九二年（部分訳）〕.

Labrousse, E., ed.［1973］, *Ordres et classes*（Paris: Mouton）.

Léon, P., ed.［1954］, *La naissance de la grande industrie en Dauphiné*（Paris: Presses Universitaires de France）.

Lepetit, B.［1990］, “Propositions pour une pratique restreinte de l’interdisciplinarité”（*Revue de Synthèse* 111-3）.

Lesourne, J.［1991］, *Economie de l’ordre et du désordre*（Paris: Economica）.

Passeron, J.［1990］, “Biographies, flux, itinéraires, trajectoires”（*Revue Française de Sociologie* 31-1）.

Perrot, J.［1968］, “Rapports sociaux et villes”（*Annales ESC* 23-2）.

Perrot, J.［1975］, *Genèse d’une ville moderne*（Paris: Mouton）.

Perrot, J.［1992］, *Une histoire intellectuelle de l’économie politique*（Paris: Editions de l’EHESS）.

Revue Economique［1989］, “L’économie des conventions”（*Revue Economique* 15-2）.

Stone, L.［1979］, “The revival of narrative”（*Past and Present* 85）.

Wallerstein, I.［1988］, “L’homme de la conjoncture”（Aymard, M. et al., eds., *Lire Braudel*, Paris: La Découverte）〔イマニュ

エル・ウォーラーステイン「変動局面の人」、同他『開かれた歴史学――ブローデルを読む』浜田道夫・末広菜穂子・中村美幸訳、藤原書店、二〇〇六年、所収〕.

Wallerstein, I.［1991］, "Beyond *Annales*?"（Id., ed., *Unthinking Social Science*, Cambridge, UK: Polity Press）〔イマニュエル・ウォーラーステイン「アナール派をこえられるか」、同『脱＝社会科学――一九世紀パラダイムの限界』本多健吉・高橋章訳、藤原書店、一九九三年、所収〕.

2

組織、新たな研究対象

パトリック・フリダンソン

Patrick Fridenson

〔解　題〕

一九八八年に「批判的転回（tournant critique）」の必要性を訴えた『アナール』運営委員会は、ひきつづき、社会諸科学との関係のありかたの再検討に着手した。

その一環として一年間にわたって実施されたのが、重視されるべき社会諸科学の動向にくわしい歴史学者や、社会諸科学の専門家のうち歴史学的なセンスをもつ人々を運営委員会に招待して報告を依頼し、それをもとに討論をおこなうという連続セミナーである。セミナーには、新しい文化史学の第一人者ロジェ・シャルティエ、レギュラシオン学派の経済学者として日本でも名高いロベール・ボワイエ、地理学者マルセル・ロンカヨロなどが招待された。彼らはおのおの自説の支持者を伴ってセミナーに臨み、運営委員会メンバーと真摯にして激しい討論をくりひろげたといわれている。連続セミナーでなされた諸報告は、のちに『アナール』「歴史と社会科学、批判的転回」特集号（第四四巻第六号、一九八九年）としてとりまとめられた。

このプロセスにおいて同誌運営委員会が重視した社会科学のひとつが、経営学（ひろくいえば組織科学）だった。そして、その代表者として連続セミナーにむかえられたのが経営史学者パトリック・フリダンソン（Patrick Fridenson）であり、特集号に掲載された彼の報告が本論文「組織、新たな研究対象」である。

フリダンソンは一九四四年に生まれ、高等師範学校を卒業したのち、フランスの自動車メーカー・ルノー社を対象とする学位論文『ルノー工場の歴史、一八九八年から一九三九年』によってパリ第一〇大学で歴史学第三期博士号を取得した。社会科学高等研究院（フランス）の指導教授をつとめ、現

Introduction d'auteur

在は名誉教授。今日のフランスを代表する経営史学者として、来日経験も多い。

著書としては、博士論文の刊行版『大企業の誕生、一九八九年から一九三九年』（パリ・スイユ社、一九七二年）のほか、『フランスと労働時間』（共著、パリ・オディルジャコブ社、二〇〇四年）など多数がある。また、経営史学に関する近著『経営史の再構想』（共著、ボルチモア・ジョンスホプキンス大学出版会、二〇一三年）の邦訳（蒼天社出版、二〇一七年）が出版されている。

「組織科学」と「歴史分析」の関係は、まったくもって不明瞭である。(1) 歴史研究は、『アナール――経済・社会・文明』が進化してきた際のもろもろの段階で表明されたことをみればわかるとおり、これまでは意思決定も制度も重視してこなかった。他方で組織科学は、歴史学の大部分が依然として基礎研究の学問領域であるのに対して、なによりもまず応用科学であり、その成果を企業や行政の役に立たしめるものである。

「組織」という用語の定義をめぐっては、長いあいだ激しい論争が続いてきた。それが多様であることは、現状をみるだけでも十分に理解できるだろう。(2) まずは、売買にたずさわる組織（企業、サービス協会、病院など公共機関、その他）と、売買にたずさわらない組織（行政、軍隊、教会、非営利組織、政党、労働組合）が区別されるのが常である。歴史学者は、双方の組織の共通点を指摘し、解釈できるのではないか、という考えに惹かれてきた。しかしながら、それらをひとまとめにすることは、職業的な義務感が許さない。それにもかかわらず、現存する組織の諸類型のおのおのに妥当しうる定義を考慮しなければならない。ところが、そうすると、数が多くなりすぎておしつぶされる危険がある。なにしろ、経済組織だけみても、一〇もの異なる概念があるのだ(3)（表）。

本稿では、売買にたずさわらない組織の諸事例をとりまとめた総合的な定義をもちいることにする。それによれば、組織を特徴づけるのは「ある集団が、集合的な準備作業によって、最小限の効率性しかない普遍的な目的を達成することを可能にするような、集合的な認知傾向」である。これは、かつて組織を専門としない社会学者アラン・トゥレーヌが提示した定義と、それほど異なったものではない。彼の定義とは「集団ではなく集合的行動システム、つまり、歴史的なテーマを表現する諸々の価値との関係によって

分析の立場		組織の定義
ラディカルな軽視	1	交換において，メンバーの利害を顧客の利害に優先させるために，集合体がもちいる手段の総体
	2	階層的権力の（再）生産の場
組織と市場の，対立をはらんだ並存	3	計画化のエージェンシー
	4	内部労働市場
組織と市場の領土分割	5	価格システムの機能不全に際してもちいられる，有用資源の配分様式
	6	個人間の意図的協力メカニズム
経済学者にとっての異国趣味	7	役割システム
	8	自律的社会システム
組織と市場の相違の超克	9	（生産活動に関連する）交渉の場
	10	最小限の収益性という普遍的な制約を（集合的な準備活動プロセスをもちいて）緩和するべく，契約と強制をもちいて個人間の相互作用を整備する認知傾向

出典：Favereau［1989］, pp. 67-90

定義された個体」というものである。(4) この概念化は、たしかに、きわめて一般的であり、少々曖昧である。ただし、それには、指導者や総体ではなくメンバーの側から組織をみるというメリットがある。

しかしながら「組織科学」とは一体なんだろうか。組織についての思想は、一八世紀の終わりから発達を始めた。さまざまな理論的伝統や分析的立場が相対立し、二〇世紀はじめに結晶化した。(5) これら、いわば原型は、三つにわけられるが、そのうち二つは経営の実践家に端を発している。この点を指摘しておくことは無意味ではないだろう。

これら三つの原型を再確認しておこう。まず、エンジニアにしてコンサルタントだったフレデリック・W・テーラー（アメリカ）によれば、組織は集合的な準備作業の論理から生じるものである。そこには効率的な知識を算出する傾向がある。すべて組織科学の任務は、ある行為の効率性の徴候を見出し、だれが「よりよく行動することを学び」うるかを確定し、さらなる知識の生産を妨げるものをつきとめることにある。(6) この概念は、一部で継承された。「組織は……技術システムであり、その効率性を探求し、改善することは可能であるとするテーラーの考えは、のちのちまで受け継がれることになった。継承者とは、たとえば計画化、オペレーションズ・リサーチ……各種の自動化、ひとことでいえば数量的モデル化である」。(7) オリヴィエ・ファヴロが提示している総合的な定義は、明示的にではないが、知識の生産を重視するこの潮流に属している。

これとは異なり、社会学者マックス・ヴェーバー（ドイツ）によれば、組織とは、なによりもまず個人と個人のあいだの人間関係のネットワークである。組織科学の任務は、諸組織の並存可能性、それらの形態や存続期間の多様性、あるいはそれらの解体や進化のありかたを理解することにある。ヴェーバーによれば、そのためには「組織を構成する個人の目に、組織が合理的であるように映っているのはなぜか」を探求しなければならない。(8) この概念は、ルールや契約や慣習をめぐる幾多の研究、さらにある意味ではゲーム理論によって継承された。

最後に、コマントリ・フルシャンボー株式会社の総支配人アンリ・ファイヨールは、組織をまず構造とみなす。したがって、それを分析することの任務は、環境や構成メンバーに対して組織が行使する諸機能を繊細に区分し、構造内部の諸行動のコーディネーションが保証されるようにするべく、機能のおのおのに関連する規範を選びだすことにある。ヴェーバーが官僚制について考察するのと同様に、ファイヨールの念頭にはつねに軍隊モデルがあった。彼が展開した概念は、スキーム化、グラフによる表現、そしてシステム理論の発展に貢献した。(9)

今日、単一の組織科学ではなく複数の組織科学が存在しているとすれば、その原因は、組織に関する思想の理論的諸伝統がこのように多様なことにある。ただし、もうひとつ、社会諸科学が多様であるという理由もある。これらの科学から甘い蜜を吸おうとする歴史学者は、組織社会学[10]、組織心理学[11]、組織民族学[12]、組織経済学[13]、経営学[14]、さらには意思決定数学に直面するだろう。こうした学問分野は、大部分、第二次世界大戦後は英語圏諸国および独仏で発展した。ただし、あるフランス語圏カナダの研究者は、正当にも、過去二〇年間に英語圏諸国でなされた革新は「フランス語雑誌では……あまり反響を呼ばなかった」と指摘している[15]。この点については、ドイツでなされた研究はどうだろうか。

本稿では、組織科学が歴史学になにを寄与しうるかに話題を限定する。歴史学にとっての「新たな同盟」を提唱するよりは、組織という新たな対象を示唆したいのである。この対象をめぐって、歴史学者は組織科学者と協働できるだろう。歴史を研究すれば、つねに組織と出会うことになる。組織科学の方法や成果や示唆を、みずからのしごとの特殊性とつきあわせれば、歴史学は今日直面するアポリアのうちのいくつかをのりこえられるのではないか——そうわたしは確信している。本稿では、組織科学が貢献しうる点のうち、重要な四つの領域のみをとりあげる。まず組織の機能について概観し、ついで、その安定性の要素のうち、いくつかに言及する。最後に、イノベーション、戦略と構造の関係、これら二つのダイナミズムを論じる。

1 組織の機能——概観の試み

この点に関する研究は、組織の永続性についても、そのダイナミズムについても、きわめて斬新な概観を歴史学者に提供しうる。一般的にいって、歴史学者は双方を必要としている。

永続性

テーラーとヴェーバーによれば、組織とは知識と人間関係が密接不可分に結びあった総体である。歴史学者も、そのことは理解している。ただし、歴史学者が最初に検討するのは、そのうちの一方が現実化する際の条件である。この設問をめぐっては、組織研究には、情報を歴史探求の対象として再評価するというメリットがある。ある所与の時点において、各個人は世界に関する一定量の情報ストックを与えられており、それゆえ、あれやこれやの任務を遂行できる。この情報はしばしば不完全であり、また、各エージェントによって相異なっている。組織科学、とくに情報理論が示すところによれば、組織の機能の効率性は、いかに情報ニーズを調査し、いかに「複雑な組織のなかで情報を収集し、コミュニケートし、処理し、流通させるという任務を、エージェントのあいだに配分する」かにかかっている[16]。

これと平行して、組織研究には別のメリットがある。歴史学者には、エージェントの合理性は絶対的なものだと自発的かつ反復的に信じてしまう癖があるが、そのことに注意を促してくれるのである。ハーバート・サイモン（アメリカ）は、マックス・ヴェーバーの基本的な仮説を再検討し、批判した。エージェントは、不確実な環境のもとで、公式の（いわんや道徳的な）契約のみを媒介にして最適な協力を実現できるだけの合理性をもっていない。それだけではない。階層化された組織は環境の状態に対して柔軟に適応しうる能力をもっているかもしれないが、それにもかかわらず、そこでなされる意思決定は、一義的に確定されうる合理性と（例外なく）対応していない。サイモン以来、組織研究は、限定合理性や、より妥当な解の出現について論じることを好むようになった[17]。

さて、知識と人間関係であるが、アクターは、組織のなかで生産された知識をもちいることによって新しい様式の人間関係を構築できるし、その逆もまた真なのだから、両者のあいだに関係があることはいうまでもない。実際、エージェントは、組織のなかで二種類の知識を生産する。一方の知識は、組織や、それが属する領域や、その環境に結びついた、特殊なものである。これは、個人レベルの知識と集合的知識との総体にかかわるものである。ただし、近年の研究が示すところによれば、一方では「組織に固有の知識をすべてもっている個人は、組織メンバーのなかには存在しない」し、他方では「これと同様に、組織メンバーがもつ個人レベルの知識をすべて合算しても、組織レベルの知識の全体には対応しない。後者は、少なくとも一部は、別のものに対応している[18]」。ここでいう別種の知識とは、市民社会、国家、文化、あるいは他者といったものにかかわる一般的知識である。

歴史学者によれば、組織の知識は、組織が機能する際に土台となるルールの知識を通じて伝達される。ルールには、かつては単一の類型しかないといわれていたが、近年の研究によれば三つの類型がある――契約、強制、そして「集合的な認知傾向」（この類型のルールは一部の集合的知識に結晶する）である。さらにまた、近年の研究は、組織を概念化したり、創造したりするものに注意を促し、それを「機能の最適化を目指すルールを提示し、情報構造を構築するもの」と再定義している。ただし、エージェントのあいだの人間関係は、意思決定のルールに還元されるわけではない。近年の研究が歴史学者に教えるところによれば、組織内部の生活は重要である。従属的な地位にあるエージェントは、単なる受動的な主体ではなく、意思決定と機能に影響力を行使できる。そして、近年の研究は、とりわけ、絶え間なく不安定な均衡状態にある組織の存続を可能にするものを重視している――エージェント集団間の妥協、連帯ネットワーク、信頼の更新、キャリア・マネジメント、そして周期的な不満の捌け口たる紛争などである[19]。また、組織科学の専門家は、近年、エージェントにかかわる理論を構築してきた。そこでは、つねにプリンシパル（指導者あるいは顧客）の利益に奉仕するようエージェント（担当者あるいは供給者）を動機づけるような報酬と制裁の様式が論じられている。それが効率的であれば、この非対称的な人間関係の当事者は双方とも利益を得る。この分析枠組は、医者と患者、保険業者と被保険者、行政と公衆、あるいは企画立案者と企業など、さまざまな人間関係に応用されてきた[20]。

ダイナミズム

組織科学は、変わらざるものを強調しているため、非進化論に陥る危険があるのではないかという印象を歴史学者に与えることがある。このリスクは空想の産物ではない。システム理論は長いあいだ静態的であり、組織と環境のあいだの安定的な関係を公準として提起してきた。一部の専門家は、モデルが五から一〇年はもちそうだとみるや、それを永久にして聖なるものとしてあがめたてまつろうとする誘惑に抗しきれていない。歴史学者であれば、同じような状況では、移動や変形に注意を払ってきたはずである。多くの組織科学者は、二〇世紀に大部分の組織がこうむってきた激動に対応するにあたり、初期のシステム理論を放棄し、動態的プロセスの観点にもとづいて構築された、よりサイバネティックな概念を採用した。アメリカでは、この方向を採用した人々は、たいてい三つの潮流に区別されてきた[21]。

もっとも古いのが組織ライフサイクル論の潮流である。その土台になっているのは、生産物ライフサイクルについて経済学者レイモンド・ヴァーノン（アメリカ）が一九六六年に書いた有名な論文である。彼は、すべて生産物は幼年期、青年期、成人期、衰退期、そして死去というサイクルをたどるという仮説を提示した。この潮流に属する研究者は、同様に、個々の組織をとりあげ、その創造、変容、そして衰退を分析する。組織の適応は、内部的理由と外部的理由の双方にもとづいて説明される。

次は、人口学的潮流である。そこでは、組織スタッフの人口学的変数（年齢、性別、地理的および民族的な出自、勤務年数）、これら変数の外部的な源泉、そして、組織に対するそれらの影響が重視される。歴史学者にとって、この潮流はさほど新規なものではない。過去三〇年来、この潮流は社会科学にも存在しているからである。

最後に、エコロジカルな潮流である。そこでは、特徴を共有する組織の総体について、その生と死が研究される。この潮流は生物学と社会学を土台とし、組織の類型の多様性や「新種」の出現に関心を払う。それらを説明するにあたっては、環境や外部の変容との関係がもちだされる。この潮流では三つの仮説が提示されてきたが、それらはいずれも歴史学者に直接かかわるものである。第一に、組織の総体の内部的および外部的な関係の安定性は、この総体に対して、他に対する競争優位をもたらす。第二に、組織の内部的および外部的なプロセスは、その適応能力を制約し、慣性運動状態をひきおこす。第三に、独自なニッチ（すきま）に立地することに成功した組織は、生存確率が高くなる。後述するように、歴史学者アルフレッド・チャンドラー（アメリカ）の近業は、この潮流にきわめて接近している。この潮流は、さらに二つの傾向に区別できる。第一の傾向は、きわめてダーウィン主義的な立場から、組織を選別し、進化させるのは自然選択であると考える。第二の傾向は、これとは逆に、偶然や選択の役割を重視する。

これら著者のあいだの多様性を、最後にもうひとつ指摘しておこう。一方の立場によれば、個人の同盟、すなわち組織は、個人のあいだにいかなる利害の多様性も許容しない。この多様性が生じた場合、組織は死滅にむかう。他方の立場によれば、利害の相違は合理化されうるし、したがって矯導されうる(22)。かくして、アクター間の並存可能性が中心的な問題となる。

この観点からすると、組織研究を概観するだけでも、多くの歴史学者が、組織の衰退に対する反応を論じる経済学者アルバート・ハーシュマン（アメリカ）の小著に十分な注意を払ってこなかったことがわかるだろう。同書は、公衆がみずからの不満を表明するために利用できる二つの方法をめぐるものである。第一は退出、つまり企業の場合であれば顧客が逃げること、制度の場合であれば辞任することだ。第二は告発、つまりパートナーが内部でおこなう行動である。ハーシュマンは、この二つの方法を忠誠行動と対比し、あるいは両者の「困難な連携」と均衡を検証する。この二重のメカニズムは、じつに多様な制度を分析する際にも、同様に役に立つようにみえる。たとえば、自然発生的な集団、任意団体、政党、行政などである(23)。

ここまで組織の機能を概観してきたが、その二つの構成要素については、もう少し詳細に分析する必要がありそうだ。二つの構成要素とは、安定性の諸要素と、そこで働いているダイナミズムである。

2　安定性の諸要素

組織の安定的な諸形態を考慮に入れると、さまざまな方向に研究を進めることが可能になる。歴史学者にとって、これら研究は容易に利用できるたぐいのものである。まず、システムがもつ根本的な慣性を強調するものがある。また、マネジメントの諸装置やナショナルな文化といった、安定化を促す力を重視するものもある。このように安定的な諸形態を強調すれば、オペレーションズ・リサーチが袋小路に陥ったことによってひきおこされた組織の細分化という問題がカバーできるようになる。オペレーションズ・リサーチは、一九三〇年代末、イギリス空軍で誕生した。そこでは、文民科学者が、レーダーを利用する作戦本部の不可欠の構成員となっていた。オペレーションズ・リサーチは戦時中に発展し、同時にアメリカ軍にも広まった[24]。一九五三年には民生への転用が認められ、企業を含む民間組織もその成果にアクセスできるようになった。ところが、軍事利用から民生利用への転換が進むなかで、それまでオペレーションズ・リサーチが構築してきた普遍的で多分野包括的で統合的な意思決定モデルは、予想もしなかった、そしてしばしば恐るべき困難に直面していることがわかった。実際、組織における「行動は、なによりもまず部分的でローカルな目的を念頭に置くアクターのあいだで細分化されている」[25]。かくのごとき言明は、歴史学者の関心をひかざるをえない。それはつまり、普遍的なものの複雑さを理解するためにはローカルな論理を検討する必要があるということだからだ。

ナショナルな文化

社会科学者たちの一部は、二つの危険に直面している。第一は、さまざまな組織や国を収斂させることの危険である。この場合、あとは、支配的と判定されたモデルと比較し、進んでいるか遅れているかを測定しさえすればよい、ということになる。第二は、経済主義の危険である（が、最近の歴史学者のあいだでは、あまりみあたらない)。組織分析は、これら二つの傾向に抗弁するための議論を提供してくれる。ここ一五年ほど、とくに組織社会学者は、しばしば労働社会学者の協力を得ながら、同種の組織を複数の国について比較してきた[26]。そこから得られた結論の多くによれば、組織は活動がグローバル化するにつれて均質化する危険があるが、しかし組織にはナショナルな文化も反映されている。

例として、フランスでおこなわれたある調査をみてみよう。そこでは、フランス、アメリカ、オランダに位置する三つの工場が比較されている[27]。フランスにある工場における労働の特徴は、一方における労働者の精神的独立性と自尊心、他方における非公式の調整の重要性と、不同意を制約する「我慢の義務」、この両者にある。著者は、この行動を「名誉の論理」によって説明している。この論理は、少なくともモンテスキューまでさかのぼるが、「中間管理職(プチ・シェフ)」や追従者や成り上がり者を嫌い、身分を失うことを恐れ、管理に反発する、という心性を生みだす。

アメリカの工場を特徴づけるのは、契約の重要性である。それにより、正確で忠実なルールと実践が規定される。著者は、アメリカ法に関するロラン・コーエン゠タニュジの第一作と同じく、アメリカ社会を創設した「敬虔なビジネスマン」と、アメリカの政治信条をなしつづけている「人格の平等と相互尊重」という道徳的原則の影響を、そこにみてとっている。これらの原則から逸脱する指導者や中間管理職は、契約を破ったとして攻撃されうるのである。

オランダの工場を特徴づけるのは、コンセンサスの探求である。それは緊張関係が抑制されるという邪な効果を伴うが、ただし、この絶えざる道徳的な圧力のおかげでオランダの工場は総体として頑健である。著者は、かくして、ある組織の統合は「各自はみずからの義務(ここから規則が導出される)をもつという感情によってなされる。この義務は、伝統によって形作られる。この伝統は、道徳的な認識の行動にまで影響を及ぼしている」と結論づけている。

いかに命令し、従い、協力し、相対立するかに関する、各自の権利と義務——これらを、社会の調整にかかわる概念をめぐる各国間の相違によって説明するという、この種の議論には、モンテスキューのみならずアレクシ・ド・トクヴィルの影響が感じ取れる。トクヴィルは、一度ならずフランス社会学に示唆を与えてきた(28)。歴史学者もまた、無関心ではありえない。比較史研究を促進する良い機会だし、新しい文化史学の成果を利用できそうだからだ。ただし、歴史学者は若干の懐疑を禁じえない。説明の普遍性には単純化が伴い、つまりは民族心理学の陥穽に陥りがちだからである。

不可視の諸装置

オペレーションズ・リサーチが認めた分裂について、これと異なる説明をしているのは、民族学と医療診断学に依拠する組織研究学派である。彼らは、組織の進化に対するマネジメント装置のインパクトを問題にする。このインパクトは、不可視であればあるほど大きい(29)。多くのアングロサクソン系の研究者が、この方向で研究を進めてきた。これらのマネジメント装置は、安定化を実現する強い力でもある。

実際、組織のマネジメントにあたっては、物理的な道具、概念的な道具、装置、そして手続きが動員される。ところが、これらはしばしば配慮の対象外におかれる。マネジメントは、なによりもまず意志にかかわる事柄のようにみえるからだ（明確な思想のみが優先される世界を概念化するというイメージだろうか）。近年の研究が示すところによれば、これらマネジメント装置は、必要であれば、次のようなことが出来る。

複雑性を過剰なまでに縮減すること。行動と意思決定を全自動化すること。「絶えざる相対立に参画するローカルな論理」の発展を促すことによって、警戒をかき乱すこと。組織のエージェントのあいだに仲裁を強要すること——しかも、この仲裁は徐々に不適切なものになってゆく。さらにまた、だれもひきうけなかったり「事前に」望んではいなかったような領域に組織を導いたりするような選択や行動をひきおこすこともありうる。一九七六年からこのかた、「GARACES（高等教育の活動および費用に関する分析研究グループ）規則」と呼ばれる学生配置基準や、知識管理の情報化にかかわりをもったことがあるフランスの大学関係者であれば、「不可視のテクノロジー」がもちうる邪な効果を理解できるはずだ。

歴史学者であれば、ここに、リュシアン・フェーヴルが重視した「精神的な機械装置」に似たものを見出すかもしれない。しかしながら、わたしたちは、この概念に対して、今日、物象化であるとか硬直化であるとかいった批判がなされていることを知っている。歴史学者にとって、「明示されている意図や、目にみえる権力の行使よりは、機能している手続きや装置に関心を払おう」という組織研究者の呼びかけは、うけいれうるものである——社会史学は、意識的になされた決定だけを特別視することはできないのだから。もっとも、この行動評価様式が「機械的に」アクターに作用するという考え方に対しては、躊躇を覚えざるをえない。また、この分析は、先述した「エコロジカルな潮流」と合流しうるのではないか、という点を指摘しておこう。さらにいえば、ここには「脱動機化された制度」にかかわる理論との共通点がみてとれる。この用語法は言語学者フェルディナン・ド・ソシュールから借用したものだが、かつてある意味を与えられていた制度が恣意的なものになるということである。つまり「すべての制度は、絶えず動機を剝奪され、新しい動機を与えられる。そして、ここから解釈をめぐる紛争が生じる」のだ。(30)

システムの慣性運動

ミシェル・クロジエたちの研究を読むといろいろなことを教えられるが、それらは「エージェントに課される調整（レギュラシオン）」の意味という一点に集約できる。「システム」は、「アクター」に対して、相互に接合している役割の一覧表のなかからひとつを選択する余地だけを残している。たしかに、組織のなかには不確定領域がある。アクターが、周辺領域においてではあるが、自律的なゲームを出来るのはそのためだ。だからこそ彼らは組織内部にとどまるのだし、また、他のエージェントと闘いうるのである。しかしながら、システムは、なによりもまず「みずから慣性運動と平和を維持する能力」という視点から分析される。[31] サイモンの研究（前述）と同じく、組織は「なによりもまず安定を実現する存在であり、また、拠点を失い、それゆえ必然的に限定された合理性しかもっていないアクターに対して、彼らの行動を一定程度予測可能なものにする存在」である。[32]

歴史学者にとっては、安定性はそれ自体が問題であるがゆえに、このように個人間の相互作用を統べるメカニズムを分析することはきわめて示唆的である。ただし、この分析は、変化を理解するという課題にとっては、それほど説得的なものではない。アクターは所与とされているし、システムがいかに構築されたかは十分に論じられないからである。

こういった強要された調整や統合メカニズムが存在するからといって、組織の内部におけるイノベーションの爆発が促されるわけではない。そのようなわけで、イノベーションの方策やイノベーターの選択を再検討するべく、他の研究へと検討をすすめなければならないだろう。

3　イノベーションの方策

歴史学者は、組織における変化を考察しようとする場合、言及対象の動態的なプロセスを再構築することにとどまるわけにはゆかない。それゆえイノベーターを考慮に入れなければならないのである。この点については、科学史や経済史のみならず、文化史的あるいは宗教史的あるいは政治史的……な研究にも事欠かない。組織を分析すれば、現在流通している表象について、幻想を放逐し、修正を施し、さらには根本的に再検討することが可能になる。

現在流通している表象における幻想

偉大なイノベーターの伝記は、彼らの成功を説明するにあたり、アクターのかたい意志と、彼らの行動の透明性をひきあいに出すのが常である。偉大なイノベーターは二つの資質、つまり実現の意志と、当初考えられた企画を適切に進める能力を併せもった存在である。イノベーションを実現するとは、なによりもまず、外部からもたらされる三つの障害を乗り越えることだ。三つの障害とは、第一に公的あるいは私的な官僚制、第二に他のイノベーターとの競争、第三にバッド・ラック、というわけである。これまで述べてきたことから推測しうるとおり、組織研究はこういった解釈を還元主義的だとして批判する。

修正の必要性

鉱山学校（フランス）付属イノベーション社会学センターの研究など、一連の組織研究が明らかにしてきたところによれば、アクターの意志と透明性だけでは、イノベーションの成功を保証するには十分でない。すぐれたイノベーターは、純粋でも意志堅固でもない。彼は、企画の遂行を手伝ってくれそうなアクターと連携したり、実在あるいは想定上の反対者を武装解除したりするに際しては、高度な妥協能力を発揮できる。すぐれたイノベーターは、成功にむかう苛烈な道中において、孤立しているわけにはゆかない。彼は市民社会メンバーのなかに自分の擁護者を見出し、その中からすぐれたスポークスマンを選出できなければならない。こういった条件を考えると、イノベーションは「まずは連携と敵対のゲームとして、ついで一連の意思決定および結託として、定義できる」[33]。今日人口に膾炙しているイノベーション概念は、このように修正されなければならないし、それは歓迎されるべきことである。そして、かくのごとく修正したからといって、イノベーションという現象がもつ豊かさが損なわれることはない。

再検討にむけて

また別の研究は、イノベーションと組織を対置してみることを提唱している[34]。こういった視角からすると、イノベーターは「技術的な」制約の特殊性を認識し、それらと妥協するにいたる、ということができる。したがって、イノベーターに必要なのは、「一連の行動」にとどまることなく、プロセスの総体を作動させることだ。意思決定を準備できるよう保証し、相対立する諸陣営をまとめなければならない。連携するか否かを決定するのは彼ら諸陣営だからであり、また「考慮されている技術的選択肢のせいで、関係者ですら現状や帰結を完全には認識できないような一連の意思決定がなされてしまう」ような事態を一〇

○%避けることは出来ないからである（ここに、不可視のメカニズムというアプローチがみてとれる）。

すぐれたイノベーターは、また、企画の展開における時間の役割をしっかりと考慮できる。歴史学者だったら理解できるはずだが、たとえば、企画ライフサイクルにおいて適切なタイミングでないときに、パートナーにイノベーションの遂行を支持してもらうには、彼の関心をひくだけでは足りない。あるいはまた、すぐれたイノベーターは、企画の性質や形態は時間によってかわることを熟知している。企画は、進行するにつれて変化する。シトロエン2CVは、当初は大衆車のなかで一番安価だったが、すぐにルノーの競合車種よりも高価になり、やがてはクラシックカー価格になってしまった[35]。組織科学が歴史学者に教えるところによれば、企画からの逸脱を元の企画と区別して捉えるべきではないし、逸脱を異常と判断するべきでもない。

さらに、すぐれたイノベーターとは、一連の技術的、経済的、社会的、政治的、あるいは文化的な制約をひきうける存在である。彼は、一方では、制約の一部は修正可能であることを認める。他方では、一部の制約は独自の論理をもっているがゆえに連携を可能にすることを認識している。とりわけ、これらの制約は、諸言説の正統性のあいだの差異や、アクター間の優位差をもたらす。

すぐれたイノベーターは、同様に、イノベーションの準備と実現に際して利用されるべき公的な手続きにも関心を払う。組織研究が示すところによれば、これらの手続きのなかには、努力の余地や採用可能な選択肢を長期にわたってしばるものもあれば、イノベーションを促進するものもある。

さらにまた、すぐれたイノベーターは、組織によって進路を妨害された場合、機能不全を惹起することによって、他者の自由を剝奪しようとするかもしれない。一九二〇年代末にスターリンが新経済政策（N

EP）を放棄したことは一種のイノベーションだが、これによって、彼の敵対者は政治的な行動の余地をすっかり奪われてしまった。

そういうわけで、偉大なイノベーターは、敵対者が代替案を出せないようにするべく、みずからの組織のなかに不安定状態をひきおこすというリスクを冒す存在かもしれない。社会科学の歴史についていうと、ヴィクトル・カラディによれば、社会学者エミール・デュルケム（フランス）の知的成功は、同様の用語をもちいて説明できる。デュルケムは徐々に指導者の地位を固め、みずからの学問領域を占拠し、諸学術誌の支持をとりつけ、さまざまな学問領域で栄達を認められていた人々に接近した。フランス政治史をみると、フランソワ・ミッテランの政治的な成功と、彼による社会党の革新は、こういったイノベーション概念で説明できるのではないだろうか。

このイノベーション概念にも限界はある（後述）。ただし、この概念を考えるなかで、歴史学者は、組織科学にとって重要なもうひとつのダイナミズムを再検討せざるをえなくなる――それが戦略である。

4　戦略と構造の関係

ゲーム理論によれば、戦略とは「所与の状況における利害関係者たる個人の行動にかかわる仮説を前提としてなされる（協力あるいは敵対という）意思決定の総体」と定義できるだろう。この点に即して歴史学者の側からみると、近年の組織研究には三つのメリットがある。第一は、社会科学において満身創痍になっている「戦略」概念を脱神話化することである。第二は、戦略と構造の複雑な関係を再度視野に入れることである。第三は、意思決定と社会変化をめぐる新しいアプローチを示唆することである。

戦略の脱神話化

まず、歴史学者であれば驚かないだろうが、組織科学は、戦略を取扱うに際して、二つの代替的なアプローチに依拠してきた。ひとつめは、外部から戦略を捉えるものである。研究者はなされたことを「事後的に」証明し、確定された一連の行為を外部変数と関連づけ、行為の意味を再構成しようとすることになる。もうひとつの方法は、戦略を内部から捉えるものである。研究者は意思決定プロセスを分析し、このプロセスで機能する合理性と相互作用を再構成することになる。後者の方向で進められた研究のうちもっとも重要なのは、アメリカの週刊誌『サタデー・イブニング・ポスト』の廃刊（一九六九年）を論じたものと、イギリスの化学企業ＩＣＩの再興（一九八三年）を取扱ったものである。[36] 歴史学者であればわかるとおり、いかなる方法をもちいるべきかは、内部資料を利用できるか否かに左右されるわけではない。このうち第一のアプローチには「事後的に」合理化する危険がある。これに対して第二のアプローチには、考慮に入れられている戦略以外のいかなる可能性が探索されたか、いかなる原則が採用されたか、もろもろの選択肢がいかに評価されたか、このテーマをめぐる紛争に際していかなる裁定原則が優越したか、といったことを明らかにできるというメリットがある。

ただし、歴史学者であればすぐに認めざるをえなくなることだが、組織にかかわる思考にもとづいて得られる結果は、通説的なイメージをおおきく修正する。戦略は意思決定者によって構築され、ついで実施に移される、という合理的な戦略概念は、ここにおいて解体する。この概念は、経験的な現実によって実証されないのである。歴史学者にとって極めて興味深い研究として経営学者ヘンリー・ミンツバーグ（カナダ）のものがあるが、彼は、この合理的な概念の代わりに、三つの異なる概念を提示している。第一に、現実のものとなる意図的な戦略がある。ミンツバーグはこれを「故意の戦略」と呼んでいる。第二に、おなじく意図されたものではあるが、現実的でない期待や、環境や現在進行中の変化についての誤った判断にもとづいているため、実現されない戦略がある。ミンツバーグは、これを「実現されない戦略」と呼んでいる。第三に、当初は合理的な定式化の対象になっていなかったが、実施され、しばしば「事後的に」定式化される戦略がある。ミンツバーグは、これを「創発する戦略」と呼んでいる。彼は、その最良の例を、一九六五年にアメリカがベトナム戦争に参入したことに伴う国際関係に求めている。[37] この科学的な手続きは、歴史学のあらゆる領域に影響を及ぼしうる。明確で、慎重かつ意図的に構築され、関連する個々の意思決定の前に確定されるものとして戦略を捉えるような歴史学者は、この手続きを採用する組織研究者から批判されざるをえない。たとえば、ミンツバーグは、「企業戦略」に関する歴史学者チャンドラー（アメリカ）の有名な概念「企業にとって基本的な長期目標の確定、この目的の実現にとって必要な行動政策と資源分配の採用」をうけいれない。彼によれば、組織にとっても研究者にとっても、この概念では不十分なのだ。[38]

さらにまた歴史学者は、組織研究を受容すれば、もうひとつの伝統的な誘惑から身を守りうるだろう。すなわち、「戦略」という用語を、その軍事的な起源に忠実に、つまり衝突という観点からのみ捉えることである。もちろん、歴史学者もすぐわかるとおり、組織の専門家もまた、古代中国発祥にせよ近世スウェーデン発祥にせよ、軍事的な戦略思考が心底好きだし、たえずそれらを現代の組織に適用している。しかしながら彼らの大半は、軍事戦略のなかに、衝突と協力のありうる混合体を見出している。その最善の例としては、一九六二年のキューバ・ミサイル危機の平和的な解決と、それに続くデタントが、しばしば引かれる。これは、あるアメリカ人科学者の開拓者的な業績にもとづいている[39]。衝突は同時に協力でもあると考えることは、敵対者をパートナーとして分析することであり、暴力の水準が制限されるという期待をもたせることである。ここには、説得の理論が見出しうる——アクターたる組織は、みずからを破壊できない以上、対話を義務づけられているのだ。そのようなわけで、戦略は必然的に力関係にもとづく交渉をもたらす。ある経済学者（アメリカ）は、その目的、態度、期待される行動の類型、そこから帰納されるイメージを理論化している[40]。また、この「暗黙の交渉」という概念をもちいて、ソヴィエト経済組織の戦略について新しい分析がなされたところである。それによると、モスクワの中央当局はみずからの管理を強化し、全国レベルの優先目標を採用させようとする。ローカルな生産単位は、この管理を最小化し、柔軟性を保つ手段を自己の手中にとどめようとする。関係者の利害は相対立しているわけだ。従属的な位置にあるものは、みずからが被っている管理の正統性を否定するべく、約束を守れそうもないので要求水準を引き下げるよう上位者を説得しようとする[41]。

戦略から構造へ

いかなる理由で、そしていかなる条件のもとに、組織は戦略を変更するのだろうか。この点については、組織科学は歴史学、とくに経済史学者チャンドラー（アメリカ）の研究に、多くを負っている。彼は、はっきりと行動主義的なモデルを提示した。それによれば、組織は慣性によって支配されており、危機が生じることを含めて、環境が変化したときにのみ戦略を修正する。戦略の変更が成功するのは、構造の変化が伴ったときだけである。(42)

　フランスの歴史学界をみると、チャンドラーの研究が反響を呼んだのは企業史学界だけだった。しかしながら、彼の研究は、構造自体や構造内部における人間関係の配置を歴史学の重要な研究対象の地位に引き上げ、また、構造の可変性を説明することによって、あらゆる制度史研究を一新させる可能性を秘めている。これとは反対に、組織科学では、彼の研究はこれまでも、そして今でも、大きな反響を呼んでいる。彼の研究が一連の研究を刺激し、それらが今度は歴史学者に新しいテーマとツールを提供しているわけだ。

　これら一連の研究によれば、まず、戦略の変化は構造の変化に先立たなければならないという考えは相対化されねばならない。近年チャンドラーは、みずからの立場を「戦略が構造にインパクトを与えるのと同様に、構造は戦略にインパクトを与える……。実際、初発からわたしの研究対象は、近代産業企業における、構造と戦略のあいだの、そしてこの二者と絶えず変化する外部環境とのあいだの、複雑な相互連接関係だった」と再定式化している。(43)

　さらにまた、組織研究は、チャンドラーの問題設定を「エージェントのあいだのコーディネーション様式の変化をもたらす競争的選択プロセス」と解釈し、最適な集合的効率性に対応する解の採用について、新しい二つの理論を構築した。

　まず、所有権の経済学である。これは「これら権利の範囲（使用、用益、濫用）が、個人主義的なエージェントの行動にもたらすインパクトを分析する。コミュニティ内部における資源の利用や配分は、所有権の配置のありかたに左右される。したがって、制度のパフォーマンスは法の配置のあり方に左右される」[44]。

つぎに、取引費用理論である。これは、経済学者オリバー・ウィリアムソン（アメリカ）が構築したものだが、エージェント（あるいは組織）間の交換に際して、関係者は共通して取引費用、つまり交渉や実施にかかる費用を最小化することを望んでいる、という仮説から出発する。エージェントは、この費用を念頭に置きながら、もっとも適切な制度形態を選択する。たとえば、経済においては、市場と商業契約に依拠するとか、逆に階層的組織に頼るとか、あるいは中間形態を採用するとか、である。歴史学者は、ここから、交換を費用面から分析するとか、代替的な諸解決法のなかからひとつが選択される際のモデルを構築するとかいった、多様な示唆を得られる。さらにまた、この理論は過去のさまざまな局面に適用できる[45]。

ただし、歴史学者からすると、二つの問題点が指摘できる。第一に、「すべて制度的なるものは契約的なるものに還元できるという基本公準」は、ある経済学者が指摘しているように、脆弱である[46]。第二に、取引が重要であることは認めるが、だからといって、組織による知識の生産を、組織の中核をなす取引の条件だけに限定してしまうという極端な解釈は採用できない。ここで再びイノベーションが問題になる。歴史学者は、イノベーション（さらには知識）の経済学や社会学を援用することによって、知識の生産の条件、戦略的な賭け金、その土台をなす交渉といったものの分析をさらに進められるようになった。しかしながら知識の作用は独自の内容をもつのであり、その前提条件に還元することはできない。つまり、この示唆的な取引理論には、十分適切に利用されない場合は、還元主義に堕する危険がある。この点で、歴史学者であればだれでも、先の経済学者の批判に同意することだろう。

最後に、チャンドラーの問題設定はもうひとつの路線、つまりコンティンジェンシー理論の発展を促した。この第三の理論によれば、組織は、みずからをとりまく環境における変化に対応するべく、構造や戦略やプロセスといった内部属性を変更しなければならない[47]。ここにもまたダーウィン主義生物学の影響がみてとれるが、ただし相違点が二つある。第一に、環境がもつ適応圧力は長期のものである。第二に、組織はみずから変化しなければならない。

変化再考

戦略と構造に関して、組織研究者は歴史学に対して、このほかにも二つの示唆を与えている。まず、個々の事象からフローに移行することである。ミンツバーグは、戦略を「独立した意思決定」という概念で定式化する代わりに、「一連の意思決定におけるモデル」たる戦略というビジョンを提示している[48]。かくして、組織研究は歴史学者の社会変化観を一新することになる。

そこでは、変化は創造のプロセスとして立ちあらわれる。枠組や知識は、組織内のさまざまなアクターのあいだの緊張関係と不統一が（いうまでもなく）環境と相互作用するなかで誕生し、ついで再検討される。この再検討は、効率性についての保証がない以上、暫定的なものにすぎない。再検討を始めるのは、しばしば、階層秩序の頂点にいない個人である。この点について、経営学者アルマン・アチュエルは、アメリカの企業デュポン・ド・ヌムール社が自律分散型構造を採用したことについて、歴史学者チャンドラーの旧説と異なる視角から再考している。彼がそこにみてとるのは、二つの組織ビジョンと、さらには二つのアクター同盟のあいだの「血みどろの激闘」である。頂点にいる指導者たちは、意思決定装置やマネジメント機構を修正しさえすれば危機は解決できると考える。「比較的若いが経験をつんでいる」（チャンドラー）指導者たちは、個人間や組織内ユニット間における関係の配置を修正する必要があると判断する。彼らは、新しい組織にピントを合わせているのである。しかしながら、最高意思決定権者はそれを拒否する。彼ら革新者たちは敗者の位置にとどまることなく、一九二一年には彼らのテーゼたる「デファクトな分散化」をそのまま実施に移す(49)。二年間の内部闘争を経て、彼らは勝利する。彼らのモデルは、組織の諸問題に関する深い知識を得たことに基づいており、また、組織の創造的変容を促進するがゆえに、危機の解決策として立ちあらわれる。この変化は、かくして一種の準備作業によって新しい知識を生み出し、新しいアクターの登場を導いたのである。

＊

本稿で目指したのは、組織科学を包括的に概観することでも、歴史分析が組織科学になしうる貢献を提示することでもない。単に、歴史研究の対象として組織を再評価し、一歴史学者の視点から歴史学と組織科学のありうべき交流の輪郭をえがきだそうと試みただけにとどまる。

その結果として、ここでは、あまりにも多様で歴史学者を当惑させかねない組織科学の理論、概念、モデル、および方法を歴史学に導入するのに必要な基本的条件を述べた。たとえば、動態的モデルを選択すること、複数の期間を接合した時間のなかで対象を考えること、研究対象たる組織の規模を考慮すること、具体的な事例を重視すること、そしてモデルからの逸脱に着目することである。

歴史学者は、さらにまた、組織に関する研究の多くにみられ、それらの結論をゆがめかねない楽観論にも気をつけなければならない。ある経営学者が批判した「もろもろの関連アクターが（書類や発言や説明のなかで）みずからの実践に与えた意味の共鳴板たるにとどまったり、これらアクターが明示的につむいだ言説の宇宙のなかにとどまったりしている」という欠点を修正しなければならない。これらさまざまな意味のあいだのバランスをとるべく、アクターが実際になした基本的行為に関する繊細な知識を活用し、彼らが定式化した解釈をよりわけ、あるいはアクターたちの多様な知的地平線をつきあわせなければならない。場合によっては、そこにとどまることなく、実際になされた実践の代替策を構築し、あるいはさまざまな実践のあいだの隠れた相互依存を探求しなければならない。しかしながら、思うに、これは過去三〇年来歴史学者がルールを学んできた任務ではなかったろうか――システム分析に慣れているとはいえないかもしれないが[50]。

こういった注意事項を確認しておくことは不可欠だが、ただし、組織科学が歴史分析に役に立つことは、いくら強調してもしすぎることはないだろう。そのエキゾティズムはショックを与えるかもしれないが、それをのりこえよう。そうすれば、構造とコンジョンクチュール（循環）を対置したり、経済と社会と文化という三つの層を過度に明確に区別したうえで、現実をそれらに分解したりするという、歴史学者の常識的な思考様式に対して、組織科学は疑義を付してくれることだろう。変容の準備作業やプロセスに対する関心を惹起する「設計主義」的なモデルの興味深さが、そこから立ちあらわれてくることだろう。

（1）　本稿は、一九八九年五月二六日『アナール――経済・社会・文明』セミナーでおこなわれた報告に基づいている。参加者すべてに謝意を表したい。彼らの発言はすべて本稿の改善に役立った。とりわけ、アルマン・アチュエルは、一九八八年六月にスリジーで開催された組織技術に関するシンポジウムに提出された未公刊報告「介入の知」（Hatchuel［1988］）の参照を認めてくれた。ジャック・サピール（Jacques Sapir）は、ソヴィエト経済に関する近刊書（ラ・デクヴェルト社から刊行予定）第四章の参照を認めてくれた。

（2）Morgan［1989］.

（3）Favereau［1989］.

（4）Touraine［1965］, p. 244.

（5）もっともよく参照されるのは、依然としてイギリスの啓蒙書 Tillett, Kempner and Wills［1978］である。

（6）とりわけ Fridenson［1987］, pp. 1033–1037 を参照。

（7）Hatchuel［1988］, p. 6.

（8）周知のとおり、ヴェーバーの著作の大部分は仏訳されていない。とりあえず『経済と社会』（Weber［1921／22］）における「合法的支配の純粋類型」に関する言及〔邦訳一三―三二頁〕を参照。

（9）Reid［1988］を参照。

（10）最後に Sainsaulieu［1987］と、アングロサクソン諸国における研究の有用なガイドとして Chanlat［1989］を参照。

（11）Lévy-Leboyer［1974］を参照。

（12）Mathieu［1983］を参照。

（13）Brousseau［1988］と Favereau［1989］を参照。

（14）古典的な手引きとして Aubert-Krier［1981］を参照。近年の研究としては『フランス経営評論』、『鉱山学校年報』「経営と理解」編、『経済と社会』「経営学」編を参照。
(15) Chanlat［1989］, p. 381.
(16) 例として Arrow［1984］を参照。
(17) 最後に Simon［1982］を参照。
(18) Favereau［1989］, p. 86.
(19) たとえば Hethy［1988］を参照。
(20) Pratt and Zeckhauser, eds.［1985］および Charreaux et al.［1988］所収のシャロー（G. Charreaux）執筆部分を参照。
(21) この点は Chanlat［1989］, pp. 390–392 に基づいている。
(22) Hatchuel［1988］, p. 7. ライフサイクルについては、Vernon［1966］を参照。なお、ライフサイクルに対しては、機械的にアプローチしないよう留意しなければならない。経済学者たちが明らかにしてきたところによれば、ライフサイクルは再開しうる（ジュゼッペ・ヴォルパトの「第二幼年期」概念）し、連続と変化が周期的に交互に生じることもある（Mintzberg［1978］）。
(23) Hirschman［1970］.
(24) Air Ministry［1963］.
(25) Hatchuel［1988］, p. 9.
(26) フランス語で書かれた例としては Bouvier and Kourchid, eds.［1988］第四部を、英語で書かれた例としては Dore［1973］などを、おのおの参照。
(27) D'Iribarne［1989］.

（28）たとえば、フランス型の行動論理という仮説を提示している Crozier［1957］を参照。

（29）Berry［1983］を参照。この観点における主要な研究は、理工科学校付属経営研究センターと鉱山学校付属科学的経営センターによって促されてきた。

（30）Héran［1987］.

（31）いうまでもなく Crozier and Friedberg［1977］を参照。

（32）Tanguy［1989］, p. 26.

（33）たとえば Akrich, Callon and Latour［1988a］や同［1988b］を参照。

（34）この点は Benghozi［1988］, pp. 38–40 の総合的な分析に拠っている。

（35）Fridenson［1988］, p. 44 を参照。

（36）Hall［1984］および Pettigrew［1985］を参照。

（37）Mintzberg［1978］, p. 945. さらに、Mintzberg［1979］と、とても刺激的な論集 Quinn, Mintzberg and James［1988］も挙げておきたい。

（38）Mintzberg［1978］, p. 935.

（39）Allison［1971］. Allison［1969］.

（40）Schelling［1978］.

（41）Sapir［forthcoming］.

（42）McCraw［1988］, p. 13. Galambos［1988］, pp. 248–250 も参照。

（43）Chandler［1990］, introduction〔邦訳 xvi 頁〕.

（44）Furubotn and Pejovich, eds.［1974］. Brousseau［1988］, p. 87 も参照。

（45）最後に Williamson［1985a］と同［1985b］を参照。
（46）Favereau［1989］, p. 82.
（47）Laurence and Lorsch［1989］.
（48）Mintzberg［1978］, p. 935.
（49）アチュエルからの著者宛て私信。Hatchuel［1986］も参照。
（50）Dumez［1988］を参照。

引用文献

Air Ministry［1963］, *The Origins and Development of Operational Research in the Royal Air Force*（London: HMSO）.

Akrich, M., Callon, M. and Latour, B.［1988a］, “A quoi tient le success des innovations”（*Annales des Mines*, series “Gérer et Comprendre”, June, September）.

Akrich, M., Callon, M. and Latour, B.［1988b］, “Quelques mises au point en attendant la suite”（*Annales des Mines*, series “Gérer et Comprendre”, December）.

Allison, G. T.［1969］, “Conceptual models and the Cuban Missile Crisis”（*American Political Science Review*, September）.

Allison, G. T.［1971］, *Essence of Decision*（Boston: Little, Brown）〔グレアム・T・アリソン『決定の本質――キューバ・ミサイル危機の分析』宮里政玄訳、中央公論社、一九七七年〕.

Arrow, K.［1984］, *The Economics of Information*（Oxford: Blackwell）.

Aubert-Krier, J.［1981］, *Gestion de l'Entreprise*, Vol. 1, *Structure et Organisation*, fifth edition（Paris: Presses Universitaires de France）.

Benghozi, P. J.［1988］, "Innovateur éclairé ou entrerprise predispose?"（*Annales des Mines*, series "Gérer et Comprendre", December）.

Berry, M.［1983］, *Une Technologie Invisible?*（Paris: Centre de recherche en gestion de l'Ecole polytechnique）.

Bouvier, P. and Kourchid, O., eds.［1988］, *France-USA*（Paris: Méridiens Klincksieck）.

Brousseau, E.［1988］, "De nouvelles approaches de l'entreprise"（*Revue d'Economie Industrielle*, October / December）.

Chandler, A.［1990］, *Strategy and Structure*, second edition（Cambridge, MA.: MIT Press, first edition, 1962）〔アルフレッド・D・チャンドラー『組織は戦略に従う』有賀裕子訳、ダイヤモンド社、二〇〇四年〕.

Chanlat, J. F.［1989］, "L'analyse sociologique des organisations: un regard sur la production anglo-saxonne contemporaine（1970–1988）"（*Sociologie du Travail*, July / September）.

Charreaux, G. et al.［1988］, *De Nouvelles Théories pour Gérer l'Entreprise*（Paris: Economica）.

Crozier, M.［1957］, "France, terre de commandement"（*Esprit*, March）.

Crozier, M. and Friedberg, E.［1977］, *L'Acteur et le Système*（Paris: Editions du Seuil）.

D'Iribarne, P.［1989］, *La Logique de l'Honneur*（Paris: Editions du Seuil）.

Dore, R. R.［1973］, *British Factory, Japanese Factory*（Berkeley: University of California Press）〔ロナルド・ドーア『イギリスの工場・日本の工場』全二巻、山之内靖・永易浩一訳、筑摩書房（ちくま学芸文庫）、一九九三年〕.

Dumez, H.［1988］, "Petit organon à l'usage des sociologues, historiens et autres théoriciens des pratiques de gestion"（*Economies et Sociétés*, August）.

Favereau, O.［1989］, "Organisation et marché"（*Revue Française d'Economie*, Winter）.

Fridenson, P.［1987］, "Un tournant taylorien de la société française（1904–1918）"（*Annales E.S.C.*, 5）.

Fridenson, P. [1988], "Genèse de l'innovation" (*Revue Française de Gestion*, September / October).

Furubotn, E. G. and Pejovich, S., eds. [1974], *The Economics of Property Rights* (Cambridge, MA.: Ballinger).

Galambos, L. [1988], "What have CEOs been doing?" (*Journal of Economic History*, June).

Hall, R. I. [1984], "The natural logic of management policy making" (*Management Science*, August).

Hatchuel, A. [1986], "L'entreprise sur longue période" (ISEOR, *Méthodologies Fondamentales en Gestion*, Paris: FNEGE).

Hatchuel, A. [1988], "Les savoirs de l'innovation" (report presented at the symposium of Cerisy, June 1988).

Héran, F. [1987], "L'institution démotivée" (*Revue Française de Sociologie*, January / March).

Hethy, L. [1988], *Organizational Conflict and Cooperation* (Budapest: Akademiai Kiado).

Hirschman, A. [1970], *Exit, Voice, and Loyalty* (Cambridge, MA.: Harvard University Press)〔アルバート・O・ハーシュマン『離脱・発言・忠誠——企業・組織・国家における衰退への反応』矢野修一訳、ミネルヴァ書房、二〇〇五年〕.

Laurence, P. R. and Lorsch, J. W. [1989], *Adapter les Structures de l'Entreprise*, second edition (Paris: Editions d'Organisation).

Lévy-Leboyer, C. [1974], *Psychologie des Organisations* (Paris: Presses Universitaires de France).

Mathieu, M. [1983], "Ethnographie et science des organisations" (*Enseignement et Gestion*, March).

McCraw, T. [1988], *The Essential Alfred Chandler* (Boston: Harvard Business School Press).

Mintzberg, H. [1978], "Patterns in strategy formation" (*Management Science*, May).

Mintzberg, H. [1979], *The Structuring of Organizations* (Englewood Cliffs: Prentice-Hall).

Morgan, G. [1989], *Creative Organization Theory* (Berkeley and London: Sage).

Pettigrew, A. [1985], *The Awakening Giant* (Oxford: Blackwell).

Pratt, J. W. and Zeckhauser, R. J., eds.［1985］, *Principals and Agents*（Boston: Harvard Business School Press）.

Quinn, J. B., Mintzberg, H. and James, R. M.［1988］, *The Strategy Process*（Englewood Cliffs: Prentice-Hall）.

Reid, D.［1988］, “Fayol: excès d’honneur ou excès d’indignité?”（*Revue Française de Gestion*, September / October）.

Sainsaulieu, R.［1987］, *Sociologie de l’Organisation et de l’Entreprise*（Paris: Dalloz）.

Sapir, J.［forthcoming］, *L’Economie Soviétique*（Paris: La Découverte）.

Schelling, T.［1978］, *Micromotives and Macrobehavior*（New York: W. W. Norton）.

Simon, H.［1982］, *Models of Bounded Rationality*（Cambridge, MA.: MIT Press）.

Tanguy, H.［1989］, “La réhabilitation des modèles et des plans dans l’entreprise”（*Cahiers d’Economie et de Sociologie Rurales*, January / March）.

Tillett, T., Kempner, G. and Wills, G.［1978］, *Management Thinkers*, second edition（Harmondworth: Penguin Books）.

Touraine, A.［1965］, *Sociologie de l’Action*（Paris: Editions du Seuil）〔アラン・トゥーレーヌ『行動の社会学』大久保敏彦他訳、合同出版、一九七四年〕.

Vernon, R.［1966］, “International investment and international trade in the product life cycle”（*Quarterly Journal of Economics*, May）.

Weber, M.［1921 / 22］, *Wirtschaft und Gesellschaft*（Tübingen: J. C. B. Mohr）〔マックス・ウェーバー『支配の諸類型』世良晃志郎訳、創文社、一九七〇年〕.

Williamson, O. E.［1985a］, *The Economic Institutions of Capitalism*（New York: The Free Press）.

Williamson, O. E.［1985b］, *Economic Organization*（Brighton: Wheatsheaf Books）〔オリバー・E・ウィリアムソン『エコノミック・オーガニゼーション――取引コストパラダイムの展開』井上薫・中田善啓監訳、晃洋書房、一九八九年）.

3

社会的なるものの主観主義的アプローチにむけて

ジェラール・ノワリエル

Gérard Noiriel

〔解　題〕

「批判的転回」をめざす『アナール』運営委員会主催連続セミナーの招待者リストにパトリック・フリダンソンとともに名をつらねたのが、ジェラール・ノワリエル（Gérard Noiriel）である。彼に与えられたテーマは「歴史学と社会学」。ここからわかるとおり、彼に期待されていたのは社会学の知見を歴史学とりわけアナール学派にもたらすことだった。

このようにのべると、ただちに疑問が呈されることだろう。通説的な理解によれば、一九世紀末から今日にいたるフランス歴史学の特徴は、なによりもまず、エミール・デュルケムをはじめとするフランス社会学と密接な関係をとりむすんできたことにもとめられているからである。それなのに、なぜ、今ごろになって、社会学との関係が問題にされなければならないのだろうか。

しかし、ノワリエルにいわせれば、フランス史学史に関するこういった理解は、そもそもそれ自体として誤っている。「社会学との緊密な関係」というのは、一種の神話にすぎない。それゆえ、歴史学者は、いまこそ「歴史学と社会学」というテーマに想いを巡らせなければならないのである。かくのごとき主張が『アナール』誌の紙面を飾ったという事実は、歴史学と社会学の関係を再検討しなければならないという認識が同誌運営委員会メンバーに共有されていたことを示唆している。

このテーマを論じるにあたり、ノワリエルは、デュルケムとリュシアン・フェーヴルを比較し、両者のあいだの大きな懸隔を指摘する。そして、歴史学者は、デュルケムではなく、むしろフェーヴルをこえて「主観主義的アプローチ」すなわちヴィルヘルム・ディルタイや（本論文ではあまり論じられていないが）マックス・ヴェーバーの所説から学ぶべきだと主張する。件の「方法論争」の展開を考

Introduction d'auteur

えるとヴェーバーを「主観主義」と評価することには疑問が残るし、また、ノワリエル自身「主観主義的アプローチ」を全面的に肯定しているわけではない（ちなみに、本論文のタイトルはもともと「歴史学と社会学――批判的転回に賭けられているもの」だったが、『アナール』運営委員会によって修正されたと聞く）が、本論文（『アナール』第四四巻第六号、一九八九年）の偶像破壊的な議論は、フランス史学史さらには歴史学の方法を考えるうえできわめて示唆的である。

ノワリエルは一九五〇年に生まれ、一九八二年に『両大戦間期ロンウィ盆地の製鉄労働者と工夫』でパリ第八大学歴史学第三期博士号を取得したのち、一九八九年に『フランスにおける労働者と移民現象』で現代史研究指導資格を取得した。その間、パリ第七大学現代史担当講師、高等師範学校ユルム校社会史担当助教授を経て、一九九四年からは社会科学高等研究院（フランス）指導教授の任にある。おもな研究テーマとしては、本論文にみられるような史学史・歴史理論・歴史学方法論のほか、一九世紀を中心とする移民、労働者、国民統合などがある。また最近では、記憶と歴史と政治の関係をめぐって積極的な発言を続けていることでひろく知られている。二〇〇七年秋には初来日して連続セミナーを開催し、その刺激的な内容で参加者に強い印象をのこした

主著としては『フランスという坩堝――一九世紀から二〇世紀の移民史』（パリ・スイユ社、一九八八年、邦訳は法政大学出版局、二〇一五年）、『歴史学の「危機」』（パリ・ブラン社、一九九六年、邦訳は木鐸社、一九九七年）、『フランスにおける移民現象・反ユダヤ主義・人種主義、一九―二〇世紀』（パリ・ファイヤール社、二〇〇七年）、『ショコラ――歴史から消し去られたある黒人芸人の数奇な生涯』（モンルージュ・バイヤール社、二〇一六年、邦訳は集英社インターナショナル、二〇一七年）などがある。

理解しあえない対話者に残された可能性は、相異なる言語集団のメンバーであることを認識しあい、翻案者となることだけである。

（トマス・S・クーン）

「「歴史学と社会学」というテーマに立ちもどるのは、想像するだけでムダなことである。それは、これまで二〇回にもわたって、しかもつねに同じ考えで論じられてきたのだから[1]」。これら二つの学問領域のあいだの対話が今日ほとんど存在しないのは、三五年も前になされたこの指摘に、依然として多くの歴史学者（と社会学者）が同意しているからだろう。しかしながら、私が信じているところによれば、歴史学と社会学の関係について再度考察することは、近年『アナール』誌上で提起された「批判的転回」を進めるための必要条件である[2]。本稿で示したいのは、この革新を開始するには（フェルナン・ブローデルよりは）リュシアン・フェーヴルの思想に立ちもどることが必要だということだ。リュシアン・フェーヴルの実践的な認識論は、科学に関するスコラ的な議論を拒否する点において、歴史学者のしごとの信用を外部から傷つけようという企てに抗するべく学際的な文化をたえず動員しようとする点において、あるいは「客観主義的[3]」数量史学があれやこれやの袋小路に陥ることを先取りして批判する点において、社会を丸ごと捉える歴史学の開花に貢献しようと考えるものにとって最適の出発点をなしている。

古びた論争の袋小路

フランスの場合、社会学と歴史学の関係は、二〇世紀はじめに両者のあいだで交わされた最初の論争のあり方に深く規定されてきた。そこから生じた一連の論争と、あやまたれる問題と、そして無理解こそ、今日克服しなければならないものである。

著名なシミアン＝セニョボス論争で頂点に達する紛争については、詳細を再度検討する必要はないだろう。(4) ここでは、紛争に際して両陣営がもちいた立論について、目だった特徴を抽出するにとどめたい。その核心は、相手の学問領域の科学的な正当性を否定する点にある。ちょうど一〇〇年前のことだが、ニュマ・フュステル・ド・クーランジュは「数年前に「社会学」という言葉が発明された。「歴史学」という言葉は、すくなくと正確に理解しているものにとっては、それと同じ意味をもち、同じことを述べてきた。歴史学は社会的な事象についての科学であり、したがって社会学なのである」と述べ、いわばキックオフを告げた。(5) ガブリエル・モノー、エルネスト・ラヴィス、シャルル・セニョボスによって指揮された新しい世代をみると、彼らは、科学としての歴史学を求める点では、フュステルよりはるかに慎重だった。しかしながら、新参者たる社会学に対抗するべきだという動員の声に積極的に応じる点では、さほどかわらなかった。歴史学は科学ではなく「単なる知識の手続き」（セニョボス）であり、すなわち総合的説明というにはまだあまりにも萌芽的なテクスト分析の技術にすぎない。それは、歴史学の対象が人間、つまり単数の個人であり、その意図を理解したり、ましていわんやそれらを法則化したりできると考えるのは幻想だからである。したがって、そしてまた同様の理由から、社会学も科学的な学問領域を自称することはできない。のみならず、社会学は、これまた資料をもちい、歴史学者が開発してきた批判的方法に立脚している以上、歴史学に従属している、というわけである。

いわゆる講壇社会学は、一九世紀末、これと正反対の立論が展開されるなかでつくりあげられた。歴史学者に対抗する立論の精髄を半世紀近くにわたって提供したのは、一八九五年に初版が刊行されたエミール・デュルケム『社会学的方法の規準』である。デュルケムは、歴史学者の（民族はおのおの独自であるとか、いかなる一般化も不可能であるとかいった）唯名論を批判し、「社会的な事象をモノとしてとりあつかい」、つまり主観的で偶発的なデータを除去すれば、社会研究は物理学と同様に法則を導出できると主張した。あれやこれやの時代に固有な独自の要素を捨象すれば、比較という方法が利用できるだろう。共変関係という手続き（は、物理学者の実験に相当するものだが、それ）を利用すれば、社会学者は不変関係をうかびあがらせ、科学的な法則を導出できるだろう。それゆえ、歴史学者がおこなっているごとき、当該現象にかかわるすべての事象を研究することは、無意味である。大抵は一度（適切に）観察するだけで法則は導出できるからだ。かくして社会学は、比較というオリジナルな方法をそなえていると自称し、他の学問領域はみずからの実験場にして一部分にすぎないと主張するようになった——そこから材料をみつけだし、法則を構築するのは、社会学のしごとなのである。一九〇三年と一九〇六年にフランソワ・シミアンがおこなった講演は、この立論の精髄に従い、「歴史学は、自己完結しうる自律的な科学としては存在理由を欠き、消滅を運命づけられている」と結論した(6)。

わたしたちにとって重要なのは、立論の二つの側面である。第一の側面は、科学の定義のしかたにかかわっている。この点については、逆説的なことだが、両陣営の見解は基本的に一致していた。ともに、規範的な（つまり、両学問領域の外部で、認識論的哲学者によってうみだされた）定義と、精密科学が提供するモデルを真似た定義の、双方を認めたのである。この二つの前提条件は、重要な帰結を伴うことになるだろう。歴史学者についていえば、これらはあまり得意でない領域であり、両者を受けいれた以上二つのハンディキャップが生じたといわざるをえない。実際、科学や、カントが定式化した「科学の可能性の条件」をめぐる議論は、それ以来つねに哲学的省察にとってお気に入りのテーマのひとつでありつづけてきた。ところで、重要なことだが、フランスにおける社会学エリートは高等教育哲学教授資格試験によって養成されてきたし、マドレーヌ・ルベリウが指摘するとおり、『社会学年報』は高等教育哲学教授資格試験合格者たちの支配下にある。(7) セニョボスは素朴すぎるとして批判されたが、この批判の大部分は、彼が歴史学者として養成されたため、哲学的な論争に際して求められる文化や理論統御力を身につけられなかった、ということによって説明できる。(8) あるいはまた、フランスの歴史学者は、自然科学の認識論モデルを受容したため、みずからの学問領域については、科学としてのプレステージを放棄せざるをえなくなった。歴史学は、法則をみつけられない以上、方法論の次元においては慎ましやかな役割で満足しなければならないのである。これに対して社会学者は、その講壇哲学風文化の言葉をもちいて、一部知識人コミュニティを「わたしたちの実践は科学性をもっていますよ」と説得することができた。

ところで、ちょうど同じころ、ドイツでは、これと正反対の認識論モデルが、哲学の一潮流によって構築されつつあった。精神科学を精密科学の基準に基づかせることを拒否し、「単数形」と「生きられた経験」を土台とする歴史科学が可能であることを示そうとする省察である。これはきわめて豊穣であり、そしてまた哲学および社会学の歴史において決定的に重要なものだった（ちなみにこの伝統の継承者はエドムント・フッサールとマックス・ヴェーバーである)。フランスの歴史学者たちは、世紀末ドイツできわめて激しく闘わされた歴史学の危機をめぐる論争の一部をなす議論を知悉していた。(9) それゆえ、デュルケム派客観主義を批判する所説の宝庫をライン川のむこうに見出すこともできたはずである。ところが、彼らは結局それをほとんど利用できなかった。フランスの知識人界を支配しつつあった(共和主義的な)国民的規範のせいで、ドイツ製の立論に明示的にもとづく理論的正当化は、いかなるものであれ不可能だったからである。(10)

実際、第三共和制初期の指導者たちが非宗教化をめざして遂行していた闘いは、実証主義の遺産(とくに科学信仰)と、新カント派の道徳(同派の主要な哲学者たちは、当時知識人エリートの生産をほぼ独占していた高等師範学校に、決定的な影響力を行使していた)に基づいていた。学者のプレステージは、とくに医学(ルイ・パスツール、クロード・ベルナール)や物理学および化学(のちの文部大臣マルセラン・ベルトロ、アンリ・ポワンカレ)において、このころ頂点に達していた。彼らは、科学の領域のみならず、当時の認識論をめぐる議論にも影響力を行使していた。学者たちの自然発生的な哲学は、科学実践の絶対的にして普遍的な規範に昇格したのである。

ここに、フランスとドイツの政治的敵対関係が激化しつつあったという事情がつけくわわる。復讐の論理のもとに、知識人にはフランスの思想を擁護することが求められた。かくして、初等教育関連省令が広めた教育モデルから、知識人エリートの著作にいたるまで、理論的規準と政治的規準が密接に交錯するコンセンサスが出来上がった。フランスは、「普遍性の祖国」と定義され、それゆえいかなる個別主義も忌避されることになった。ここから、「個別から普遍にいたる」普遍性の思想たるフランス思想、これに対して「個別性のために普遍性を犠牲にする」ことを欲するドイツ思想、というライトモチーフが生まれる[11]。

二〇世紀はじめの論争には、もうひとつ、社会的なるものの正統な定義が賭けられていた。この点は、これまであまり重視されてこなかった。しかし、セニョボスやアンリ・オゼールに対するシミアンの激しい攻撃は、直接にはこの問題を契機としていた。この点こそ、社会学にとって（歴史学とは異なって）存否にかかわるものだった。実際のところ、『社会学年報』の創刊にあたり、デュルケムは歴史学者に対して敵対よりは協力を呼びかけていた[12]。しかしながら、その直後に刊行されたセニョボスそしてオゼールの著作は、はっきりと社会科学を歴史学の新たな一分野と位置づけ、いわば拒絶を表明した。彼らがシミアンの講演の主要な攻撃対象となったのはそのためである。この時代、社会的なるものに対して驚くべき熱狂がみられた背景には、一九世紀フランス社会の危機、労働運動の発展、あるいはこのテーマをめぐるドイツの論争の反響などがあった。アンリ・オゼールが述べるとおり「今日の社会において「社会的」という形容詞は大きなプレステージを享受しているため、社交界や大衆の関心をよびさますには、名詞にこの形容詞をつけさえすればよい」のだった。ここでもまた、知的な側面が政治的な側面と交錯する。混乱にみちあふれたこの時代にあっては「経験論はもう十分であり、社会は医者を求めている……。社会科学がすさまじく流行しているのはそのためである」[13]。医者の候補者はたくさんいた。一九〇〇年には、この問題を論じる初の国際会議が開催された。生の問題を解決すると称して、幾多の社会学派が薬局をかまえた。もちろん歴史学者も黙ってはいなかった。ジャン・ジョレスが『フランス革命の社会主義的歴史』の刊行を企てたのは、ちょうど同じころである。社会的なるものから社会主義までは、ほんの一歩の距離しかない。そして、『一六世紀における労働者の社会史』を刊行することによってこの距離をただちにこえたのは、オゼールその人だった。ついでにいえば、主要諸国における社会科学教育に関する報告書の作成者として高等教育国際図書館が選出したのもまたオゼールだった。

　こういった野望たちを念頭におくと、一九〇〇年会議において、社会的なるものやそれを説明するべき科学をいかに定義するかをめぐって長い議論が続いたものの、参加者たちがまったく意見の一致をみないまま散会したのも、なんら驚くにはあたらないだろう。アンリ・オゼールが述べるとおり「初発から暗黙裡になされていたのは、したがって社会科学をめぐる論争だった」。歴史学者と社会学者にとって、本質的な問題は、歴史学者の考えに従って複数の社会科学を語るべきか、それとも「諸科学の王たる社会学」というデュルケム派の概念に従って単数の社会科学を語るべきか、という点だった。もしも前者であれば、「まったく社会的でない歴史学などはありえない」（アンリ・オゼール）以上、歴史学者にも大切な役割が残されることになるだろう。

　この第二の（正当性）論争を第一の論争とつきあわせれば、二つの学問領域の対立関係に関するパラダイムが構築できる——決定論か自由か、理論重視主義か経験主義か、多様性か統一性か、野望か慎みぶかさか、素朴さかドグマ主義か。議論の根底をなす相互批判は、すべてこれら対立軸に沿って整理できる。ここでもまた、一九〇〇年代に創造されたものが、両学問領域の対話を一貫して彩ることになった。たしかに、時がたつにつれて、正当性をめぐる論争の熱は冷めてゆく。両大戦間期ともなれば、両者の生存権は疑問の余地なきものになっていた。一九五〇年代初めになされたブローデルとジョルジュ・ギュルヴィチの対話は、その五〇年前になされたシミアン＝セニョボス論争のまさにアンチテーゼの光景を呈した(14)。おなじく高等実習院第六部門の創設は、それが学際性に基づいていただけに、歴史学者と社会学者の関係を根本的に変容させるものだった。つまり、仕事場が近くなったこともあり、方法論や研究テーマをめぐる交流が発展してゆくのである。

しかしながら、相互の無理解と軽蔑は依然として強かったといわなければならない。『アナール』の創刊でさえ、デュルケムの弟子たちの意見を根本的にかえることはなかった――論争がかなり沈静化したことはたしかだが。一九三四年になっても、セレスタン・ブグレは、オーギュスタン・クルノーの哲学に関するテーゼに忠誠を誓い、大略「法則を追求し、歴史学は残余を担当する」と述べるのが常だった。つまり「歴史学者は、一連の偶然性を、連語や推量をもちいて書きとめなければならない。社会学者にとって、一般法則をもちいてそれらを説明することは不可能だからである」。モーリス・アルヴァクスは、『アナール』運営委員会に社会学者が参加することを望まなかった出版元に対してリュシアン・フェーヴルがねじこんだおかげで同誌の運営委員になったが、一九三六年に「歴史学者は、その大義からして、個人的な勘や、自分自身や周囲の考えや、あるいは知的な流行にもとづき、つまり無規則に過去のもろもろの事象を選びだし、ついで理解する」と述べている。

第二次世界大戦後になっても、ロジェ・メールはギュルヴィチ主宰の雑誌に対する寄稿のなかで「今日、歴史学者と社会学者のあいだには、丁寧な言葉が交わされている。さらには、両学問領域は実際に相互に支えあっている。それにもかかわらず、歴史学と社会学の関係という問題は、片付いたというにはほどとおい状況にある。もっといえば、両者の関係は、二つの科学的な学問領域のあいだにあるべきものになっていない」と述べ、歴史学と社会学が離婚状態にあることを再確認した。

そのさらに二〇年後、ロベール・マンドルーは、両者のあいだにほとんど接触がないことを嘆き、社会学者は「モデル」でしか考えていないのに対して歴史学者は「人間の生成の創造力」を否定できないということから生じる「両者の抜きがたい対立」について語っている[15]。

近年になっても、状況はかわっていないようだ。社会学と伝統史学の関係を想起するまでもなく、マルクス主義と数量史学の衰退を受けて、『アナール』周辺の歴史学者は社会学者から離れ、人類学との紐帯を重視するようになってきた[16]。さらにまた、社会学の科学性を否定するべく、しばしばミシェル・フーコーの哲学が動員されている[17]。

とりあえずここで、あとで再検討するという条件つきではあるが「社会史学の定義がきわめてあいまいなままなのは、この紛争状況のせいである」という仮説を提示しておこう。『アナール』創刊にあたって、リュシアン・フェーヴルは、同誌の副題に付された「社会」という形容詞に厳密な意味はないと述べた。彼にこのようにいわしめたのは、その三〇年前のアンリ・オゼールの判断と同じ理由だったのではないだろうか。社会学の概念や問題設定と対比しつつ（人口史学や経済史学が構築していたモデルにもとづいて）社会史学を明確に定義しようとしなかったのは、社会学者の領土拡張主義的な試みに根拠を提供することを恐れたからではないだろうか。一九五〇年代に入ると、社会史学はマルクス主義に言及し、また数量史学に熱狂するようになるが、それでもなお概念的あるいは制度的な自律を達成するには至らないだろう[18]。ドイツやイギリスにはヴェーバー派歴史学が存在するが、フランスにはデュルケム派を自称する歴史学は存在しない[19]。

この解釈に対しては異議申立が予想されるので、ここで検討しておきたい。この異議によれば、たしかに公的には、フランスの歴史学の伝統において、社会史学が明確に定義されたことはなかった。しかしながら実際には、この領域は、一九二〇年代末に『アナール』が創刊されたおかげで、フランスでは他国にまして早熟的に形成された。また、同誌およびそこにつどった編集協力者たちによって展開された研究計画は、結局は、世紀はじめにデュルケム派社会学が提唱した計画を効率的に実施にうつすものにすぎなかった、というのである。

この異議は、歴史学者のあいだにも社会学者のあいだにも、(解釈は相異なるが)みてとることができる。たとえばピエール・ブルデューにとって、今日の歴史学において「心理装置」概念があいまいであるという事態は「デュルケムの遺産の抑圧」によって説明できる。『アナール』が成功したのは、この遺産の「緩和され、添加物をくわえられ、婉曲された形態」を提示したからなのである[20]。これほど婉曲にではないが同様の見解は、多くの歴史学者にみてとれる。たとえば、フランソワ・ドッスによれば「デュルケム派からの挑戦に対する一九二九年の反撃は……シミアンの計画を実施に移すことだった[21]」。

この問題について、本稿ではリュシアン・フェーヴルの著作に即して検討する。ある学問領域に対する他の学問領域の「影響」を測定する際には、しばしば利用される引用文や、みずからに示唆を与えた知的源泉をめぐる明言を分析するだけで満足するわけにはゆかないからである。過去三〇年来なされてきたリュシアン・フェーヴル研究では、さまざまな「影響」が重視されてきた。そこで描かれるのは、ジャンバッティスタ・ヴィーコに、ジュール・ミシュレに、カール・マルクスに、ポール・ヴィダル・ド・ラ・ブラーシュに、ベネデット・クローチェに、アンリ・ピレンヌ(そして彼を通じてカール・ランプレヒト)に、アンリ・ベールに、デュルケムに、リュシアン・レヴィ゠ブリュルに、シャルル・ブロンデルに、あるいはアンリ・ワロンに影響を受けたフェーヴルの姿である。そしてまた、構造主義者以前の構造主義者、連続性論者、生の哲学者の姿である。もちろん、その際には、リュシアン・フェーヴル自身からの引用文や、スタイルなり問題設定なり主要関心対象なりの類似性が言及される(22)。

しかしながら、さらに分析を進めたいのであれば、著作の内部論理を再構築し、つきあわせ、どれくらい似ているかを測定する必要がある(23)。そうすれば、デュルケムとリュシアン・フェーヴルは問題設定において相異なることが一目瞭然になるだろう。例として、二人の認識論的な言説の形態を検討してみよう。デュルケムと彼の弟子たちは、（対象の正確な定義を一気におこなうとか、理論的概説書のなかでは不可侵の科学的原則を提示するとかいった）「すきのない表現」という論理に従っていた。これに対して、ハンス＝ディーター・マン(24)が強調するとおり「リュシアン・フェーヴルの思想は複雑であり、表面上の矛盾があっても気にしなかった」。実際、彼の分析には、真正面から相矛盾する視点が散見される(25)。ただし、フェーヴルにあっては、どうやらこれらの矛盾は表面上のものではなかったようである。それは「相矛盾したことを言っても間違えたことにはならない」という原則にもとづき、内実をもち、さらにまた彼自身が望んだ矛盾だった。彼の著作は、今日では省察の結晶とみなされているが、実際には時系列に沿って配列された論文集にすぎない。彼は歴史学を省察する著作を刊行していないが、それは、なによりもまず、この省察を研究の具体的実践対象から「きりはなす」ことはできないと思っていたからである。この経験主義を念頭におくと、彼が書評を重視した理由が理解できる。彼は、書評をかくことによって、歴史学に関する理論的な省察を構築できたのだし、たえず賞賛されながらもなかなか実践できない「現在進行形のしごと」の最善の事例を社会科学についてなしえたのである。

リュシアン・フェーヴルの著作の特徴としては、さらにまた、興味関心の主要対象が多様なことと、文体が陽気なことがある。彼と某フランソワ・シミアン（彼は生涯を「賃金」というたった一つの問題にささげたし、彼のスタイルは哲学的抽象化のかたまりだし、彼の思考様式はジョン・スチュワート・ミル的な因果法則によって決定的に特徴づけられている）の著作を比較しさえすれば、二つの知的なスタンスの相違は一目瞭然だろう。

そろそろ『アナール』に対するデュルケム派社会学の影響を評価するに際してもっとも重要なポイントに移りたい――一九〇〇年代の論争の中心をなした「対象」という問題である。たしかに（後期の）リュシアン・フェーヴルやフェルナン・ブローデルは、伝統的な歴史学者の経験主義と論争するにあたって、しばしばシミアンをひきあいに出した。しかしながら、対象に対する彼らのアプローチは、後者よりは前者に近いままだった。さまざまなテクストを緻密に読みさえすれば、この問題のもとにかくされている言語ゲームが明らかになるだろう。歴史学者たちは、同じような定式をもちいつつ、じつにさまざまな知的手続きを採用している。たとえば、歴史資料を単に整列させるだけのことは、「構築」と呼ぶこともできるし、あるいは「分析」や「総合（ジンテーゼ）」と呼ぶことも可能だろう。しかしながら、この場合に違うのは言葉だけである。同様に「対象」という用語についても、少なくとも三つの相異なる意味がある。第一は、客観主義的な哲学的認識論（デュルケム、ガストン・バシュラール）による定義である。第二は、教科書的な（対象とはテーゼ（あるいは博士論文）の主題であるという）定義である。そして第三は、さらに曖昧なものだが、「目的」や「目標」の同義語である。[26] シミアンの概念は、このうち第一のものに適合的だった。[27] それゆえ彼はつねに歴史学者を批判し、科学的な研究の目的は、いかなる側面も忘れることなくひとつの歴史を明らかにすることにではなく、説明因子や重要な諸関係を浮彫りにすることにあると主張した。歴史上の要素のうち多くのものは、かくして後景に退かざるをえない。それゆえ、シミアンは、調査の「枠組にして目的」としてのモノグラフに反対する態度を隠さなかった。彼によれば、モノグラフは「現実に適合的な証明」をうみだすと称しているが、しかしながら、だからこそ説明的関係をうみだしえない。一九三〇年代になっても、彼は、「すぐれた歴史学者にとって」目指すべき目的はひとつの進化を説明することだが、自分にとって重要なのは「経験的あるいは個々の紐帯や継起から、普遍的で理解可能な紐帯を導出すること」だと述べている(28)。

まとめると、デュルケム的な思考は疑問から資料へと歩みを進める。リュシアン・フェーヴルおよびフェルナン・ブローデルのアプローチは、これとは逆に、資料から、すなわち歴史的現実から出発する。その最良の証拠は、彼らの「時間」概念だろう。時間性を、フェーヴルは、あらゆる社会生活がたゆたう「プラズマ」と定義した。ブローデルは、現実に刻みこまれた測定単位（「歴史時間」）と定義した。『アナール』に拠る歴史学者にとって、時間性とは、構築される（すなわち研究対象が要請するところに応じて、そのたびごとに再定義される）ものではなく、与えられるものだった。この経験主義は、リュシアン・フェーヴルがいかにみずからの著作の地平線を限定し、いかに（空間については「地域」、時間については「時代」という）モノグラフ原則を守ろうとしたかをみれば、明らかだろう。この点については、しばしば、ヴィダル派地理学の影響が想起されている。しかし、わたしたちは、そのさきに、一貫して彼の興味関心をひきつづけたひとつの問題をみてとらなければならない。そうすれば、彼の研究実践において設問よりも資料が重要だった理由がわかるだろう。その問題とは、歴史学者はいかにすれば参考資料をわがものとできるか、資料を構成する大量のアーカイヴズという波に溺れないためにはどうすればよいか、というものである。ここにおいて、フェーヴルにとっては、モノグラフが認識論的に必要になってくる。モノグラフのみが、研究にとってリーズナブルな規模の枠組を提供してくれるからである[29]。しかしながら、この立論は、デュルケム派によって実践される対象構築の対極にある。彼らは、ほとんどの歴史学者に知られている埋没の不安など、感じるはずもない。まず問題を設定し、そこから資料を収集しはじめるからである。歴史学者コミュニティに共通する独自性とは、したがってアーカイヴズの専制、いいかえれば、対照や研究方法の定義にあたってアーカイヴズが行使する決定的な役割に起因するものである。そして、『アナール』の編集協力者たちもその例に漏れることはない[30]。

ここにおいて、二つ目の本質的な問題たる「結合（zusammenhang）」の問題を検討しなければならないようである。そうすれば、フェーヴルにとって重要だった「心理装置」概念は、デュルケム派の伝統に多くを負っていないことが明らかになるだろう。周知のとおり、一九〇三年と一九〇六年の講演において、シミアンは歴史学者（とくにアンリ・オゼール）の「社会的紐帯」概念をつよく批判した。彼は、そこに、農業や商業や政治など事前に構築されたさまざまな領域が恣意的に集められ、学術的な論理よりも科学的な手続きの領域に属する歴史的統一体が生みだされるという事態をみてとったのである。わたしたちにとって印象的なことに、この激烈な批判にもかかわらず、リュシアン・フェーヴルは「結合」に言及しつづけた。ここにこそ彼の認識論がみてとれるのではないだろうか。それは、巷間で言われている以上に、セニョボスに近いものだった。そして、その背景には、一九三〇年代にいたるまでフランスの歴史学者全体が解釈学的な志向性を共有していたという事実があった。

「結合」の問題は、「再現不可能なまでに失われた過去を、そこに所属していた人々が残してくれた痕跡をもちいて解読するにはどうすればよいか」という本質的な問題ときりはなしえない。「クソ実証主義の歴史学者[31]」をめぐるコメントにしばしば伴うカリカチュアに陥ることとさえしなければ、この点は認識できるはずである。そして、この探求こそ、リュシアン・フェーヴルの歴史学の中核をなしていた。彼の理論的先駆者を厳密に見出すとすれば、想起されるべきは、マルクスやデュルケムではなく、フェーヴルがほとんど言及していない「近代解釈学の創始者のひとり」ヴィルヘルム・ディルタイである。周知のとおり、ディルタイの哲学は、自然科学に対置されるべき精神科学（Geisteswissenschaft）の独自性を、人間の経験が独自にして単数形的な性格を持っていることにもとづいて構築しようと試みる。人間科学は、この独自性を正当化するべく、歴史現象を説明のみならず理解、すなわちその意味を再構成しなければならない。残念ながら、わたしたちはこの過去を生きていないのだから、過去はアクセスできない異界にとどまる。ディルタイは、当初はドイツ・ロマン主義の歴史的伝統に忠実に、こういった条件のもとに過去を理解しようとするなら、その唯一の可能性は、過去を「ふたたび生きる」べく当該個人の立場に身をおく努力をすることにしかない、と主張する。解釈学の論理においては、したがって歴史学はなによりもまず心理学なのである。フェーヴルの経験的研究もまた、その例に漏れなかった。

ただし、ディルタイの哲学がひとつの転回を体現しているというとき、この転回は、解釈学的な問題に対して新しい解法を提示した点に存する。過去を理解するためには、過去をふたたび生きるのではなく、それが体現する総体を、思考をもちいて再構築することによって解釈することが必要なのだ[32]。ここから「結合」という概念が決定的な役割を果たすことになる。この概念は、近代構造主義が出現するはるか以前から、社会的総体の構成要素は、総体を参照することによってはじめて分析されうることを強調していた。[33] さらにまたディルタイは、社会的活動の諸次元について、不可侵な階層構造などというものは存在しないと力説した。それゆえ彼は、ひとつの活動（たとえば経済）がそれだけで他の諸活動を条件づけうるという考えかたを認めなかった。彼は、おのおのの時代はその「生の地平線」によって規定されるという原則に則っていたのである。[34]

歴史学に関するリュシアン・フェーヴルの省察や、あるいは彼の経験的な著作を読めば、彼もまた、彼に先立つ歴史学者とともに、フランス史学史における解釈学の時代に属していることが明白になる。フュステル・ド・クーランジュ、セニョボス、そしてフェーヴルは、過去の他者性つまりアクセス不能性をふかく感得していた点で（そこからたがいにおおきく相異なる実践的な結果を導出したとはいえ）共通している。リュシアン・フェーヴルにおいては、この問題はまさに強迫観念の域に達していた。さらにいえば、彼の歴史心理学や文化概念分析の根底には、この関心があった。一六世紀に関する諸著作でも、書評でも、フェーヴルはたえず、歴史家はアナクロニズムに陥りがちであることに言及している。それは、とりわけ、言葉が何世紀にもわたって存続し、その「不確かでまことしやかなアイデンティティが混乱を」ひきおこすからだった。[35] 歴史学に関するこれら省察のライトモティーフ、それは、過去の人間は自分たちとは違うということだった。ミシュレは、依然として、これら他者の経験をふたたび生きれば彼らを理解できると信じていたが、それは間違っている。[36] 唯一の期待は「結合」すなわち時代に一貫性をもたらす総体を再構築することにある。ここから、社会史学は全体史学であるという『アナール』創刊者〔フェーヴル〕の観念が生まれる。[37] フェーヴルは、ディルタイと同じく、ただし歴史学者の流儀で、解釈学的循環のなかでみずからの問題設定をすべてつくりあげる――時代が個人を説明するが、それとは逆に、個人はその時代を反映し体現するのである。したがって、個人から出発すれば時代は解読できる。フェーヴル（およびディルタイ）が伝記を重視したのはそのためだった。

フェーヴルが経済的基底還元論に対して慎重な態度をとっていたこともまた、彼の主観主義から説明できる。彼は、みずから「石工の形而上学」と名づけたもの（一階が経済、二階が社会）に、はっきりと反対した。彼は生の哲学的な発想に忠実であり、対象を構成する紐帯の接合を理解するにあたっては（メタファー的な言語なしですませることはできないのだから）電気のイメージをもちいることを勧めた——それは、ある時代の総体に生命を与えるエネルギーのようなものだ、というわけである。したがって、「結合」に対するシミアンの激烈な批判は故なきことではなかった。デュルケム派の客観主義的社会学は、一九世紀末において支配的な地位にあった解釈学的主観主義と決別することによって、はじめて確立しえたからである。実際、しばしばいわれているところとは異なり、「結合」は近代構造主義の一変種ではない。その目的は、不変なるものや客観的関係を析出することにはないのだから[38]。

これと同様に、デュルケムとフェーヴルの抜きがたい対立を理解するためには、両者の宗教研究における問題設定を比較しさえすればよい。デュルケムは、原始宗教を研究するにあたり、「人間の宗教的本性」つまり過去の人間と現在の人間を架橋する不変なるものを探求する[39]。これとは逆に、フェーヴルは一貫して自分たちと過去を隔てるものを明らかにしようとする（既述）。レヴィ＝ブリュルに対するフェーヴルの賞賛は、真摯にうけとめられなければならない。ジェラール・メレが述べるとおり、フェーヴルは「原始的思考と近代的思考、古さ（アルカイズム）と文明」という人類学の問題設定を歴史研究の領域に導入したのである。ここから、文明に関するフェーヴルの省察を過剰に規定する自民族中心主義と進化主義が生まれることになる。

もしもこの分析が正しければ、わたしたちはここで重大な問題に直面したことになる――一九五〇年代における数量史学の勝利が体現する史学史的転回という問題である。[40] デュルケム派の研究計画が、歴史研究における具体的な求めに応じるべく、ブローデルとシャルル＝エルネスト・ラブルースによって（師デュルケムの弟子のうち、社会学性もデュルケム性も弱いひとびとが擁護した部分だけが、それも語のもっとも消極的な意味で）一部採用されたのは、ようやくこの時点でのことだった。この数量的転回の構成要素のうち一部については、すでに一九三〇年代の『アナール』誌面上に、とりわけはるかにデュルケム的な問題設定に近かったマルク・ブロックの業績のなかに、みてとることができる。しかしながら、ここで問題になっているのは、これまでは「『アナール』という伝統」というア・プリオリのせいで問題になってこなかったフェーヴル＝ブローデル関係をめぐる一連の探究に道を開く、まさに根本的な断絶である。かたや「石工の形而上学」の拒否、かたや社会という構築物の「第三次元」と定義される心性の歴史学、両者はいかに接合しうるのだろうか。[41] かたや「結合」という問題設定、かたや「長期的持続」という問題設定、両者はいかに接合しうるのだろうか。「結合」という概念は、時代と時代のあいだにはこえがたい溝が存在し、総体を構成するさまざまに相異なる要素のあいだには解きがたい紐帯がある、ということを強調する。これとは逆に「長期的持続」は、総体における構成要素をひとつ析出し、時代と時代の違いをこえて、その歴史をえがきだす。[42] 最後に、これら二つのアプローチでは、「歴史的時間」の概念そのものが相異なっている。解釈学的な論理においては、歴史学の対象の構築は、「わたしたちと過去を結合あるいは区分しているものを理解するにはどうすればよいか」という問題に従属している。「長期的持続」とともに、これとはまったく異なる関心が生まれる――歴史の時間とはなにか、歴史学者が研究する現象はいかなる持続に属するべきか。

学際性と被受容可能性

学際性という幻影

『アナール』は第一次世界大戦前におけるデュルケム派の研究計画を追及し適用した、ということはできない。同誌や同誌編集協力者は歴史学という学問領域に豊穣をもたらしたが、それは誕生途上の社会学のダイナミズムとは無関係なものだった、という事実は否定できない。その一方で、第二次世界大戦にいたるまで歴史学者のあいだで（唯一ではないが）支配的だったのが主観主義的哲学の傾向だったからといって、彼らがディルタイの理論を実践していたというわけではない。そのことは、両大戦間期において独仏の歴史学者がさまざまな路線を選択したことを想起すれば明らかだろう。実際、ここで問題とするべき重要な点とは、ある学問領域が他の学問領域から借用するという行為の性格であり、この移転行為の様式である。この問題に回答するには、ドグマ主義的に学問領域を定義する伝統と手を切らなければならない。社会学的な現実からではなく、抽象的で、のみならず行為遂行的（パフォーマティヴ）でさえある定義から出発するのは、歴史哲学の悪しき（しかも歴史学者自身があまりにも支持しがちな）癖である。「歴史のエクリチュール」とか「歴史のプラティーク」とか「歴史学の対象」とかについて、いかに多くの書物が、歴史学という科学的な学問領域の機能や諸問題に対するリアルなアプローチからではなく、実際のところは存在論的な（マルク・ブロックならば「スコラ主義的な」と呼ぶだろう）議論からうみだされてきたことか。『アナール』の創刊者たちはこの点をよく理解していたが、しかし伝統は維持されてきた。学際性の難しさをめぐる真摯な議論が妨げられてきたのは、そのためである。リュシアン・フェーヴルは、たしかに、他の科学的な学問領域に対して歴史学を開くことを一貫して訴えつづけた。しかし、これまで十分に重視されてこなかったことだが、同時に彼は学問領域おのおのには固有の領分があることを熱烈に擁護し、社会学者を念頭におきつつ「他の科学の問題に回答することは、科学を実践することではない」と主張していたのである(43)。

そういうわけで、学際性とは、今日の社会科学の達成物ではなく、むしろ「必要な神話」あるいは「学問領域の不確実性の高貴なる呼び名」とみなされるべきである(44)。

学際性の困難について理解するためには、諸学問領域の社会学的および制度的な現実から出発する必要がある。社会学その他の科学とおなじく、歴史学とはなによりもまず、ひろく同一の制度的な鋳型によって陶冶された人々のコミュニティであり、独自の伝統と規範と「儀式と階層秩序と対内的テロリズム」（ジョルジュ・デュビー）をそなえたコミュニティである(45)。ところで、論争がいかなる形式をとるかや、非難や無理解がいかにくりかえされるかは、職業的コミュニティの社会的本質にふかく規定されている。この見地に立つと、二〇世紀はじめに歴史学と社会学のあいだで闘わされた論争には、一八八〇年代における文科系高等教育の制度化の影響がみてとれる。周知のとおり、フランスの大学制度が、とりわけ文学部と理学部が真の意味で誕生したのは、この時期のことである(46)。教育内容は変容し、とくに歴史学と哲学の領域では専門化が加速度的に進み、この時期に古き人文学からのテイクオフ（離陸）が実現した。独自の高等教育教授資格という原則が最終的に獲得されただけではない。専攻選択制度が導入されたことによって、学部教育段階からの差別化が可能になった。講座や学生の数が増加し、また大学外部に閉ざされたセミナーという形態が普及したことで、教員の専門職業化が強力におしすすめられた。イポリット・テーヌやエルネスト・ルナンのようなかつての哲学者兼歴史学者は、これ以後は存在を認められなくなる。新世代の歴史学者は、先行世代のディレッタンティズムをまさに引き立て役としながら、みずからの職業的アイデンティティを構築してゆく。社会学についていうと、おくれて知的シーンに登場したため、独自のカリキュラムを持つことができなかった。そのため、高等教育哲学教授資格が「社会学者というしごと」にアクセスする王道となった。シミアンとセニョボスの対立の最深奥の、しかしもっとも重要な動機は、一九世紀後半の教育制度において不可避となり、高等教育教授資格試験において頂点に達する、新しい分業のありかたにあった。この試験は、（経験主義と方法か、理論と弁証法か、という）相対立する能力のあいだの優劣のみならず、相矛盾する知的卓越モデルのあいだの優劣をも、一気に確定するものだった。

一九〇〇年代の議論は、さらにまた、研究との関係をめぐる二つの学問領域の違いを反映していた。すなわち、歴史学は、一七世紀に誕生し、制限選挙王制期に組織化を始めたがゆえに、当時すでに科学的研究の伝統を有していた。一九世紀末になると、歴史研究の構造化はおおきく進展した。共同研究を促進することを目指すさまざまな機関が創設された。さらにまた、ラヴィスは、学生の研究適性を証明する「高等教育免状」（博士候補資格に相当する）制度を創始し、高等教育教授資格試験の受験資格とすることによって、歴史教育と歴史研究を架橋した。他方で、一九世紀末は、しごとの実践がコード化されるプロセスにおいて決定的な時点をなしている。現在の歴史学者の大部分にとって馴染み深いものでありつづけている規範は、そのすべてが、実際には一九世紀末に確定されたものである(47)。シミアンが攻撃したセニョボスの著作は、方法論的な問題をめぐっても、批判手続きのルールをめぐっても、採用されるべき文体をめぐっても、このコード化の企てにおいて本質的な役割を果たしている。これとは逆に、最初期の社会学者でもあった「共和国の哲学者たち」は、研究の経験も実践も欠いた教授たるにとどまった(48)。一九〇三年の論争には、それゆえ、実践なき理論家と理論なき実践家との衝突もみてとられなければならない。誕生途上にある社会学は、被支配的な地位にあるがゆえに、知的論争に新しいスタイルで介入するという攻撃的な「戦闘的科学者コミュニティ」戦略をとるよりほかなかった(49)。

フランスの大学システムがどうにか安定するには、二〇年間にわたる激動の経験が必要だった。また、教育や科学を担う専門家の養成の形態は、さっぱり進化しなかった。こういったことを知っておけば、歴史学者と社会学者の相互無理解の核心にある「経験主義者と理論家の対立」が存続してきたことを説明するには十分だろう。一九六〇年代になると、制度の拡大は新しい局面に入り、職業的環境の多様化をもたらした。しかしながら、基本的なルールはかわらなかった。歴史学者として認められる歴史学者を陶冶するのにもちいられる鋳型は、以前のままだったからである。さらにまた、社会科学に含まれるさまざまな学問領域が年をとるごとに、それらおのおのの伝統の力は(無意識なものであるだけに一層)強くなってゆく。制度が充実するにつれて、学問領域がおのおの独自に議論したり出版したりする機会は増える。そして、それゆえ、学際的な研究が進む一方で、新しい形態の隔離が促進されてゆく。

翻案

したがって、歴史学と社会学のあいだで新しい議論を始めようとするのであれば、「あってほしい」学問領域ではなくて「あるがままの」学問領域から出発しなければならない。この手続きの目的は、批判的な省察や思想をめぐる議論の必要性を否定することではなく、議論を別の次元に置きなおすことにある。この次元は、これまでのものよりは狭隘で居心地が悪いだろうが、唯一の現実主義的なものである。科学に帰依するものは、役立つ存在であろうとすれば、よそもののことばをもちいてコミュニティを改宗させることはできないという事実を知らなければならないからだ。

たしかに『アナール』は、二〇世紀初頭にデュルケム派が素描した研究計画を採用しなかった。ただし、それは、誕生途上の社会学がもたらしたイノベーションが歴史学者コミュニティに吸収されるにあたっては、部分的な変質をこうむる必要があった、という事実のゆえである。わたしたちは、フェーヴルやブロックやブローデルは「デュルケム的な思考」をあやまって理解し、あるいは添加物をくわえたと非難するべきではない。むしろ、途方もない努力を払って翻案に成功した彼らを賞賛するべきである。この翻案がなければ、フランス歴史学がこの半世紀のあいだに実現した進歩はありえなかっただろう。この点について、例によってリュシアン・フェーヴルの著作に限定して省察を進めよう。(50) この換骨奪胎（アプロプリアシオン）は、いかになされたのだろうか。

まず言及するべきは、この作業が無意識のうちになされたということである。フェーヴルは、歴史学者として養成される過程で供給されたコードをもちいて社会学（および、それ以外の外部からの貢献）を理解した。このプロセスは、歴史学者の職業的環境に固有の被理解可能性規準にメッセージをあてはめるべく、外部からの貢献を変質させる、という作業の第一段階をなしている。

第二段階はもっと明白なものである。フェーヴルにおいて、それは書評のなかでしつこくくりかえされる疑問というかたちをとる。たとえば、シミアン『政治経済学講義』について「ここで、わたしたちはいつもの関心にいたる――歴史学者諸君、ここにわたしたちに役立つものはあるだろうか」。彼は、歴史学者はそこに「事情をよく心得たうえで、みずからのニーズにもとづき、みずからの独自な目的のために、みずからの「枠組」をえがきだすための、ひとつの手段」を見出しうると述べることにより、この問いに答える。[51] 社会学を出自とするイノベーションを単に移植すればよいわけではないことを、彼のせりふは雄弁に物語っている。概念、方法、さらには利用される単語さえ、一方で（「具体的に、慎重に」という歴史学のエクリチュールの規範に従うことによって）容認され、他方で歴史学者にとって（日々の科学的研究のなかで見出される諸問題に適用されうる）有益な手段となるためには、修正を加えられなければならない。学際的な研究のかなりの部分は、実際は、この換骨奪胎という曖昧なしごとに費やされる――理論家たちのドグマ主義は、そこにみずからのことばを見出せないがゆえに、この仕事を理解できないのだが。

他の社会科学から借用がなされ、借用されたものがアクセス可能なものになる際に、もっとも役立つ要因はなにか。そのひとつとして、学問領域における指導者たちのあいだの競争がある。リュシアン・フェーヴルとマルク・ブロックがヴィダル派地理学やデュルケム派社会学をあれほど強調したのは、まず先行世代との違いを明らかにし、つぎにライバルに対するヘゲモニーを確立するべく、歴史学の正典モデル以外のところに、みずからのインスピレーションの源を見出すためだった。ただし、それと同時に、これらイノベーションを歴史学界における諸規範と両立可能なものにすることもまた死活問題だった。そうでなければ、アンリ・ベールをはじめとする学際性の先達たちを襲った不幸な運命がまちうけているだろう。(52)この相矛盾する二つの課題を考慮に入れれば、リュシアン・フェーヴルの著作をめぐる未解決問題のうち、いくつかが解けるようになる。たとえば、書評における理論家フェーヴルと、みずからの歴史研究におけるほぼ伝統主義的な歴史学者フェーヴルのあいだには、明らかな矛盾があるが、その理由が理解しやすくなるだろう。(53)文体を例にとると、フェーヴルは、伝統主義的な歴史学者との距離を強調したいがために、セニョボスの学術的な言葉遣いを放棄しなければならなかった。しかしながら、歴史学者コミュニティに認められようとすれば、シミアンの抽象的な言葉遣いをわがものとすることはできない。卓越化と受容という二つの課題を同時に実現してくれるミシュレのエクリチュールに彼が頼ったのは、そのためだった。公言していた意図とは異なり、彼が実際に採用したアプローチが一貫してきわめて経験主義的なものだったことも、同様の理由のなせるわざだった（既述）。

しかしながら、だからといって、この受容作業が現実にかかわる効果をもたらさなかったわけではない――この点はきわめて重要である。リュシアン・フェーヴルは一九世紀ドイツの「結合」概念に一貫して忠実でありつづけたが、それは、これをもちいれば、彼が直面していた歴史研究の一連の課題をうまくすりあわせうるからだった。ここでいう課題とは、具体的には、資料の制約、解釈学的問題設定の尊重、無駄なエピソードの否定などである。さらにまた、この概念は、分析と総合（ジンテーゼ）の分業、つまり「石切り場から石を切りだし、不要な部分を削るという作業」と「それらを組みあわせる建築家たる社会学者」のあいだの分業を避けるための手段でもあった。(54)さらにまた彼は「問題史」を唱道したが、それは、デュルケム派が重視していた「対象の構築」を歴史研究の要求にあわせて修正したようなものとみなしうる。歴史学においては、ア・プリオリな「共通感覚」概念はアナクロニズムという形態をとる。フェーヴルによれば、一六世紀の人々は「わたしたちと同じではない。困ってしまうのは、なんの準備もない（古き意味における）朴訥な読者は、書物を開き、それを楽しむなかで、重要な変化にまったく気づかないことが多い、ということである」(55)。それゆえ、歴史学者がこの誤解を明らかにするという批判的な役割を果たすことが必要なのである。フェーヴルにとって「問題史」は、多くの場合、真の敵たる伝統主義的歴史学者と闘う際に効果的な武器だった。たとえば、彼は、人間と環境は弁証法的な関係にあると仮定し、それによって、行政的な地域区分を明白で自然なものと考えていたオーギュスト・ロンニオンの古き歴史地理学の信用を失墜させた。そして、行政的な地域区分は人間と人間の闘い双方の歴史の所産であることを明らかにした。かくして彼は、対象は所与のものではなくて構築されるという、デュルケムと同一の結論にいたる。ただし、歴史学者フェーヴルにとって、「構築」というこの原則そのものを構築する主体は歴史学だった。

この点について結論するにあたり、換骨奪胎の必要性からどれほどの変貌が生じうるかを完璧なまでに示している例をひとつ挙げておきたい。それは、「長期的持続」と数量的アプローチを勝利させるべく、一九五〇年代にフェルナン・ブローデルが利用した戦略に関するものである。昨日の敵を反事件史学闘争の始祖にまつりあげることを狙った、文字通り神話のような著作のことは、とりあえず措いておこう(56)。ここで言及したいのは、歴史学の大義を唱える必要から、かつてはおもに対象の構築をめぐる認識論的な論争であったはずのものが、なによりもまず社会経済史学の支持者と政治制度史学の支持者とのあいだの陣取り合戦になった、ということである。そして、「政治制度史学は、数量的技術を利用していないから、本質的には科学的でない」という判決が下されることになる。一九五〇年代の歴史研究は、こういった具体的な状況におかれていた。社会学が内包すると考えられていた帝国主義に対する歴史学者の本能的な嫌悪を考えあわせれば、社会史学が（経済史学、人口史学、あるいは心性史学といった）数量史的研究のさまざまな潮流のあいだでひきさかれつづけたことも、社会史学が研究対象にとりいれたのが社会学の伝統の（うち、デュルケム派の省察の中核に位置していた政治問題ではなく、おもに社会集団や社会階級にかかわる）ごく一部だけだったことも、容易に理解できるだろう(57)。

社会を丸ごと捉える歴史学のために

社会史学が経済史学や人口史学のように自立するための前提条件はなにか。そのひとつは、歴史学と社会学のあいだに新しい形態の対話を創出することである。ここでは、この革新に歴史学者が寄与しうる点だけに議論を限定し、二つの根本的な問題を論じるにとどめたい。

科学性をめぐる議論

今日の歴史学者は、歴史学は法則を導出できないから真の科学ではないと述べることがある。彼らには、一九世紀の知識人たちの哲学的なうぬぼれに直面した際にセニョボスが譲歩したことの責任がふりかかっているわけである。リュシアン・フェーヴルは、すでに両大戦間期において、その一〇〇年ちかくも前にクロード・ベルナールが提示した諸原則にヒントを得たとおぼしき、この（あやまたれる謙譲にみちあふれ、知的な怠慢を認める）クソ実証主義的な科学概念を皮肉っている。今日では、一九世紀型の仮説演繹型モデルは棄却しうるものとなっている。その背景には、まずはアインシュタイン的な相対性という考え方と、そして、一九五〇年代以来発展してきた実践的な認識論がある。この認識論によれば、科学的活動の総体を、研究には素人の理論家が課す規範に基づかせることは、不可能である。ポール・ファイヤアーベントは、トマス・クーンの業績を発展させ、新しい認識論をもっともラディカルに定式化した。彼の有名な定式「なんでもよい」が意味するのは、実際の科学はあらかじめ決められた処方箋にもとづいて進歩するのではないということであり、また、実際に生じた科学のイノベーションと、「実際の発見がなされたあとに、はじめて開始される」理論的正当化のあいだには、しばしば溝がある、ということである(58)。これは、科学的事実の生産は、そのアクターや、あるいはそれを直接経験した人々によって、唯物論的に分析されるべきだという提言である。この提言は、リュシアン・フェーヴルが彼なりの言い方でくりかえし、また、今日の科学社会学における興味深い研究でもちいられている、重要な認識論的原則に適合している(59)。

この認識論的相対主義には、歴史学者と社会学者に対して、研究者たる自分自身の実践について共同で省察する余地を残しているという、じつに重要なメリットがある。実際、クーンが提示した「科学的パラダイム」の定義においては、知識人コミュニティに重要な位置が与えられている(60)。このコミュニティとは、同一の学問領域を専攻し、同一の養成過程を経て、同一の参照ゲームを利用し、したがってみずからのしごとに関する（明記された規則よりは実践そのものによって伝達される）「暗黙知」をもった人々の総体である(61)。この認識論の方向に従うと、重要なのはもはや歴史哲学ではなくて歴史学者社会学であるということになるだろう。同様に、学問領域とは専門分野を共有する諸個人のコミュニティであるという原則から始めると、学際的な対話の問題は、なによりもまずことばの翻案（翻訳）という観点から捉えられることになるだろう。クーンは、相互に理解しあえない人々に対して翻案者となるべきことを求めることで、歴史学者と社会学者の対話を革新する別の方法を提示している。つまり「相手の理論や結果をみずからのことばで翻案できるし、それと同時に、この理論が適用される世界をみずからのことばで描写することができる」ということである。(62) この（歴史学者コミュニティの具体的な知識と、外部からもたらされたイノベーションを歴史学者のことばに翻案するプロセスにかかわる具体的な知識という）二つを求めることこそ、リュシアン・フェーヴルの実践的な認識論の中核をなすものだった。この翻案の問題（既述）は、実際にはフェーヴルの時代からほとんど進歩していない。その理由は、おそらく、第二次世界大戦後に「学問領域多元主義」というユートピアが勝利を収めたからだろうが、この点について詳述する余裕はない。科学的実践の社会学についていえば、フェーヴルがすでに一九五〇年の時点で「歴史学の理論はあるが、その社会学はない」と述べていたことを忘れてはならない。彼は続けて、学問領域の収支決算をおこなうに際しては「方法論的なスケッチを美しく配列するだけでなく、歴史学者としての活動というちょっと不安な側面をありのままに観察した結果も提示しなければ、とても十分なものにはならない」と述べている。(63)

歴史学の社会史学を始めるにあたっては、近年の歴史研究が経験的な一次資料を提供してくれる。ピエール・ノラが編んだ自分史学（エゴ・イストワール）研究をみると、しごとの修行規範から、「業績」の選択を統べる真の理由から、キャリア戦略にいたるまで、歴史学界のリアルな宇宙が点描されているのをみてとることができる。こういった具体的データが歴史研究の問題設定や内容にいかなる影響を及ぼすか、それが一目でわかる。たとえば、若き博士候補たちはモノグラフを選択するのが一般的だが、それは、ヴィダル・ド・ラ・ブラーシュの伝統というよりは、高等教育教授資格試験の悪しき結果である。この試験を通った有資格者は、ひきつづいて博士論文を準備するにあたり、最初の勤務地を主題に選ぶ、というわけだ。同様に、エルネスト・ラブルースは、分業を支持するという観点から、地域的なモノグラフをもとに共同研究計画を組織したが、こういった野心的な共同研究計画は「著者の虚栄心」（モーリス・アギュロン）に対抗できない。歴史学者は、ひとたび博士論文を完成させるや、みずからのオリジナリティを誇示するべく、モノグラフという枠組をのりこえ、より高貴なものとみなされている一般的な諸問題にとりくもうとするのである。[64]これは、おそらくは（他の科学実践者と同じく）歴史学者のしごとの「ちょっと不安な側面」、つまり知的努力の主要動因たる社会的承認欲求にかかわる問題である。さまざまな時代におけるこの現象の様態、表現空間、賭け金、あるいは堕落といったものを検討するには、社会史的にアプローチすることが必要不可欠だろう。今日の史学史研究では、テクストを純粋に分析することのみによって、概念上のイノベーションや方法論の進歩を説明しようとすることが多い。しかしながら、歴史学を社会史的に研究すれば、そんな営為は不可能なことがすぐにわかる（賭けてもよい）。この点できわめて示唆的なのは、歴史学における引用の研究である。それは、すでにシミアンが言及している（引用と証拠の問題という）古典的な認識論的理由だけによるものではない。より一般的な次元において、そこには固有の「使いかたの伝統」と「自己表現」様式をそなえたコミュニティの社会的存在が表現されているからである。[65]さらにいえば、「パラテクスト」があらわにするのも、そして「参照と顕示」ゲームが前提とするのも、この「自己表現」である。[66]

主観主義的パラダイムをめぐる考察

歴史学者と社会学者の対話をより実りあるものにするための第二の方法は、社会史学の問題設定を、社会学がとりあつかう諸問題の総体に拡張することである。

科学革命の論理を説明するべく、トマス・クーンが彫琢した「パラダイム」概念を利用して考えてみよう。[67]フランスにおける歴史研究は、一九五〇年代から、ブローデルとラブルースの刺激のもとに躍進を遂げるが、この躍進は、それまで歴史学における「通常科学」だったものを、数量史学が体現する新しいパラダイムをもちいて大々的に再定義するといういとなみの産物だった。数年来このパラダイムは息切れしつつあるが、それは、ひとつには新規採用が滞っているために大学教員が老齢化しているせいであり、ひとつには歴史研究が提示する問題の総体に応えることができないせいである。シミアンの事例に即して述べたとおり、数量的アプローチを操作可能なものにしようとすれば、主観的アプローチに由来する要素はすべて、つまり資料の次元においても、方法の次元においても、そして問題設定の次元においても、排除せざるをえなかった。今日の社会史学がなすべきは、おそらく、一九五〇年代から六〇年代の歴史学者が数量史学の領域で達成したのと同じ水準で換骨奪胎と想像を試みることによって、主観主義的アプローチを構築することである。すなわち、国家、伝記、あるいは政治的なるものの問題をとりあつかうことは、近年ジャック・ル・ゴフが懸念したように、下手をすると伝統的な歴史学の枠組への回帰をもたらしてしまうだろう。[68]そうではなく、これらの領域において社会学研究がもつ豊かな伝統に依拠しなければならない。そして、そのための唯一の方法こそ、主観主義的アプローチを構築することなのである。

ただし、社会科学の専門家は、研究者の新世代がイノベーションを実現するには先行世代を貶めなければばならないという法則に逆らって、はじめて成熟に達しうる。フェーヴルやブローデルは、みずからの天才を読者に印象づけるべく、先行世代の業績の価値を全否定した。しかしわたしたちは、そうではなく、歴史学者のしごとの累積的な側面を重視しなければならない。一九世紀の歴史学は、みずからの研究対象を「痕跡にもとづく知識」と定義し、資料批判という固有の方法の改善に膨大な努力をかたむけた[69]。この努力なくして、続く歴史学者たちは研究領域を拡大できなかったはずである。同様のことは、社会史学の定義についてもいえる。いまから三〇年ほど前、フランソワ・フュレとアドリーヌ・ドマールは「科学的な見地からして、数量的でない社会史学は存在しない」と述べ、社会史学と科学についてかなり限定的な定義を提示した[70]。今日この定義に同意することは、だれにもできないだろう。しかしながら、数量史学は一九五〇年代から六〇年代の研究の成果であり、その可能性は汲みつくされていない、ということを否定することもまた、だれにもできないだろう。

主観主義的というパラダイムを発展させる——それは、ただ、数量史学が自立のためにすててさらざるをえなかったものをすべて歴史分析の対象とし、社会学のうち歴史学者がこれまで無視してきた諸潮流に依拠することにすぎない。そうすれば、新たな研究領域、新たな探求、そして新たな説明が生まれ、過去をめぐるわたしたちの知識を豊かなものにしてくれるはずだ。この点を具体的に説明するべく、主観主義の伝統における基本的な概念のひとつたる「生きられた経験（Erlebnis）」という概念を例にとり、それが歴史学にとってもつ意味を明らかにしてみよう。この概念は、マックス・ヴェーバーから今日のアングロサクソン系社会学における相互行為学派にいたる理解社会学の中核をなしている。社会史学者の大部分は「生きられたもの」という概念を、セニョボスを批判するにあたってシミアンが否定した「著者の意図」

と同一視し、軽視してきた。しかしながら、ここには、かくのごとき単なる皮肉で片付けるべきではない重要な問題がある。フランスの知的伝統の点からも歴史学者の興味関心の点からもなじみぶかいアルヴァクスによる集合的記憶の研究を援用しつつ、この点を明らかにしたい(71)。

歴史学者のなかで集合的記憶の問題を研究する人々は、しばしばミシュレのメタファー的な見解を利用し、国民のなかに考え記憶する主体をみいだす。ここから、「複数の個人的記憶から国民的な集合的記憶にいたるにはどうすればよいか」という重要な問題が論じられないという事態が生じる。アルヴァクスは、思い出と集合的記憶と伝統を区別し、主観主義的アプローチが相異なる分析次元をはらんでいることを明らかにした。そして、個人的なるものから集合的なるものへの移行がいかになされるかをえがきだした。これは、数量史学がつねに、そしてまた故なく無視してきた問題である。彼は、この研究において、一貫して一人称単数を利用している。それは、思い出は、なによりもまず、個人の生きられた経験に付着する現実だからだ。しかしながら、アルヴァクスは、これらの思い出が私たちの個人的記憶の中で存続するには、同じ出来事を生きた人々からなる（家族であれ、同期卒業生であれ、職業集団であれ、国民であれ、なんらかの）社会集団によって共有される必要がある、とつけくわえることを忘れていない。彼は、おそらく第二次世界大戦前ではただ一人、主観主義的アプローチとデュルケム派社会学を両立させようとした人物であり、そこからこういった試みが生まれたのだった。つまり、わたしたち一人ひとりのなかでは、たくさんの集合的記憶が交錯し、わたしたちが多少ともかかわりをもってきた集団を想起させているのである。ただし、ここで重要なのは、こういった集合的記憶が生きられたものから生じていることだ。集合的記憶は、それを知っているだけではなく、それが想起させる出来事に参加した人々にとってのみ、意味をもつ。

アルヴァクスが重視した戦没者記念碑の例をみれば、そのことは明白だろう。戦争のトラウマを直接知っていた人々が亡くなるにつれて、追悼式典は激しさを失い、一種民俗化し、やがては後継世代にとっての「おつとめ」となる。生きられた思い出が消滅して、はじめて伝統が出来上がるのは、そのためである。アクターが亡くなって、はじめて彼らの記憶を守ることに対する関心が生まれる。かくして、徐々にわたしたちは別の次元に移動する。書かれた痕跡の次元、つまり書籍や教育技術をもちいて教えられる歴史の次元である。この書籍とか教育技術とかいうものは客観的なコミュニケーション手段であり、それによって中立的なメッセージの伝達が可能になる。ただし、そこでは、伝達される出来事の身近にいた人々が抱く感情的負荷は失われてしまう。これら痕跡の研究者は、もはや、そこで証言されている出来事をディルタイ的な意味で理解することはできない。しかしながら、彼は、みずからが生きる時代によって条件づけられた新しい意味を、それら痕跡に与えることになる。[72]この「生きられた経験」という概念について、おそらくもっとも重要なのは、社会学者が「客体化」と呼ぶプロセスである。この見地からすると、現在とは、結晶化し、物質的諸形態や法規則やことばや精神構造のなかに固着した過去にほかならない。それは、過去の闘争がうみだし、そこでもたらされた物質的諸形態がもつ外見的な中立性のなかにうめこまれた「死んだ歴史」である。わたしたちは、そのただなかで日々生活している。[73]

それゆえ、主観主義的アプローチは、批判的な研究によって、日常的な「当たり前」を再検討し、すべて当然とみえるもののなかに社会史の恣意的産物を見出すべきだと主張する。わたしたちは、ここでもまた、一九世紀末のフランスにつきまとっていた関心が再興するのを目にする。モーリス・バレスの表現をもちいれば「死者、生者を捉う」とでも要約できるだろうか。この関心は、ヴィダル・ド・ラ・ブラーシュの著作にも、ラヴィスの著作にも、さらにはリュシアン・フェーヴルの著作にも反映されている[74]。フランスの歴史学者は、この痕跡をなによりもまず農村世界に求めてきた。フランス的系譜がしっかりと根を張って永続していることの徴候とみなされたからである。これに対して社会学は、現代社会において最重要なのは農村社会ではないことを明らかにしてきた。客体化という作業の中核がなされ、過去が現在に影響を与えているのは、なによりもまず法的条項や官僚機構や諸制度、つまり国家の次元においてである。ヨーロッパ各国では、一九九三年〔欧州連合の成立〕を念頭におきつつ、「行政グリッド」の修正や法制の均質化が進められている。しかし、この試みは困難に直面しており、歩みは遅々たるものである。その理由は、慣習、既得権益、あるいは近代的個人をむすびあわせている相互依存関係、つまり歴史の重さに直面しているからにほかならない。そのようなわけで、歴史を理解することは、歴史の重さの裏をかくことにつながるだけに、今日では死活的な課題である。

さて、「長期的持続」型数量史学の問題設定に固有の論理は、このアプローチと両立しない。数量化するためには、まず資料を統一し、文脈からひきはなし、異質だったり不規則だったり例外的だったりするデータを排除し、くりかえされるものに着目しなければならない。セニョボスは、デュルケムが自殺統計を利用する仕方を批判するなかで、統計的アプローチの限界を指摘している。実際のところ「自殺」という用語がさししめす社会的行為は、社会によって異なる。したがって、なんらかの結論を出す前に、まず行為おのおのの意味を確定しなければならない。ところが、公的なデータを自分に都合の良いように均質化して利用する統計学者は、この作業をしていない。この種の批判は数量史学にも妥当する。わたしたちは「数量史学は唯一科学的な存在である。それは、資料を所与とみなさず、設定された問題にしたがって資料を構築するからである」というセリフを何度も聞かされている。しかし、このセリフには、数量化するためになされなければならない資料の均質化というしごとが明示されていない。たとえば、経済史学は、一九世紀の行政当局が作りだした社会職業分類を、現実との対応関係を問題にすることなく採用している。そのせいで、労働者兼農民といった兼業や「混合」カテゴリーの重要性が軽視され、民衆諸階級についてあやまたれるイメージがつくりだされてしまった――たしかに行政用語に「労働者兼農民」は存在しないが(75)。

主観主義的な観点からなしうる数量史学批判としては、第二に、資料と方法を歴史化しようとせず、それによって社会的対象が当然視されることに貢献してしまう、というものがある。歴史人口学を例にとると、それは大きな進歩をもたらしたが、そこにはひとつの前提がある。すなわち、戸籍台帳は、伝統的な証拠と異なり、客観的で、当たり前で、つまりは歴史なき資料であると前提されている。ところで、出生や結婚や死去の登録は、国家が個人のアイデンティティを統制し、それによって個人に新たな社会的規範を教え込もうとする長き闘いにおいて、ひとつの焦点だった。非合法移民など滞在許可をもたない人々であればすぐわかるとおり、この闘いは今日でも、別のかたちでではあるが続いている。この「紙のうえでの」アイデンティティをすべてのフランス人が当たり前で自明のものと考えるようになるには、何世紀にもわたる努力が必要だった。『行政事典』一八四九年版をみると、この時点になってもなお、さまざまな指摘が戸籍担当公務員に対してなされなければならないと考えられていたことがわかる。ひとつ、戸籍台帳にはルーズリーフではなくてノートブックを使うのが好ましい。ひとつ、市町村長は文書に確認のサインをするのに何日も何カ月もかけてはいけない。ひとつ、公務員は公文書に私的見解をかきくわえてはならない。ひとつ、結婚立会人以外は、肉親であっても知人であっても公文書に署名してはならない……。そういったわけで、歴史人口学に対しては、結局は強者の視点を採用したにすぎないという批判が、ある程度妥当するだろう。この視点はあまりにも巧みに強いられたので、それ以外の立場は痕跡さえ失われてしまったのだ。

今日では、いかなる市町村職員であれ、戸籍台帳を作成するにあたっては、自発的に公的作成要領に従うことだろう。それは、「生きられた経験」と「客体化」という二つの概念と並んで主観主義的社会学の理論傾向の本質をなす社会プロセスたる「内面化」のおかげである。個人の次元にとっての「内面化」は、物質的世界にとっての「客体化」にあたるといえるだろう。とくにスティーヴン・ルークスたちが述べるとおり、「内面化」という概念を発見したことは、一八九〇年代にデュルケム派社会学がなした重要な貢献である。これによって、既存の規範や価値はいかにして個人のパーソナリティの不可欠の一部となるかが説明できるようになった[76]。のちにノルベルト・エリアスは、この用語をみずからの社会学の中核にすえることになる。彼は、それを「相互依存」という概念に接合することによって、西洋社会における文明化を構成するプロセスを説明できるようになるだろう[77]。

主観主義的パラダイムは、生きられた経験、客体化、内面化という三つの概念から出発すれば、社会のダイナミズムや人類史の累積的側面について深い省察をもたらしうるだろう。人間は消えゆく。しかし、彼らが生きるなかであとに遺す痕跡は、物質的な痕跡にせよ、技術にせよ、人々を結びつける感情的行為や相互依存形態にせよ、残りつづける。あとに続くものは、これら痕跡を、生まれた瞬間からみずからをとりまいている宇宙のなかに見出し、無意識のうちに換骨奪胎し、かくして、みずからの人生を費やして発展させるのである。

（1）Febvre［1954］, p. 524. 本稿の草稿を読んでくださったペーター・シェットラーに謝意を表したい。

（2）*Annales*［1988］. 付言しておくと、本稿は、具体的なものごとに対する興味関心を極力維持するべく、数年来わたしたちの研究雑誌に記してきた後記に基づいている。実際のところ、実践に関する言説ほど難しいものはない（後述）。具体的な研究から生じた見解を過度に一般化してしまい、その結果（認識論的省察と経験的研究を接合しようとして）公式主義的になったり、あるいは抽象的になったりする危険が、つねにあるからである。

（3）「主観主義」および「客観主義」という用語は、しばしば軽蔑の意をこめてもちいられている。しかし、本稿にそういった意図はない。本稿では、両者は、哲学の領域で伝統的に相対立してきた（一方は主体を強調し、他方は客体を強調する）二つの潮流を指す。この対立関係は、一九世紀末からは、社会科学の領域にもみてとれる。

（4）Seignobos［1901］, Simiand［1903］, Simiand［1906］. この論争の史学史的な文脈については、Carbonell and Livet, eds.［1983］を参照。

（5）Fustel de Coulanges［1889］, p. IV. Hartog［1988］は、フランス史学史におけるフュステルの独自性を明らかにしている。

（6）Durkheim［1895］, Simiand［1906］.

（7）Rebérioux［1983］.『社会学年報』の編集協力者一九人のうち、九人は高等教育哲学教授資格を、二人は同歴史学教授資格を、おのおのもっていた。

(8) わたしたちの意図は、セニョボスを復権させたり、彼の歴史概念に復帰するべきだと唱えたりすることではなく、ひとつの思考論理を再構築しようとすることにある。

(9) 対立の先頭に立っていたのは、かたやレオポルト・ランケ（と、そして歴史における偉人の役割）の支持者たち、かたや（大衆の役割を重視する）カール・ランプレヒトの支持者たちである。Pirenne［1897］, Blondel［1897］, Lacombe［1901］を参照。なお『歴史総合評論（*Revue de Synthèse Historique*）』は、ヴィルヘルム・ヴィンデルバント、ハインリヒ・リッカート、カール・ランプレヒトといったドイツ思想の大家や、ベネデット・クローチェをはじめとするイタリア思想の大家にも、誌面を開放していた。

(10) もっとも、フランス哲学会において、フレデリク・ローは、とくにマックス・ヴェーバーの著作を援用しつつ、ドイツ認識論の立場からシミアンの「カント的」報告をきびしく批判している。しかしながら、彼の所説が人口に膾炙することはなかった。

(11) Berr［1919］, p. 11.

(12) 「この二つの学問領域は、そもそも相接近する傾向にある。おそらくは、いずれ融合することになるだろう」と述べる『社会学年報』一八九八年第一号「アピール」を参照。

(13) Hauser［1903］, p. 14.

(14) とりわけ Braudel［1958 / 1960］を参照。

(15) Bouglé［1934］, Halbwachs［1936］, Mehl［1947］, Mandrou［1968］.

(16) 『歴史評論（*Revue Historique*）』の書評欄は、この点できわめて示唆的である。たとえば、ロラン・ムーニエは、デュルケムは「現実をゆがめている」から読むのが「つらい」と述べている。ジャック・ゴデショは

「ミシェル・ド・セルトーの用語を理解するには辞書が必要だ」と述べている。アンドレ・シャスタニョルは「ポール・ヴェーヌの関心をひいていたのは、社会学という無意味だった」と想起している。

(17) Veyne [1971].

(18) この点については、たとえばLequin [1986] が述べているとおりである。社会史学という概念があやふやなものであることは、そこからさまざまに相対立する見解が生じたのをみれば明らかだろう。フュレによれば、「人口史学が存在する」というのと同じ意味においては、社会史学は存在しない (Furet [1982], p. 27)。エマニュエル・ル・ロワ・ラデュリによれば、これとは逆に、社会史学は「帝国主義的な性格」で際立っている (Le Roy Ladurie [1987], p. 153)。

(19) 同様に、社会学における主観主義=客観主義論争やマルクス主義=相互行為主義論争の反響は、外国の歴史学関連雑誌にはみてとれるが、フランスでは存在しない。とくにKocka [1977], Abrams [1980], Stedman Jones [1976] を参照。ただし、「社会史学」に厳密な定義が欠けているというのは、ひろくみられる現象のようである。エリック・ホブズボームはかなり以前からそのことを指摘しているし (Hobsbawm [1971])、近年オリヴィエ・ザンズもその点を強調している (Zunz [1985])。

(20) Bourdieu, Chartier and Darnton [1985]. アンソニー・ギデンズもまた同様に「ブローデルの著作には、社会学、とくに『社会学年報』が普及させた社会学がフランス歴史学の発展に対して行使しえた影響力の、それも初期のものがみてとれる」と述べている (Giddens [1984])。

(21) Dosse [1987], p. 23. クシシトフ・ポミアンもまた、驚くべき簡略さではあるが、「ブローデルとその弟子たち」はシミアン経由でポール・ラコンブの継承者であるとしている (Pomian [1984], p. 14)。

(22) たしかにフェーヴルやブロックは、いくつかの脚注のなかで、みずからがデュルケム派社会学に負っているものについて語っている。ただし、彼らは、この種の謝意を、ヴィダル派地理学、レヴィ＝ブリュルの人類学、ブロンデルやワロンの心理学など、それ以外の研究潮流に対しても表している。その一方で、リュシアン・フェーヴルはデュルケム派の「ドグマ主義」や万人に対して講釈を垂れようとする態度を激烈に批判している。さらにまた、これとは逆の影響関係も忘れてはならない。たとえばマルセル・モースは「贈与試論」のなかで、歴史学の方法が社会学に役立ったことを認めるにいたっている（Mauss［1950］）。

（23）この点については、ジョエル・プルーストの研究が示唆的である。彼女の意図は、「比較トポス論」にもとづいて哲学史を記述するべく、研究対象おのおのにおける概念配置の諸次元を導出することにある。Proust［1986］を参照。

（24）Mann［1971］, p. 106.

（25）たとえば、フェーヴルは、歴史をあまりにも厳格に定義することには反対したが、その一方で、「クソ実証主義的な歴史学者」は歴史を定義することを拒否しているとしばしば批判している。

（26）Halphen［1946］, p. 12.

（27）シミアンは、あきらかに「科学の可能性の条件」というカント的な問題と実証主義の双方の影響を受けているが、因果の認識論と関係の認識論を区別するアンリ・ポワンカレ「規約主義」との距離については一度も明確にしなかったようである。

（28）Simiand［1932］, Vol. 1, p. 45 and Vol. 2, p. 566.

（29）フェーヴルは、地域（プロヴァンス）という枠組は「生活総体のカギである。わたしたちが問うべきは、そしてわたしたちが地域のなかに見出したいのは、この生活総体である」と述べている（Mann［1971］, p. 78）。

（30）フュレ（Furet［1982］）は、今日でもなお、歴史学者を育てるのは文書館の文書保存庫である、と述べている——たしかに多くの歴史学者は、博士論文をしあげたあとは、職業的ルールの強制から自由になるが。

(31) セニョボスは「歴史的事実」ではなく「痕跡」を信じていた。両者はまったく異なるのであり、この点で、彼は「歴史学者は自律的な、そして創造的な活動をしている。だからといって、無から有を生ぜしめているわけではない。単に知覚をもちいるだけでは「あるがまま」を感得できない存在に対して、みずからの力でかたちを与えているのである」(Humboldt［1822］) といち早く喝破したヴィルヘルム・フォン・フンボルトの公式に忠実でありつづけた。なお、のちに、一部の著名な理論家はセニョボスの分析を引用することになる。たとえば Hayek［1952］を参照。

(32) この点については、Dilthey［1910］の仏訳版 (*L'édification du monde historique dans les sciences de l'esprit*, Paris: Editions du Cerf, 1988) に付されたシルヴィ・ムジュール (Sylvie Mesure) の序文に依拠している。

(33) Dilthey［1910］.

(34) Dilthey［1910］.

(35) Febvre［1953］.

(36) フェーヴルは「心理学的に筋が通って根拠のある理解を提示したいのであれば、理解し、とりまとめ、反芻し、再構築し、「把握する (comprehendere)」ことが」重要であるが、しかし「それはつねにデリケートな、そしてしばしば絶望的な課題である」と主張している (Febvre［1971］, pp. 7 and 9)。

(37) 「連続主義者」フェーヴルと「断絶主義者」フェーヴルを対置することは意味がない。これは、実際のところ、解釈学的な論理における二つの相補的な手続きにすぎない。

(38) したがって「フェーヴルが望んだことに成功したのはフーコーである」(Mairet［1974］, p. 89) と主張するのは馬鹿げている。

(39) Durkheim［1912］.
(40) クロード・レヴィ＝ストロースは、一九四九年、「歴史学は」世紀初頭に「提示された、つつましくも明確な研究計画だけで満足している」と述べ、歴史学は半世紀来さっぱり進歩していないと評価した。Lévi-Strauss［1958］を参照。
(41) フェーヴルは「心性」の歴史学の創始者かもしれないが、感性や死の歴史学を提唱するに際して「時間や世紀や文明をこえた「愛」とか「快」とかの歴史学を主張しているわけではない」と付言していることを忘れてはならない（Febvre［1953］）。
(42) この点について、詳しくは Noiriel［1989］を参照。
(43) Febvre［1922］.
(44) 「高貴なる」というのは、境界の内部にあって安心しきっている人々のドグマ主義に対する唯一の解毒剤だからである（Augé［1979］, pp. 206–207）。
(45) Duby and Landreau［1980］.
(46) とくに Prost［1968］, Gérard［1983］を参照。
(47) たとえばルネ・レモンは歴史学者の言説の基本規則、とくに「アカデミック・ウィ」（謙譲の一人称複数形）を使用することや、著者はテクストの背後に姿をかくすことを挙げている（Nora, ed.［1987］）。
(48) Fabiani［1988］.
(49) Chartier and Revel［1979］.
(50) モーリス・エマールは、エルネスト・ラブルースに即して、この翻案の試みを論じている。シミアンが提示した諸概念が経済史学において有用だったのは、この作業のおかげだった（Aymard［1988］, p. 221）。

（51）Febvre［1962］.

（52）フェーヴルの努力にもかかわらず、アンリ・ベールが歴史学者コミュニティにうけいれられることはなかった。彼はつねに歴史学者を自称したが、ルイ・アルファンなど歴史学の大家たちはつねに彼を哲学者としてあつかった。ただし、哲学者たちについていえば、彼らがベールを仲間とみなすことはなかった。とくにKeylor［1975］を参照。

（53）Chartier and Revel［1979］.

（54）Febvre［1953］. 厳密にいえば、ここでおもに問題となっているのはデュルケム派社会学ではない。対象の構築に関する彼らの（実践とはいわないが）考えかたは、「分析と総合（ジンテーゼ）」の分業と矛盾しているからである。実際のところ、この批判がむけられるべきは、とりわけアンリ・ベールだろう。晩年のアンリ・ベールは『アナール』への違和感を隠さなかった。彼は、総合の手前でたちどまったとしてマルク・ブロックを批判し、同誌の新しい副題「経済・社会・文明」は人工的な区分を認めるものだとしてリュシアン・フェーヴルを批判した（Berr［1953］）。

（55）Febvre［1971］, p. 8.

（56）一九三〇年代にいたるまでフェーヴルの主要な標的はシミアンであり（とくにFebvre［1922］）、『アナール』運営委員会に参加するべく選出されたのはモーリス・アルヴァクスだったことを忘れるべきではない。アルヴァクスは、ブローデル時代になると批判的な言及の対象となり、その結果、不当なまでに忘れさられるにいたる。

（57）社会史学は、社会学の伝統に明確に依拠するのであれば、より広大な領域を理解し、また集団よりも問題の研究を重視するべきである。たとえば、ロバート・ニスベットによれば、科学的な社会学は、共同体、権威、地位、聖なるもの、そして疎外という五つの主要概念をめぐって構築されている。そこから相対立する諸潮流が組織され、今日に至るまで社会学に生命をふきこんできた（Nisbet［1966］）。

(58) Feyerabend［1975］.
(59) たとえば Latour and Wooglar［1979］や Brian and Jaisson［1988］を参照。
(60)「パラダイムとは、科学者コミュニティの成員が共有しているものである。同様に、科学者コミュニティは、同一のパラダイムに言及する人々からなる」(Kuhn［1962］)。
(61) この定式はマイケル・ポラニーのものである。彼は、知識人による発見の大部分は明確には定式化できない実践的知識に基づいている、と考えた。Polanyi［1958］を参照。
(62) Polanyi［1958］. ノルベルト・エリアスもまた、社会学はごった煮的なモデルを捨てさり、自然科学から借用した諸概念と手を切ることによって、研究対象たる社会的現実により近い概念をうみださなければならないと主張した。フランスの社会学者の言葉遣いが哲学的抽象のかたまりのようなものなのと対照的に、エリアスの言葉遣いが簡潔なのは、おそらくはその故である。Elias［1970］を参照。
(63) Febvre［1953］. この問題については Bourdieu［1986］と Roche［1986］も参照。
(64) Nora, ed.［1987］.
(65) この表現は Besnard［1987］のものである。
(66) Genette［1987］を参照。裏表紙や序文や脚注などを批判的に分析することは、歴史の裏舞台をうろつくようなものである。
(67) Kuhn［1962］.
(68) Le Goff［1988］.

（69）この表現は、ラングロワとセニョボスのものである。ブロックは誤ってシミアンのものとしているが、これは示唆的である（Bloch［1949］）。
（70）Furet and Daumard［1959］.
（71）とくに Halbwachs［1950］.
（72）この主観主義的アプローチについては、とくに Ricœur［1955］と Marrou［1954］を読むべきである。
（73）これは Gadamer［1960］が展開した解釈学的問題である。
（74）フェーヴルは、さらに、歴史学の主要な社会的機能とは「人々にとって過度の負担にならないように、過去を組織する」手段を提供することにあると考えていた。彼は、この伝統という問題について、体系的な研究がなされていないことを残念に思っていた（Febvre［1953］）。
（75）地域史的な博士論文は、しばしばこの問題に直面する。この点は Labrousse, ed.［1967］でも論じられている。
（76）Lukes［1973］, p. 131.
（77）「エリアスは、現実をプロセスとみなすことによって、社会学者の視点と歴史学者の視点とを統合した」というアンドレ・ビュルギエールの主張のとおり、エリアスの著作を経由することは歴史学と社会学の新たな対話にとって不可欠の作業だろう（Burguière［1986］）。この点については Elias［1969］の仏訳版（Elias, N., *La société de cour*, Paris: Flammarion, 1985）に付されたロジェ・シャルティエの序文を参照。

引用文献

Abrams, P.［1980］, "History, sociology, historical sociology"（*Past and Present* 87）.

Annales [1988], "Histoire et sciences sociales: un tournant critique?"（*Annales E.S.C.*, March / April）.
Augé, M. [1979], *Symbole, fonction, histoire*（Paris: Hachette）.
Aymard, M. [1988], "Histoire et sociologie"（Mendras, H. and Verret, M, eds., *Les champs de la sociologie française*, Paris: Armand Collin）.
Berr, H. [1919], *Le germanisme contre l'esprit français*（Paris: Renaissance du Livre）〔アンリ・ベール『ドイツ論』大野俊一編訳、萬里閣、一九四一年（部分訳）〕.
Berr, H. [1953], *La synthèse en histoire*（new edition, Paris: Albin Michel, first edition, 1911）.
Besnard, P. [1987], *L'anomie*（Paris: Presses Universitaires de France）.
Bloch, M. [1949], *Apologie pour l'histoire*（Paris: Armand Collin）〔マルク・ブロック『歴史のための弁明――歴史家の仕事』松村剛訳、岩波書店、二〇〇四年〕.
Blondel, G. [1897], "Le congrès des historiens allemands à Innsbrück"（*Revue Historique* 3）.
Bouglé, C. [1934], "Histoire et sociologie"（*L'Année Sociologique*, series A）.
Bourdieu, P. [1986], *Homo academicus*（Paris: Editions de Minuit）〔ピエール・ブルデュー『ホモ・アカデミクス』石崎晴己・東松秀雄訳、藤原書店、一九九七年〕.
Bourdieu, P., Chartier, R. and Darnton, R. [1985], "Dialogue à propos de l'histoire culturelle"（*Actes de la recherches en Sciences Sociales*, September）.
Braudel, F. [1958 / 1960], "Histoire et Sociologie"（Gurvich, G., ed., *Traité de sociologie*, Paris: Presses Universitaires de France）〔フェルナン・ブローデル「歴史と社会学」、『ブローデル歴史集成Ⅱ　歴史学の野心』浜名優美監訳、藤原書店、二〇〇五年所収〕.

Brian, E. and Jaisson, M.［1988］, "Unité et identité"（*Actes de la Recherche en Sciences Sociales*, September）.

Burguière, A.［1986］, "Norbert Elias"（Burguière, A., ed., *Dictionnaire des Sciences de l'Histoire*, Paris: Presses Universitaires de France）.

Carbonell, O. and Livet, G., eds.［1983］, *Au berceau des Annales*（Toulouse: Presses de l'IEP de Toulouse）.

Chartier, R. and Revel, J.［1979］, "Lucien Febvre et les sciences sociales"（*Historiens et Géographes*, February）.

Dilthey, W.［1910］, "Der Aufbau der geschichtlichen Welt in den Geisteswissenschaften"（*Abhandlungen der Preußischen Akademie der Wissenschaften, Philosophisch-Historische Klasse, Jg. 1910*）〔ヴィルヘルム・ディルタイ『精神科学における歴史的世界の構成』尾形良助訳、以文社、一九八一年〕.

Dosse, F.［1987］, *Histoire en miettes*（Paris: La Dévouverte）.

Duby, G. and Lardreau, G.［1980］, *Dialogues*（Paris: Flammarion）〔ジョルジュ・デュビー&ギー・ラルドロー『歴史家のアトリエ』安部一智訳、新評論、一九九一年〕.

Durkheim, E.［1895］, *Les régles de la méthode sociologique*（Paris: Alcan）〔エミール・デュルケム『社会学的方法の規準』宮島喬訳、岩波書店（岩波文庫）、一九七八年〕.

Durkheim, E.［1912］, *Les formes élémentaires de la vie religieuse*（Paris: Alcan）〔エミール・デュルケム『宗教生活の原初形態』全二巻、古野清人訳、岩波書店（岩波文庫）、一九四一、四二年〕.

Elias, N.［1969］, *Die höfische Gesellschaft*（Neuwied: Luchterhand）〔ノルベルト・エリアス『宮廷社会』浜田節夫・中埜芳之・吉田正勝訳、法政大学出版局、一九八一年〕.

Elias, N.［1970］, *Was ist Soziologie?*（Weinheim: Juventa Verlag）〔ノルベルト・エリアス『社会学とは何か——関係構造・ネットワーク形成・権力』徳安彰訳、法政大学出版局、一九九四年〕.

Fabiani, J.〔1988〕, *Les philosophes de la République* (Paris: Editions de Minuit).

Febvre, L.〔1922〕, *La terre et l'évolution humaine* (Paris: Renaissance du Livre)〔リュシアン・フェーヴル『大地と人類の進化――歴史への地理学的序論』全二巻、飯塚浩二・田辺裕訳、岩波書店（岩波文庫）、一九七一、七二年〕.

Febvre, L.〔1953〕, *Combat pour l'histoire* (Paris: Armand Colin)〔リュシアン・フェーヴル『歴史のための闘い』長谷川輝夫訳、平凡社（平凡社ライブラリー）、一九九五年（部分訳）〕.

Febvre, L.〔1954〕, "Compte rendu" (*Annales E.S.C.*).

Febvre, L.〔1962〕, *Pour une histoire à part entière* (Paris: SEVPEN).

Febvre, L.〔1971〕, *Amour sacré, amour profane* (collection Idée, Paris: Gallimard, first edition, 1944).

Feyerabend, P.〔1975〕, *Against Method* (London: NLB)〔ポール・K・ファイヤアーベント『方法への挑戦――科学的創造と知のアナーキズム』村上陽一郎・渡辺博訳、新曜社、一九八一年〕.

Furet, F.〔1982〕, *L'atelier de l'histoire* (Paris: Flammarion)〔フランソワ・フュレ『歴史の仕事場（アトリエ）』浜田道夫・木下誠訳、藤原書店、二〇一五年〕.

Furet, F. and Daumard, A.〔1959〕, "Méthode d'histoire sociale" (*Annales E.S.C.*, October).

Fustel de Coulanges, N.〔1889〕, *Histoire des institutions politiques de l'ancienne France* (Paris: Hachette)〔ニュマ・フュステル・ドゥ・クーランジュ『フランス封建制度起源論』明比達朗訳、御茶の水書房、一九五六年〕.

Gadamer, H.〔1960〕, *Wahrheit und Methode* (Tübingen: J. C. B. Mohr)〔ハンス＝ゲオルク・ガダマー『真理と方法――哲学的解釈学の要綱』全三巻、轡田収他訳、法政大学出版局、一九八六、二〇〇八、一二年〕.

Genette, G.〔1987〕, *Seuils* (Paris: Le Seuil)〔ジェラール・ジュネット『スイユ――テクストから書物へ』和泉涼一訳、水声社、二〇〇一年〕.

Gérard, A.〔1983〕, "A l'origine du combat des *Annales*"（Carbonell, O. and Livet, G., eds., *Au berceau des Annales*, Toulouse: Presses de l'IEP de Toulouse）.

Giddens, A.〔1984〕, *The Constitution of Society*（Cambridge, UK: Polity Press）〔アンソニー・ギデンズ『社会の構成』門田健一訳、勁草書房、二〇一五年〕.

Halbwachs, M.〔1936〕, "La méthodologie de François Simiand"（*Revue Philosophique* 121）.

Halbwachs, M.〔1950〕, *La mémoire collective*（Paris: Presses Universitaires de France）〔モーリス・アルヴァックス『集合的記憶』小関藤一郎訳、行路社、一九八九年〕.

Halphen, L.〔1946〕, *Introduction à l'histoire*（Paris: Presses Universitaires de France）.

Hartog, F.〔1988〕, *Le XIX*ème *siècle et l'Histoire*（Paris: Presses Universitaires de France）.

Hauser, H.〔1903〕, *L'enseignement des sciences sociales*（Paris: Maresq）.

Hayek, F.〔1952〕, *The Counter-Revolution of Science*（Glencoe: Free Press）〔フリードリヒ・A・ハイエク『科学による反革命——理性の濫用』佐藤茂行訳、木鐸社、一九七九年〕.

Hobsbawm, E.〔1971〕, "From social history to the history of society"（*Daedalus* 1）.

Humboldt, W.〔1822〕, "Über die Aufgabe des Geschichtschreibers"（*Abhandlungen der historisch-philologischen Klasse der Königlichen Akademie der Wissenschaften zu Berlin, 1820–21*, 4）〔ヴィルヘルム・フンボルト『歴史哲学論文集』西村貞二訳、創元社、一九四八年〕.

Keylor, W.〔1975〕, *Academy and Community*（Cambridge, MA.: Harvard University Press）.

Kocka, J.〔1977〕, *Sozialgeschichte*（Göttingen: Vandenhoeck-Ruprecht）〔ユルゲン・コッカ『社会史とは何か——その方法と軌跡』仲内英三・土井美徳訳、日本経済評論社、二〇〇〇年〕.

Kuhn, T.［1962］, *The Structure of Scientific Revolutions*（Chicago: The University of Chicago Press）〔トーマス・クーン『科学革命の構造』中山茂訳、みすず書房、一九七一年〕.

Labrousse, E., ed.［1967］, *Histoire sociale*（Paris: Presses Universitaires de France）.

Lacombe, P.［1901］, "L'histoire comme science"（*Revue Historique* 3）.

Latour, B. and Wooglar, S.［1979］, *Laboratory Life*（London: Sage Publications）.

Le Goff, J.［1988］, *Histoire et mémoire*（Paris: Gallimard）〔ジャック・ル・ゴフ『歴史と記憶』立川孝一訳、法政大学出版局、一九九九年〕.

Lequin, Y.［1986］, "Histoire sociale"（Burguière, A., ed., *Dictionnaire des Sciences de l'Histoire*, Paris: Presses Universitaires de France）.

Le Roy Ladurie, E.［1987］, "Quelques orientations de la nouvelle histoire"（Gadoffre, G., ed., *Certitudes er incertitudes de l'histoire*, Paris: Presses Universitaires de France）.

Lévi-Strauss, C.［1958］, *Anthropologie structurale*（Paris: Plon）〔クロード・レヴィ=ストロース『構造人類学』荒川幾男・生松敬三・川田順造・佐々木明・田島節夫訳、みすず書房、一九七二年〕.

Lukes, S.［1973］, *Emile Durkheim, his Life and Work*（London: Penguin Books）.

Mairet, G.［1974］, *Le discours et l'historique*（Paris: Mame）.

Mandrou, R.［1968］, "Le statut scientifique de l'histoire"（*Encyclopedia Universalis*, Paris: Encyclopedia Universalis）.

Mann, H.［1971］, *Lucien Febvre*（Paris: Armand Colin）.

Marrou, H.［1954］, *De la connaissance historique*（Paris: Le Seuil）.

Mauss, M.［1950］, *Sociologie et Anthropologie*（Paris: Presses Universitaires de France）〔マルセル・モース『社会学と人類

学』全三巻、有地亨・伊藤昌司・山口俊夫訳、弘文堂、一九七三、七六年〕.
Mehl, R.［1947］, "Le dialogue de l'histoire et de la sociologie"（*Cahiers Internationaux de Sociologie* 3）.
Nisbet, R.［1966］, *The Sociological Tradition*（New York: Basic Books）〔ロバート・A・ニスベット『社会学的発想の系譜』中久郎監訳、アカデミア出版会、一九七五、七七年〕.
Noiriel, G.［1989］, "Historicisation ou construction de l'objet"（paper presented at the symposium of IHMC, *Histoire sociale, histoire globale?*, Paris, 27–29 January 1989）.
Nora, P., ed.［1987］, *Essais d'égo-histoire*（Paris: Gallimard）.
Pirenne, H.［1897］, "Une polémique historique en Allemagne"（*Revue Historique* 2）.
Polanyi, M.［1958］, *Personal Knowledge*（Chicago: The Unviersity of Chicago Press）〔マイケル・ポラニー『個人的知識――脱批判哲学をめざして』長尾史郎訳、ハーベスト社、一九八五年〕.
Pomian, K.［1984］, *L'ordre du temps*（Paris: Gallimard）.
Prost, A.［1968］, *Histoire de l'enseignement*（Paris: Armand Colin）.
Proust, J.［1986］, *Questions de forme*（Paris: Arthème Fayard）.
Rebérioux, M.［1983］, "Le débat de 1903"（Carbonell, O. and Livet, G., eds., *Au berceau des Annales*, Toulouse: Presses de l'IEP de Toulouse）.
Ricœur, P.［1955］, *Histoire et vérité*（Paris: Le Seuil）.
Roche, D.［1986］, "Les historiens aujourd'hui, remarques pour un débat"（*XX*ème *Siècle*）.
Seignobos, C.［1901］, *La méthode historique appliquée aux sciences sociales*（Paris: Alcan）.
Simiand, F.［1903］, "Méthode historique et science sociale"（*Revue de Synthèse Historique*）.

Simiand, F.［1906］, "La causalité en histoire"（*Bulletin de la Société Française de Philosophie*）.
Simiand, F.［1932］, *Le salaire, l'évolution sociale et la monnaie*（2 Vols., Paris: Alcan）.
Stedman Jones, G.［1976］, "From historical sociology to theoric history"（*British Journal of Sociology* 27）.
Veyne, P.［1971］, *Comment on écrit l'histoire*（Paris: Seuil）〔ポール・ヴェーヌ『歴史をどう書くか――歴史認識論についての試論』大津真作訳、法政大学出版局、一九八二年〕.
Zunz, O.［1985］, *Reliving the Past*（Chapell Hill: University of North Carolina Press）.

4

交錯する歴史を考える

―経験的なるものと再帰的なるものとのはざまで―

ミシェル・ヴェルネール
&
ベネディクト・ツィンメルマン

Michael Werner
Bénédicte Zimmermann

〔解　題〕

「批判的転回」が提唱されてから、すでに四半世紀以上がたった。それでは、この提言を経て、今日のアナール学派はいかなる状況にあるのだろうか。

かつて思想史学者フランソワ・ドッスは、アナール学派を中心とするフランス史学史の書を『歴史学はパン屑のように細分化している』（パリ・デクヴェルト社、一九八七年）と題した。アナール学派はパン屑のように破砕してしまい、学派の体をなしていない、というわけである。そして、「批判的転回」以後の『アナール』誌の頁を繰ってみればわかるとおり、今日のアナール学派にあってもなお、特定のテーマ、理論、あるいは方法論が共有されているとはいいがたい。そうだとすれば、アナール学派は依然として「パン屑」の状態にあり、『アナール』誌はごく普通の学術誌になったのだろうか。

この疑問にこたえることはわたしの手に余るが、とはいえ、歴史学界の内外にインパクトをあたえるような論文が同誌に掲載されなくなったというわけではない。近年でいえば、二〇〇三年に刊行された本論文「交錯する歴史を考える」（第五八巻第一号）は「交錯する歴史（イストワール・クロワゼ）」という概念を提示し、対外関係史学（外交史、国際関係史、植民地史など）をはじめとする諸領域で、瞬く間に人口に膾炙させた。今日「イストワール・クロワゼ」というタームは、英米独などフランス以外の歴史学界でも、フランス語のままで通用している。

ミシェル・ヴェルネール（Michael Werner）&ベネディクト・ツィンメルマン（Bénédicte Zimmermann）によれば、事象と事象を接続する際、これまではしばしば「比較」や「移転」という概念が利用されてきた。しかしながら、歴史は、事象と事象の「交錯」のなかに捉えられるべきである。それでは、

Introduction d'auteur

この「交錯する歴史」という概念はいかなる方法論を必要とし、いかなる理論と親和的であり、そしてまたいかなる新たな研究空間をきりひらきうるのか……。本論文が大きな反響をよんだのは、かくのごときひろい外延をもっていたからだった。

共著者のうちヴェルネールは一九四六年に生まれ、ボン大学で博士号を取得したドイツ文化史の専門家である。現在は、国立科学研究センター（フランス）研究指導教授と社会科学高等研究院（フランス）指導教授を兼任し、フランスにおけるドイツ研究の牽引者として知られている。主著に『ハインリヒ・ハイネ』（共著、パリ・スイユ社、二〇〇一年）などがある。ツィンメルマンは社会学、とりわけ独仏比較歴史社会学の専門家であり、現在はヴェルネールとともに社会科学高等研究院で指導教授をつとめている。主著に『ドイツにおける失業の構築』（パリ・人間科学館出版部、二〇〇一年）などがある。

なお二人は、本論文発表後、ここで提示した議論を拡充した共著『比較から交錯する歴史へ』（パリ・スイユ社、二〇〇四年）を公刊している。

社会的にして歴史的な知識の生産の条件と様式をめぐる省察に対しては、過去二〇年来、重要な修正が加えられてきた。そこには、社会科学内部の運動から生じたものと、ひろく政治的な文脈のなかで生じたものという、二つの系列の要因がはたらいている。両者は合流して大きな影響を与えてきた。政治的な次元をみると、一九八九年以来生じてきたもろもろの変化と、参照と行動の空間が拡大し減速するというプロセスがあった。後者は、今日の用語でいえば「グローバル化」となるが、両者は、なによりもまず再帰性を求めるという営為に新たなアクチュアリティをもたらし、それによって研究パラダイムに痕跡をとどめた。知識の次元では、「文化主義的（culturaliste）転回」が、ローカルなものの特殊性や、のみならず他に還元することが不可能な性格をもっていたことを強調した。それによって、社会や文化おのおのがもつ分化された機能に関する知識が洗練の度を高めた――もっとも、それによって、知識の細分化と相対化もまた進むことになったわけだが(1)。他方で、植民地主義の瓦解に続いてさまざまな研究が始まったが、これによって、それまで「西洋」社会科学が享受していた支配的な地位は影響を被ることになった。知的な帝国主義や政治的な支配戦略を内包しているのではないか――そのような疑念が生じたため、「西洋」社会科学の普遍主義的な野望は弱体化をよぎなくされた(2)。こういった展開の帰結として、学問領域おのおのの内部では再構築が進み、また、知の全体的生産傾向においては社会科学の地位が再定置されることになった。

ただし、この変化は、それと同時に研究実践、つまり「いかなる典拠にもとづいていかなる領域を分析するか」という点に直接かかわる問題をひきおこす。本稿で提示する「交錯する歴史（イストワール・クロワゼ、histoire croisée）」という提案は、この全般的な動向に棹差すものである。この概念は、一〇年ほど前から人文社会科学の領域でみられるようになってきたものだが、さまざまに相異なる意味でもちいられている。多くの場合は、特段の限定のない「交錯」という考えかたに関連する（単一の、あるいは総体としての）歴史が、曖昧なかたちで意味されている。つまり、単に、あれやこれやの事件が「交錯」というメタファーによって多少とも構造化されて出来上がった配置をさしているわけだ。この場合の「交錯する歴史」は、複数形でもちいられることが多い。ただし、この日常的な用法は、まだちょっと未分化ではあるものの、限定されたアプローチをもちいた研究実践とは区別されるべきである。後者の場合、「交錯する歴史」という言葉は、しばしば一国的な規模で、相互に関係をとりむすびあう社会的、文化的、あるいは政治的な構成体と関連づけられている(3)。さらにはまた、実践的および知的な次元で「交錯させる」という手続きに関する省察にも関連づけられている。ただし、この用法は登場したばかりである。本稿では、後者の用法を確定するべく、今日なされている理論的あるいは方法論的な論争のなかでこの概念を検討してみたい。このようにして経験的あるいは理論的な次元で「交錯する歴史」を確定すれば、人文社会科学におけるほとんどの学問領域において有用なツールが増えることだろう。

次に、本稿の議論には三つの限定がある。第一に、交錯する歴史は「関係論的な」手続きのひとつである。この手続きは、比較、移転の研究、そして近年では「接続される歴史（connected history）」や「共有される歴史（shared history）」のように、歴史的に構築されたさまざまな構成体のあいだの紐帯を、社会領域で物質化されたかたちに即して、あるいは単に投影されたままに、探求する。したがって「交錯する歴史」では、比較、移転、あるいはひろく社会的にして文化的な相互作用について数年来なされてきた議論が再度とりあげられることになる(4)。とくに重要なのは、「交錯する歴史」は、移転に関する比較重視派と特殊性重視派の論争がおちいった袋小路から脱出するための新たな筋道を、これら（「交錯する歴史」が多くを負っている）二つのアプローチの成果を過小評価することなく提示できる、という点である。(5) 第二に、ただし、それだけではない。「交錯する歴史」は、比較という方法論や移転をめぐる研究からはこぼれおちてしまうような研究対象や問題設定をとりあつかおうとするものである。(6) そうすれば、一新された分析枠組をもちいて、これまで論じられてこなかった現象を理解することが可能になるだろう。そのプロセスで、スケール、分析カテゴリー、共時態と通時態の関係、歴史性と再帰性の制度といった普遍的な問題を、独自の視角から探求する機会が見出されうるだろう。第三に、「交錯する歴史」は、「研究対象の歴史化、分析カテゴリーの歴史化、研究者と研究対象の関係の歴史化」という、歴史化の三つの手続きという考えかたをもちいて、みずからの歴史性そのものを問題にする。それによって、歴史科学のみならず、過去のパースペクティヴと現在のパースペクティヴが交錯したかたちで利用されているさまざまな学問領域でも利用しうる「道具箱」が提供されることだろう。(7)

比較と、比較対象の歴史性

過去の資料をもちいるにせよ現在の資料をもちいるにせよ、比較を実践し、その結果をコントロールしようとする場合、わたしたちは一連の難問に直面する。この難問は、多様な状況で感得されるが、いずれも方法と研究対象の接合にかかわっている。それらの原因は、要言すると、次の点にある。つまり、一方では、比較という認知操作は、相違と類似性のあいだの二進法的な対立関係という原則に、根本のところで基づいている。ところが、その一方では、社会科学において比較が適用される対象は、歴史的に位置づけられ、複数の次元から構築され、しかもそれらの次元はたがいに錯綜しあっているような、経験的なものである。ここから、手続きを自己管理し、さらにはたえず再修正しなければならない、という問題が生じる。この問題は、それ自体としては、のりこえがたいというほどのものではない。比較重視派にとっては日常的なしごとであり、だれでもそれなりにこなせるようなものである。(8) しかしながら、根本の難問は依然として残る。議論をわかりやすくするため、「交錯する歴史」の問題提起を支える諸問題を、ここで簡単に論じておこう。

第一は「観察者の位置」にかかわるものである。とりあえず認知手続きの基本シェーマをみると、比較する際の視点は、比較される対象の外部に位置することが前提となっている。さらにまた、正確に観察し、視覚の影響を限定するためには、理想的にいえば視点を諸対象から等距離な点におき、それによって均斉のとれた像を生産することが必要となる。最後に、比較の一貫性原則は、観察点は時空間において安定していることを前提とする。ところが、よく知られているとおり、社会や文化にかかわる事象を観察する際、この視点は、理論的にはありうるが、研究実践においてはアクセス不可能である。研究者はつねに多かれ少なかれ観察の場の構成要素である。つまり、研究対象は、研究者がもちいる言語やカテゴリーや概念、研究者の歴史的経験、あるいは研究者が前提として依る知識といったもののなかで位置づけられるため、中心からずれてしまう。さらにまた、時間にかかわる諸変数の影響を受けるため、完全には安定しえない。そういうわけで、位置づけの問題を論じようとすれば、これらダイナミズムを説明するための矯正手続きを探求しなければならない。

第二の難問は、第一のものとかかわっている。つまり「比較次元」の選択の問題である。たとえば、地域にせよ国民国家にせよ文明にせよ、これらスケールは厳密には一義的ではないし、一般化可能なものでもない。それらはすべて、歴史的に構築され位置づけられてきたがゆえに、おのおの固有の内容を担わされている。それゆえ、異なった枠組にうつしかえることはむずかしい。そのことを理解するには、たとえば「文明」という概念を考えてみれば十分だろう。この概念は、ある特定の歴史的状況のなかで構築されたものであるがゆえに、比較の総合的な次元で利用しようとすると、ただちにさまざまな問題をひきおこす(9)。たしかに実際には、分析事例おのおのに適合的な偏差の余地を比較グリッドのなかに残しておけば、この困難は回避可能である。ただし、この偏差は分析結果の妥当性を低下させる危険がある。とくに多元的な比較の場合は、多数のパラメーターを考慮しなければならないので、その危険は大きなものとなる。

さらにまた、スケールの問題は「比較対象」の定義に直接的な影響を及ぼす。その選択は、中立的なものではなく、歴史的に構築された固有のカテゴリーをもちいる特定の表象の痕跡をとどめている。失業者、学生、あるいは親族関係など、単純で、したがって明白にみえる分析対象であれ、教育システムや公共圏と私的領域の関係といった、より複雑な総体であれ、分析グリッドは、どんなスケールを選択するかによって、さらには、研究者がどんな領域について、どんな名称をもちいて、どんな研究伝統に従っているかによって、かわってしまう。そのことから、大きなひずみが生じる。まず、同一の対象を研究する場合、ひとつの比較対象について選択したスケールが他の総体にも妥当するという保証はない。また、比較対象を確定する際は、カテゴリー間のつながりや、あれやこれやの科学的なパースペクティヴが介入してしまう。ここに、比較対象は時空間的に構築されたものであるという問題が生じる。しばしば明らかにされているとおり、比較対象に想定されている「自然さ、当然さ」という暗礁にのりあげることを避けるためには、それらの歴史性を探求することが不可欠である。さらに、この歴史性は、比較対象がどのように特徴づけられているかや、比較対象が当時どのようにもちいられていたかといった点に影響を与えているが、この影響を探求することもまた不可欠である。(10)

しかしながら、研究対象と問題設定を歴史化することには「共時的論理と通時的論理の衝突」をひきおこす危険がある。比較するには、共時的に切断すること、あるいは、少なくとも時間の流れのなかでたちどまることが前提となる。もちろん比較重視派とて変容プロセスを論じることはあるし、時間をこえた比較をおこなうこともできるが、しかしこの場合もまた対象を確定し、時間のなかで停止させ、したがって一種途中停止状態にすることになる。特定の変化にいたる通時的な脈絡の描写に熱を入れすぎると、みずからの（明示的な、あるいは暗黙の）比較グリッドにおいて、このプロセス要素には依拠するのに、あのプロセス要素は無視するのはなぜか、という点について正当化することがむずかしくなってしまう。それゆえどうにかして均衡を探さなければならないが、実践においては、大抵それはもろく不安定なものである。

もうひとつ付言するとすれば「比較対象間の総合作用」もまた困難をうむ。相互に接触している社会を研究するとしばしばわかるとおり、研究対象や実践は、相互関係という状況にあるだけではなく、関係をとりむすぶことの影響を受けて相互変容する。たとえば人文社会科学では、しばしばこの事態が生じる。学問領域や学派は、文学や芸術や音楽といった文化活動において、あるいは広告やマーケティング技術や組織文化や社会政策といった実践的領域において、相互に交錯しあい交流しあうなかで進化してゆく。この接触領域は、相互作用するなかで変容する。それを比較分析するのであれば、概念枠組を再編し、分析装置について再考するべきだろう[11]。

ここまで指摘してきたさまざまな点すべての根底にあるのは、本質的に共時的な分析論理を、歴史的に構築された分析対象と接合する、という問題である[12]。研究者がなすべきは、まずは、歴史的次元をもっと考慮に入れることである。移転の研究は、それがまさに歴史的プロセスから始まるがゆえに、この課題に応えうるものである――それはそれで、他の問題に直面してしまうのではあるが。

移転と、参照枠の問題

比較は共時態を重視する傾向にあるのに対して、移転の研究はあきらかに通時的なパースペクティヴのなかに位置づけられる[13]。こういった研究は、いかなる時間スケールが考慮されている場合であっても、時間のなかで展開するプロセスを前提とする。移動や換骨奪胎（アプロプリアシオン）といった現象を分析する以上、そこでは事件の連鎖の修復という作業がなされる。その結果、分析単位は安定的であるという仮説ではなく、変容プロセスの研究が基盤となる。比較という手法の場合と同じく、この研究動向は有益であり、豊穣な研究成果をうみだしてきた。そのことは、ナショナルな、あるいは地域的な文化のあいだの移転というスケールについても、学問領域のあいだの関係や芸術的実践や書物の歴史や経済史といった具体的な分野についても、あてはまる[14]。ただし、移転研究は、比較重視主義が遺した問題にこたえてはいるものの、それ自身が死角をうみだすことになった。これは移転をめぐるすべての研究領域にかかわる構造的な問題であるが、議論をわかりやすくするために、ここではナショナルな単位のあいだの移転だけをとりあげる。

第一の問題は「参照枠」にかかわるものである。移転は、二つの極のあいだの作用に焦点を絞るがゆえに、始点と終点を備えた固定的な枠組を前提とする。移転の叙述や分析は、すべて始まりと終わりを前提とする。研究対象たるプロセスは、そのおかげで理解および解釈可能なものになる。トランスナショナルな移転の場合、これら始点と終点は、相互に関係をとりむすんでいるナショナルな社会や文化の内部に位置づけられるのが通常である。その結果、始原状態や、移転の結果たる状態は、既知であると仮定された安定的でナショナルな参照系をつうじて捉えられる――「ドイツ」史学史、「フランス」史学史、イギリス固有の都市化概念、ロシア固有の都市化概念、といった具合である。

始点と終点が固定されていることは「分析カテゴリーの不変性」にも影響を与える。実際、よく知られているとおり、移転分析にもちいられるカテゴリーは、参照枠ともども、相異なるナショナルな特徴の一環をなしている。つまり、移転の対象のみならず、それと関連づけられる活動（たとえば翻訳など）もまた、ナショナルな学問領域の伝統のなかで構築されてきた概念をもちいて理解される。偏差や、文化変容とそれへの抵抗（あるいは「文化変容、または、それへの抵抗」）という現象を評価する場合であっても、安定的なモデルがもちいられる。偏差の意味を確定する際にもちいられるカテゴリーについては、歴史性も不安定性も「とりあえずおいておかれる」のである。

さらにひろくいえば、これら二つの難問から「再帰性の欠如」が生じる。それは、自己参照ループが十分にコントロールされていないからである。実際、ナショナルな単位のあいだの関係の次元における移転研究は、そもそも、国境の浸透性を高め、ナショナルな単位は均質であるという神話を打破することを目的としていた。しかしながら、徐々に明らかになってきたところによれば、そこでもちいられる分析カテゴリーを通じて、相対化されるべきナショナルな参照系が、一種間接的なかたちではあるが再導入されてしまう。たしかに、交流研究は、外国の貢献を明らかにしたり、「ナショナルな文化」という概念を歴史化することで、受容の文化にかかわるアプローチを豊かなものにする。しかしながら、この文化の表象そのものが問題になることはない。したがって、移転研究は、史学史や人文社会科学の諸学問領域がもつナショナルな土台を、柔軟化するよりはむしろ強化してしまう危険がある。

より一般的にいうと、分析の参照枠がそれ自体として問題にされないと、移転研究は自己参照的な次元を無視する方向に進む危険がある。その場合、研究の土台をなすア・プリオリが強化されるだけという結果になるだろう。

最後に「相互作用と可逆性」の問題がある。移転に関する当初の研究計画では、この点に関するルールは定まっていなかった。しかしながら、経験的な研究は、たいていは「導入、普及、受容」という論理にもとづき、ある文化や学問領域から他の文化や学問領域に進む単線的なプロセスをとりあつかってきた。まれには三者の布置連関が問われることもあるが、その際ですら移転は段階的なものとみなされ、順を追って分析されるにとどまる。(15) ところで、たいていの場合、状況ははるかに複雑だし、さまざまな点のあいだで、相異なる、あるいはさまざまな方向に進む運動がかかわってくる。時間軸のなかでは複数の移転がつぎつぎになされ、場合によっては「再移転」とよぶべきものになる。(16) さらにまた複数の移転は、完全に同時にはなされえないがゆえに、部分的あるいは全体的にオーバーラップしあう。場合によっては交錯しあい、さまざまな類型の相互作用をするなかで、固有のダイナミズムをうみだす。単に始点と終点の関係を確定するだけの分析からは、このような事例はこぼれおちてしまう。こうしたさまざまな布置連関を研究するには、方向の多元性と影響の多様性を前提とする相互作用現象を分析できるような理論枠組と方法論的装置を考案することが必要である。わたしたちの考えによれば、交錯という表象をもちいれば、こういった布置連関を考えることができるはずである。

交錯をめぐる研究

字義からいうと、「交錯させる」は「二つの事物を十字架のかたちに配置する」ことを意味する[17]。それゆえひとつの交差点が生じることになり、そこでは、関連する諸要素に対して、それらの抵抗性や脆弱性や展延性や環境に応じてさまざまな影響を与えうる出来事が発生する。この「交差」という考えかたが、わたしたちが提唱している「交錯する歴史」の原点をなしている。そして、そこから一連の帰結が生じる。

第一に、交差という観念にもとづくと、個的な総体、つまり外部を参照することなくそれ単独で考察しうるものから推論を始めることは不可能になる。単純化と均質化を目指すような、単一次元的なパースペクティヴは放棄される。多元性と、そこから生じる複雑な布置連関を認めるような、複数次元的なアプローチが重視される。それゆえ、総体や研究対象は、相互に関連させながら検討されるだけではなく、「関係」や「相互作用」や「流通」といった用語をもちいて、相互を「通じて」検討されることになる。比較という枠組が静態的で、研究対象を硬化させる傾向にあるのに対して、交錯にとって本質的なのは能動的で動態的な原則である。

第二に、関係論的な布置連関と能動的な原則という観点から「交錯する歴史」を捉えるには、交錯の結果に大きな注意を払うことが必要である。「交錯する歴史」の重要な仮定は、交錯に際してはなにかが起こると考えることである。交錯の影響や反響も、交錯そのものと同じくらい重視される。「交錯する歴史」は、交差点や遭遇時点の分析にとどまるわけではない。そこから生じうるプロセスもまた、ひろく考慮に入れられる。それは「交錯する歴史」の「歴史」という言葉が示唆しているとおりである。

第三に、「交錯させる」とは「交錯をかさねる」あるいは「紡ぎあわせる」こと、つまり、ずらされた時間のなかで何度も交錯させることでもある。この、少なくとも部分的にはプロセス志向的な性格が、交錯という問題設定の第三の構成要素である。そこから、軌跡や形態や内容の抵抗性、無力性、あるいは変容といったものや、さらには交錯から生じ、交錯のなかで展開しうる新たな結合を分析することが求められることになる。ここで変容するのは、かならずしも接触している諸要素だけに限らない。近遠の環境もまた変容する。そして、この変容は、ずらされた時間のなかで発現する。

第四に、第三の点から帰結することだが、交錯したり、交錯の影響を受けたりする総体、個人、実践、あるいは対象は、必ずしも完全なアイデンティティを保持するわけではない(18)。それらは、相互が能動的に関係づけられ、さらには相互が相互作用的に関係づけられるなかで変容する。この変容は、しばしば相互作用（つまり、二つの要素は、両者の関係づけられかたに影響を受ける）に基づいているが、それだけではなく、非対称性（つまり、要素が受ける影響は同じものではない）にも基づいている。「交錯」という問題設定は、この点で「交雑」という問題設定と異なっている。後者は交雑（ハイブリッド化）の産物の特殊性を強調し、当初の総体、つまり事前に同定された遭遇によって構築された総体をのりこえるべきことを説く(19)。

「交錯する歴史」は、これとは逆に、それまでなかったいかなる新しいものがうみだされるかということ、「交錯される」諸要素がどのような影響を受けるかということの双方に関心を払う。このうち「交錯される」諸要素については、たとえ変形が加えられても、同定可能でありつづけると想定されている。これもまた、交錯という問題設定の目印である。

事物や状況がもつ不安定で進化する性質のみならず、能動的で非対称的な性格をもつ関係論的な布置連関について考察すること、新しいもののみならず変化について考察すること、「交錯する歴史」はこういったことを目指している。それは、分析モデルよりは、むしろ道具箱をつくりあげる可能性を提供する。分析モデルは、わたしたちが事物を接合し動かすことを望んでいる場合であっても、事物を凝固させる傾向にある。これに対して「交錯する歴史」が提供する道具箱では、これまで比較研究と移転研究が方法論の次元でなし、すでに有効性が証明されている諸々の貢献が統合される。それによって、混合型で複数で現在進行形の世界がもつ複雑さを、さらには比較研究と移転研究の（盲点とまではいわないが）弱点である「変化」という本質的な問題を、よりよく理解することが可能になるはずである。[20]

このように関係論的で相互作用的でプロセス志向的なものとして「交錯する歴史」の意味をとらえると、ありうるべき多様な交錯を考えることができる。ここでそれらを一覧表にしたり類型化したりするつもりはない。とりあえず、交錯の対象と操作主体の観点から四つの類に大別するにとどめよう。交錯と聞いて通常思いうかべるのは、研究対象と内在的にむすびつけられた交錯というものだろう（その一）。もっとも、研究対象にむけられた視点や視線の交錯というのもありうる（その二）。さらにまた、観察者と観察対象の関係という観点からとらえられ、再帰性という問題設定とかかわる交錯もありうる（その三）。以上、経験的あるいは再帰的な次元と、そこから生じる交錯の諸類型を、問題策出的な観点から区別してみたが、しかしながらこれらは相互に錯綜している。交錯は、発見および記録されるべき「所与のもの」としては現前しない。交錯は、それを構築するべき能動的な観察者を必要とする。研究者と対象のあいだの往復運動のなかで、「交錯する歴史」の経験的な次元と再帰的な次元が同時にかたちづくられる。つまり交錯とは構築的な認知活動であり、さまざまな枠付け操作によって理解空間を構築する。そこで展開されるのは、対象と観察者と環境を接合する認知プロセスである。時間的あるいは空間的なスケールの交錯は、対象に内在的なものかもしれないし、理論的あるいは方法論的な選択の産物かもしれないが、経験的次元と再帰的次元の錯綜をよくあらわしている事例のひとつである（その四）。

研究対象に内在する交錯

ここで問題となる交錯は、経験的な基盤をもち、研究対象の一部を構成している。この場合、個々の研究対象は（部分的に、あるいは全体として）個々の交錯と混交し、さらには、その構成要素や作動様式や結果の研究と混交する。実際には、これらさまざまな側面を分別し、意味を確定することは、じつに難しい。交錯やメタ交錯は、単線的な枠組や単純な因果関係に還元しえないからである。個々の事例においては、交錯のプロセスのどこから手をつけるかにもとづいて、これら側面のなかのあれやこれやが分析の中心におかれることになる。たとえば、交錯する諸要素が歴史的に構築される側面や、交錯の歴史そのものが重視されることがある。その例としては、ローカルな伝統が、ヨーロッパのナショナルな年代記と合流することによって日本史学が構築されたことをめぐるセバスチャン・コンラッドの研究がある。[21] この場合、研究の主眼は交錯の時期、前段階をなす諸現象、あるいは様式といったものにおかれる。しかしながら、交錯後に生じるものや、その多少とも直接的な帰結として生じる産物やプロセスに関心をもつこともまた可能である。一九世紀初頭にイギリス製図法が成立した際、インドの方法とイギリスの方法との交錯がいかなる影響を与えたかをめぐるカピル・ライの研究は、その例である。[22] そこにおいて、イギリス製図法は、正統的な「イギリス」産品ではなく、相互に関係する二つの相異なる伝統の往復運動の産物としてたちあらわれる。同様に、一八世紀の行政官の姿をめぐるクリスティヌ・ルボーの研究が示すところによれば、さまざまな出自からなる覚書や文書がヨーロッパ中に流通し、そのなかで行政的知識が交錯しつつ構築されていった。ちなみに、これら文書は、当時の公財政担当官の私的文書のなかに保存されている。[23] 出発点がいかなるものであれ、こういった研究において、交錯は、研究対象の構築にとって原型の役割を果たしている。そして研究対象の構築という作業は、固有の意味における交差に前後する時間の分析と、場合に応じてむすびつけられることになる。かくして、比較や移転にかかわる問題設定ではほとんどアクセスできない、新たな研究対象が生じる。

視点の交錯

ここで問題となるのは、フィールドや研究対象やスケールの交錯という領域、つまり研究者が交錯させる事物の領域である。これに対して先述した交錯は、研究者が直接介入しなくても生じうる。もっとも、研究対象を「交錯する歴史から派生した」と確定すること自体が強度の介入ではあるが、表現を簡潔にするべく当面この点は措いておこう。第一の類型の交錯は、研究者にとって叙述し、理解しうるものである。ただし、それがカバーする範囲のすべてを認識できるとは限らないし、また、つねに統御不能な部分が含まれている。これに対して第二の類型は、構造化を志向する知的で主意主義的な行為にかかわっている。それをつうじて、研究対象のみならず問題設定の輪郭がえがきだされる。ここで問題となるのは、経験的および認識論的な視点からみた研究対象の構築という点である。たとえば、一五世紀から二〇世紀にいたるヨーロッパにおけるタキトゥス『ゲルマニア』の受容を研究すれば、まず歴史的な交錯、つまり諸説の流通およびナショナルな文脈にもとづく再解釈という現象が明らかになるだろう。ただし、それだけではない。そこでは同時に、ヨーロッパ次元における研究にかかわる問題設定を構築するには、さまざまに相異なるナショナルな受容を交錯させなければならないことが強調されることになる。

要約しよう。ヴェーバー的な見地によれば、対象の構築とは、対象に関する個別具体的な（単一または複数の）視角を採用することである。この見地からすると、対象の構築は、そのものとしてすでに、相異なる交錯操作の帰結である。[24] そしてまた、調査が進展するにつれて視角は進化しうることを考えると、採用された視角は新たな交錯を喚起する。それゆえ研究者は、みずからの選択が他の見地をいかに包摂する（あるいは包摂しない）かを説明し、考えうる他の視角同士を交錯させ、そして万一の場合は個々の視角から生じる複数のアプローチのあいだで翻案や微調整といった操作をおこなわなければならない。これら相異なる視角は社会的に構築されたものであり、勢力関係や権力関係における個別具体的な位置を反映している。[25] それゆえ、視角が多様であることは、経験的な次元では、研究者が多様な社会的視角を考慮に入れていることを意味している。たとえば、統治者か被治者か、賃金労働者か雇用主か、などである。ここで重要なのは、いかなる知的なスタンス確定作業にも内在する再帰的な性格よりは、むしろ、この作業を構成するメタ交錯にかかわる技術的操作の総体である。この点について考慮するべきは、たとえば、ありうる複数の視角や、これら歴史的に構築されたがゆえに数多い視角のあいだの複数のリンクは、いかに接合されるべきか、ということである。この意味で、対象の境界設定や、研究者のスタンス確定は、研究対象と視角がたがいに交錯して相互に作用しあうなかで構築される「二重の解釈学」の領域に属している。(26)

観察者と研究対象の関係

認知的な手続きに即して推論すると、研究者と研究対象の関係という問題は、ただちに避けて通れないものとなる。そしてまた、ある意味で先述した二つの類型の交錯の構成要素となる。ここでまず問題となるのは、調査の前提がいかに対象を構築するか、これとは逆に、研究対象の特性が調査パラメーターにいかなる影響を与えるか、この二つである。観察者と観察対象のあいだにおける交錯する関係という問題は、いかなる知的な手続きにも伏流するものだが、みずからの社会化空間に由来しない言語、概念、あるいはカテゴリーをもちいて作業しなければならない場合に、とくに重要になる。(27)比較や移転を論じる場合は、ここから、研究者とフィールドや資料との関係が非対称的なものになるという事態が生じる。容易に推測できるとおり、フランスで教育を受けた研究者が独仏関係を研究する場合、両者をバランスよくとりあつかうことは不可能だろう。(28)その理由は、場合によっては、言語や言語によって表現されるカテゴリーを織細に統御する能力の存否にある。あるいは、もっと一般的にいえば、その研究者がフランス社会にとけこんでしまったということにある。この問題は、いかなるものであれ科学的な研究にはつきものであり、そこから一気に逃れようとすることは無駄にして素朴にすぎる(29)。ただし、研究対象との多岐にわたる関係を（もちろんつねに部分的でしかないが）客体化することにより、その影響を統御することを試み、それによって調査の結果にまぎれこみうる偏差を可能なかぎり抑制することは可能である。研究者は、研究対象をいかなる様式で換骨奪胎するか。研究対象は、いかに抵抗するか。研究対象を選択することから、いかなる前提条件が生じるか。研究者と研究対象の関係が、たとえば研究対象が再定義されたり、問題設定や分析カテゴリーが再調整されたりする結果として、調査の過程でいかに変容しうるか。こういった点が、再帰的な手続きの諸側面をなしている。そしてまた、この手続きにおいて、研究者の立場や対象の定義は進化しうる。それらおのおのは、個別具体的な相互作用の結果として変化する。調査によって構築される理解空間はア・プリオリに存在するわけではなく、両者の交錯関係のなかで動態的に構築される。かくして、経験的な次元の布置連関と、再帰的な次元の布置連関は、同時に決定されることになる。

スケールの交錯

スケールの問題を考えると、経験的なるものと再帰的なるものが「交錯する歴史」という見地にもとづいていかに接合されうるかを理解することが可能になる。ここで問題となるのは、分析の時空間的な単位、つまり、採用された研究対象や視角を考慮に入れる場合、いかなる単位を利用するのが合理的か、ということである。スケールとは、研究対象に内在的な次元であり、そしてまた研究者が認知的および方法論的な次元でおこなった選択の産物である。このように考えることは、スケールはあらかじめ構築され、「すっかり整備された状態で」もちいられるのを待っている、という論理を放棄することを意味している。ちなみに、後者の論理によれば、たとえばナショナルな単位や政治的年代記の時代区分は、対象と独立に定義しうる自然な分析枠組として強制されるべきものである。

このスケールという問題は、これまでもさまざまなかたちで論じられてきた。とくに、イタリアの「ミクロストーリア」派、フランスの「多元的視点」アプローチ、あるいはドイツの「日常生活史」派は、ミクロとマクロの関係という観点からこの問題を提示し、論じてきた。これら三つのアプローチは、おのおの独自性があることはあるが、この問題をおもに研究者による分析次元の選択の問題とみなす点で共通している。(30)「ミクロストーリア」派は、伝統的にマクロ分析がもちいてきたカテゴリーを充実および進化させる方法を提示するべく、ミクロを選択する。(31)その最急進派は、ミクロがマクロをうみだすという暗黙の先入観にもとづき、現象の総体をミクロなスケールに還元するにいたっている。(32)フランスで発達してきた「多元的視点」アプローチは、こういった二元法的な見地から逃れることをめざし、過去に対する視角をかえるべく焦点を移動させる「スケール・ゲーム」を採用することを提唱している。この原則にもとづくと、ローカルはグローバルの「特殊なモジュール」であり、同時にマクロ社会的現実の「別」バージョンであることになる。(33)最後に「日常生活史」派は、社会関係の人類学にもとづいて、ミクロを採用し、マクロを批判する。(34)しかしながら、「ミクロストーリア」派や「多元的視点」アプローチや「日常生活史」派は、スケールの問題を理論的あるいは方法論的な選択のみに帰着させようとするあまり、経験的な接合や、研究対象の次元におけるさまざまなスケールの組合せといった問題を的確に提起できていない。ところで、スケールとは、知的な選択の問題でもあるが、研究対象に固有の行為の具体的な状況から導出されるものでもある。

一般的にいって経験的な研究対象は同時に複数のスケールに属しており、単焦点的なアプローチでは接近できない。一八九〇年から一九二七年にいたるドイツにおける「失業」カテゴリーの構築は、そのよい例である。(35) この問題にかかわるアクターたちは、同時に、あるいは順を追って、市町村、ナショナル、国際的など、さまざまなスケールで行動した。そして、これらのスケールは、部分的には他のスケールを通じて構築されていった。この場合、スケールは、外在的で単一の説明因子には還元しえぬ、分析の構成要素である。かくして、空間的な視角からいうと、分析対象が属する舞台や論理や相互作用は複数であるということになる。(36) 時間的な視角からいうと、観察者、研究対象、そして経験的なるものと方法論の合流に対する両者の干渉といったものの時間性が問題になる。それらの組み合わせや接合に関心を払っていれば、複雑な諸現象の構築的な相互作用を、単線的なモデルに還元することなく説明できるだろう。

この二重の課題を理解するべく、「トランスナショナル」について考えてみよう。「交錯する歴史」という見地からすると、「トランスナショナル」は、焦点の移動という論理にもとづき、ローカル、地域的、あるいはナショナルといったものに付加されるべき、追加的な分析次元にすぎないと考えられるべきものではない。それは、これらスケールとの相互作用のなかで構築され、独自の論理をうみだし、他の空間構造化論理に影響を与えうる次元として理解されなければならない。トランスナショナルなものの研究は、マクロな視角に還元するという効果をうむだけにとどまることなく、動態的な相互関係のネットワークを登場せしめる。その構成要素は、部分的には、それらがとりむすぶ紐帯や、それらの位置を構造化する接合とのかかわりのなかで定義される。[37] この視角から考えると「交錯する歴史」は、ヨーロッパ史の記述について、前途有望な研究領域をきりひらきうる。ヨーロッパ史は、単にヨーロッパ諸国の歴史や諸国間の政治関係の歴史の総和に還元されうるものではなく、取引や交渉や再解釈の多様性を考慮に入れたものでなければならないからだ。これら取引や交渉や再解釈は、じつに多様な対象をめぐって、さまざまな場面で展開される。そしてまた、それらを結びつければ、可変的なヨーロッパ史をつくりあげることが期待できるだろう。

交錯というアプローチにおいては、かくして、ミクロとマクロのときがたい錯綜を強調し、それによって両者を対置する論理をのりこえることが目指される。スケールという観念は、ミクロだけあるいはマクロだけではなく、さまざまに相異なる空間を参照する。この空間において、分析対象たるプロセスの能動的な相互作用が展開される。換言すれば、ここで問題となっているスケールは、空間にかかわるものであれ時間にかかわるものであれ、研究の対象たる状況のなかで構築あるいは採用される。そして、スケールの多様性は、研究者の独占的な占有物ではなく、研究対象たる状況におけるアクターにもかかわっている。したがって、交錯は、研究対象の特徴だけでなく、研究者による選択とかかわりをもつ研究手続きの特徴に帰属する。「交錯する歴史」では、もっとも要求水準が高い場合は、これら二つの特徴を接合し、経験的なるものと再帰的なるものをつなぎあわせることが目指されている。

プラグマティックな帰納法……

しかしながら、これら多様な形態の交錯を研究し、対象化するには、いかにすればよいのだろうか。スケールの事例をみると、ここで検討するべき提案をいくつか見出すことができる。研究対象や具体的な行動状況から出発する必要性を説くというのは、つまり、帰納的でプラグマティックな手続きを採るということである。認識論的な視角からいうと、たしかに、すべて社会的にして歴史的な知識が生産されるにあたっては、帰納的な手続きと演繹的な手続きが同時に、ただしさまざまに異なる比率でもちいられる。(38) 比較においては、たいてい演繹的な側面が重要になるが、この場合、ナショナルな問題設定が事前に与えられ、「言語や分析カテゴリーとして具体化し、結論の一部を予示してしまう危険がある。「交錯する歴史」とて、事前に確定されたナショナルなフォーマットの重圧から逃れることはできない。しかしながら、そこでは、帰納的な微調整をおこない、研究対象やカテゴリーや分析グリッドを調査に適応させるような調査体制をもちいることにより、この重圧の影響を限定することが試みられている。第一次世界大戦前夜の独仏における公式訪問をめぐるニコラ・マリオとジェイ・ローウェルの研究がしめすところによれば、両国における訪問の推移を分析すると、問題設定や調査グリッドが国境をこえて移転する場合にいかなる問題に直面するかがわかる。これら訪問の推移においては、あるいはその象徴的使途においても、状況は非対称的だった。公的活動や中心周辺関係をいかに理解し、いかにカテゴリー化するかをめぐっては、さまざまな方策が、相互に大きなズレを伴いながら存在していた。こういったことが明らかになることで、当初の問題設定が修正され、問題設定を構築する諸カテゴリーが再定式化される。(39) ここで帰納の原則ということばが意味しているのは、さまざまな構成要素が相互関係のなかで定義され、必要であれば再定置されるような知の生産プロセスである。さらにまた、それはプラグマティックな性格をもつ。この性格によって、ア・プリオリな構築の試みを制約し、あまりにも硬いカテゴリー本質主義という障害を回避することが可能になるはずである。

したがって、プラグマティックな帰納法とは、研究対象や、それをとりまき、その展開の場となる行動状況から出発することである。その際にもちいられる（単一または複数の）視角は、たしかに事前に定義されたものではあるが、しかしながら、経験的な探求のなかで絶えず再調整される。状況に依拠することによって、「文脈を利用するという平凡で怠惰ないとなみ」を避けることが可能になる。(40) あまりにも総花的であり、また所与のものであるという「文脈」の特徴は、否定されなければならない。また、その定義を司る諸原則は検討に付されなければならない。そして、その代わりになされるべきは、個人が世界と関係するありかたや、世界の具体的な構築や、この活動が個別具体的な事例においてかかわりをもつ文脈や、この構築がうみだす効用といったものを分析することである。それゆえ、状況に注意を払うという手段によって、文脈から（よく言及される）外部性という性格を除き、分析の構成要素として回収しなければならない。文脈の定義は、スケールの選択と同じく、研究者の独占物ではない。それは、研究対象に固有の参照点にもかかわっている。そして、それゆえに「交錯する歴史」の重要な一側面となる。そこでは、研究者がおこなう文脈化作業のなかに研究対象の参照次元が統合される。また、文脈との関係が構造化される場である行為の状況が多様性をもっていることと、これら状況の研究が研究者の分析手続きに影響を及ぼすことが、ともに考慮に入れられる。(41) この意味での「状況」観念は、個別具体的な行為枠組（アーヴィング・ゴフマン）だけでなく、同じくらい重要なことであるが、この枠組において支配的な固有の相互作用も意味している(42)。行為を参照することについていえば、これによって、所与の状況における個人の具体的活動が分析の主要対象となる。かくして、プラグマティックなアプローチをもちいれば、事前に確定された構築物にとどまることなく、一方では行為においていかなる参照系やカテゴリーが展開されるかを、他方ではそれらがいかに展開されるかを、ともに確定することが可能になる(43)。

プラグマティックな帰納法は、いかなる一般化をも拒否し、ミクロな次元にとどまり、諸々の状況を併置して満足する、ということを意味するわけではない。一般化は、これら多様な状況や、それらに固有の行動論理を結合するところからうまれる(44)。たとえば、一九世紀ヨーロッパでは各地でよく似た形態のコンサート組織が発生するが、その分析の出発点は、じつに多様なローカルな状況や、アクターの具体的な実践におかれるべきである。実際、コンサート協会といった制度や、マネージャーやエージェントといった人々は、さまざまな布置連関のなかで、単線的な進化プロセスには還元できない論理にもとづいて登場するのであり、商品経済化の進展とかコンサート組織に関連する機能分化の進行といった事態に還元してはならない。それらの輪郭は、アクターのあいだの（場合によっては相矛盾する）期待や戦略の遭遇を通じて、そして一方では期待や戦略に対応し、他方ではそれらを構造化するなかで、定義される(45)。

同様に、プラグマティックな帰納法は、長期持続（ロング・デュレ）を拒否し、行動の短期性にとどまることを意味するわけではない。構造の長期的な時間は、行為と構造の動態的な関係の研究にもとづいて社会的活動を分析することによって、行為の短期的な状況（コンジョンクチュール）に接合しうる(46)。この視角からすると、個人の行為は、構造と行為の相互干渉関係のなかで、構造化し、構造化される。ただし、この構造化は、不可逆的なプロセスの必要性によってというよりは、むしろ行為において制約と資源が能動的に交錯するなかで規定される。これら制約と資源は、一部は構造的な与件であるが、一部は偶発的な状況と結びついている[47]。たとえば、わたしたちの制度の大部分は、一方で論理と機能については長期の構造史に、他方で出現と変容については個々具体的な行為の状況に、おのおの基づいている[48]。行為の過程では、微妙な変化やズレが介入し、制度的な革新のタイミングを画する。社会的プラグマティズムの視角をもちいれば、この変化やズレを測定することにより、二つの次元の相互依存関係について考えることが可能になる。こういったアプローチは、短期的な行為の状況にも行為の可能性の構造的な条件にも留意することで、変化と安定性を総体として考えるという見地に道を拓くのである。

……と再帰的な帰納法

スケールの例が示しているとおり、このプラグマティックな帰納法は再帰的でもある。この点でもまた「交錯する歴史」は、比較という方法とも移転研究とも異なっている。このうち比較という手法では、理想的には外部に視角が存在することを公準とし、それにもとづいて比較可能な対象を構築し、共通の設問を適用して分析を進める。移転研究は、たいていは、与件たる参照枠を問題にしない。これらに関する根本的な問題は、一世紀以上も前から社会科学界で論じられてきたが、ここでくわしく検討することはしない[49]。ここでは、再帰性からの挑戦を受けてたつ際に「交錯する歴史」が貢献しうる点についてのみ、簡単に論じることにしたい。「交錯する歴史」ではプラグマティックな帰納法が歴史化の手続きと結びつけられているが、両者はともにさまざまな形態の再帰性をもたらしうる。プラグマティックな帰納法は行為の論理と結びついているため、それを採用する場合、調査の原則と論理は、調査の途上で再調整されうる。また歴史化がなされるに際しては、さまざまな時空間的なスケールが、歴史性の多様な体制や、これまた歴史的に定位された観察位置と関連づけられることになる。

学問領域間の「交錯する歴史」をみれば、この再帰性という問題設定がもつ諸側面のうち、いくつかが明らかになる。たとえば第二次世界大戦後におけるドイツ史学とアメリカ史学の錯綜した関係については、ドイツ、アメリカ、フランスのどの視角からみるかによって、見地も解釈も異なってくる。ドイツ人歴史学者がアメリカに移住したり亡命したりしたこと、ヴェーバー社会学など、もともとドイツ産だったがのちにアメリカに移植されてアメリカ化した理論が一九五〇年以後ドイツに再輸入されたこと、シカゴ学派などの受容という現象、こういった事態が土台となって、錯綜した関係が生じた。そうだとすると、相異なる解釈をもたらした諸々の視角を再評価しなければならない。そのように考えると「ヒストリスムス（Historismus）」（ドイツ語）といった複雑な観念はいうまでもなく、「ドイツ社会学」といった日常的な表現であっても、流動的で慎重にもちいられるべきものになる。ちなみに「ヒストリスムス」、およびその訳語たる「ヒストリシズム（historicism）」（英語）、「イストリシスム（historicisme）」（フランス語）、「イストリスモ（istorismo）」（イタリア語）などは、おのおの相異なった知覚と伝統と方法論を反映している。(50) それゆえ今日の研究者は、みずからの分析概念や分析道具を複雑な交錯プロセスの産物とみなし、それに対応する視角を調査に再導入するようになっている。このプロセスにおいては、ナショナルな伝統や学問領域の伝統が、多様な布置連関にもとづいて融合してきたのである。

エドワード・サイード『オリエンタリズム』の刊行と受容をみると、交錯という観点から再帰性の問題をいかにとりあつかうべきかについて、別の示唆が得られる。[51] サイードは、家族の次元および知的な次元における自己の社会化のありかたを反映して、混淆と亡命という二重の状況に身をおくことになったがゆえに、「東洋（オリエント）」なるもののグローバルな像を再構築しようと試みた。[52] この「オリエント」なるものは、一八世紀末以来、諸「東洋」協会が文化的他者性を求めるなかでつくりあげてきたものである。[53] その構築は、すでにそれ自体が二重の交錯の産物である。まず調査の次元では、「東洋の」視角が「西洋（オクシデント）の」視角と交錯する。また、対象の次元で交錯しているというのは、諸東洋協会が産出した「東洋」の表象は「西洋」の再帰的なイメージを含んでいるからである。ただし、同書の受容は、それ以外の類型の交錯も示唆している。つまり『オリエンタリズム』は「オクシデンタリズム」、すなわち非西洋人がうみだした「西洋」の表象の運動のなかに位置づけられうる。そしてそこでは、他者性の構築、二分法的な原則、そして全体化への傾向というオリエンタリズムの構造的な特質が、転倒されたかたちで再現されている。[54] 概念史学では、この種の倒錯はラインハルト・コゼレックによって「非対称的な対抗概念（Asymmetrischer Gegenbegriff）」と呼ばれている。彼によれば、本質的な概念は、しばしばその反意的な概念から生じる。このうち後者は、二次的であり、したがってはっきりと前者に従属するという意味で「非対称的」である。[55]

しかしながら「交錯する歴史」という見地からすると、むしろ「合わせ鏡」システムによってもたらされる再帰性の相互作用と影響が論じられるべきである。「西洋人」のオリエンタリズムが彼ら自身のもつ「西洋」の表象を反映したものであるか否かを知ることは、さほど重要ではない。「東洋人」のオクシデンタリズムが西洋人の「オリエンタリズム」のもつ諸原則を転倒させたものにすぎないか否かを知ることもまた、さほど重要ではない。「交錯する歴史」が照準するのは、むしろ、おのおのの表象を構築する際に各当事者によって動員される参照系から出発して、分厚いメタ交錯の構造を明るみに出すことである。そうすることは、相異なる立場が相互に否定しあい、相対主義的な非決定や果てしない思弁関係が支配するような空間にとどまることを意味しない。そこでは、諸々の見地を交錯させ、諸々の視角を移動させることによって、個別具体的な知識効果をうみだすことが提唱されている。かくして切り開かれる再帰性とは、空虚な公式主義ではなく、意味をうみだす関係論的な場である。

カテゴリーにはたらきかけること

サイード『オリエンタリズム』は、さらにまた、いかなるカテゴリーをもちいるかをめぐる選択が分析的なインパクトをもつことを示唆している。これもまた「交錯する歴史」が提示した問題である。ここではまず、非対称的な比較をしてしまわないよう、十分に留意しなければならない。つまり、意味が対応しているという理由だけにもとづいてカテゴリーの類似性を提起し、それがカバーする多種多様な実践を無視してしまう危険がある、ということだ。そしてまた、否定的な比較をしてしまう危険についても、気をつけなければならない。つまり、研究者の出自環境に適合的であるという理由でひとつのカテゴリーをとりあげ、それがある社会に存在しない場合、この不在という事実にもとづいてその社会を評価してしまう危険がある、ということだ。この留意は、行為カテゴリーと分析カテゴリーを体系的に検討する際になされなければならない[56]。

すべて推論はカテゴリー化から始まるが、カテゴリー化はしばしば暗黙のうちになされる。しかし、あらゆる比較研究において、カテゴリー化を明示的におこなうことは不可欠の基本である[57]。「交錯する歴史」にとって重要な課題とは、なにについて語るか、いかなる立場から語るか、この二つを知ることである。カテゴリーは知的な構築の産物にして行為の支点である以上、研究対象たる状況と調査計画という二つの次元について、知識と行為の関係という問題が提示されざるをえない。それに注意を払って、はじめて、経験的なるものと再帰的なるものを総体としてとらえる道が拓けるだろう。

もっとも、ここで考慮の対象とされるべきは、カテゴリーそれ自体ではないし、その諸々の構成要素や配置でもない。ところで、このうち後者は変化あるいは変動しうる。この不安定性を考慮に入れようとすれば、カテゴリーの不可侵性を放棄しなければならなくなる。カテゴリー本質主義に陥らないようにするには、場に埋めこまれたカテゴリー化のプロセスという観点から論を進めなければならない。このプロセスでは、時空間的な相互作用がなされ、カテゴリーが構築される。「風景」（あるいは「失業」、「文化」、「老化」、「病気」、「労働者」、「中間管理職」など）といったカテゴリーは歴史的な性格を刻印されているし、その構築を統べる問題設定によって部分的に構造化されている。風景（および、他の言語や文化において、それとほぼ同等のもの）についていえば、その構築は、各ナショナルな総体のなかで、芸術家、植物学会、各地の美化協会、あるいは周辺住民団体など、関係者たる集団や場所や個人のおのおのに固有のさまざまなカテゴリー化論理を利用しつつ、徐々に進んできた。今日ではもはや知覚できないが、過去のある時点である集団を統べ、また現在独仏で進められている文化遺産保護活動の誕生に貢献したカテゴリー化に固有の課題を明らかにするためには、場に埋めこまれたアプローチを利用しなければならない[58]。カテゴリーおのおのの構成要素は多かれ少なかれ固定化されてしまっているが、プロセス論的なアプローチを利用すれば、多様な構成要素を探究し、それによって「カテゴリーをもちいた区分」という行為がもつ含意をはっきりさせることが可能になる。カテゴリー化に言及することは、抽象的で一般的なかたちで論を進めることではなく、行為の傾向や、解釈枠組や、属カテゴリーの構築に役立つ一般化の手続きといったものと関連させながら論を進めることを意味している[59]。こういったカテゴリーの見地をもちいれば、参照システムを共有しない個人や総体のあいだの関係を分析および解釈することに対する関心がよびおこされるだけでなく、通時的な次元を導入することによって、暗黙裡に存在する還元主義的な文化モデルの影響力から脱出することが可能になる。かくしてわたしたちは、歴史化という問題設定と、歴史の場に対する「交錯する歴史」のかかわりかたという問題に至ることになる。

歴史化する

これまで述べてきたことからわかるとおり、「交錯する歴史」を採用するのであれば、研究対象の歴史性のみならず研究手続きの歴史性もまた問題にされなければならない。それでは、ここで提示されたアプローチは社会科学全体にかかわっているというのに、なぜ「歴史」という分類用語をもちいる必要があるのだろうか。そこにはいくつかの理由がある。

まず、社会科学における知の歴史化という運動には、わたしたちの学問領域の大部分がかかわりをもっている、ということがある。歴史化という営為は、一九世紀初頭に開始され、諸々の実証主義の危機がくりかえされるなかで強化され、近年科学的客観主義に疑問が付されるなかで加速し、今日では、人間社会に関する知の生産を論じる際に避けて通ることのできない次元となった(60)。そこには、経済学のように「現在の科学」を自称しがちなものも含めて、すべての社会科学がかかわっている。わたしたちの関心からいうと、歴史化とは、再帰性の根本思想と、研究対象の構築にかかわる重層的な時間性を接合することを意味する。その場合、研究対象の構築は、時空間のなかに位置づけられた生産とみなされることになる。「交錯する歴史」は、歴史的な時間性のなかで観察と研究対象と分析手段の関係を再検討する道を拓くことによって、この試みに棹差している。

つぎに、歴史に言及することは、研究対象とカテゴリーが同時に構築されるプロセスや、分析や行為の布置連関の生成が関心の的になっているという事実によって正当化できるだろう。ここでもまた問題とするべきは、時間的な次元そのものよりは、むしろ時間性が複数であることが対象の同定や問題設定の構築に及ぼしうる影響力である。したがって、ここで依拠されている歴史とは、なんらかのかたちで分析対象と分析手段の歴史性に直面している学問領域に共通する基盤である。

最後に、「歴史」という用語は、語り、叙述、理解という、すべての経験的な社会科学に含まれる構成要素にかかわっている。このうち語りについていえば、ある状況を描写するなかで現在にいたることもあるし、研究対象を構成する諸側面を理解可能なものとするべく過去を論じることもある(61)。語りを整理することは、分析の次元で統御しさえすれば、社会科学の総体にとって問題策出的な意義をもちうる(62)。「交錯する歴史」の課題のひとつは、歴史と社会科学の複層的な関係について、いくつかの側面を再概念化することだ。

歴史化は、研究者、研究者と研究対象の関係、この双方にかかわっている。したがって、そこでは、これら二つの次元のあいだに紐帯を構築することで、過去の諸事象のみならずそれらに接近する方法をも問題にすることが目指されている。研究対象についていえば、歴史化は、交差し関係づけられる地点という意味での交錯の前にも、そして後にも介入する。交錯の前になされる歴史化が対象とするのは、交錯しあう諸要素を構築する歴史的な次元と、交錯する歴史それ自体である。つまり研究対象は、それが媒介する交錯の問題設定と関連づけられるなかで構築される。このことが意味しているのは、なによりもまず、交錯とは、事前に与えられた抽象的な表象ではなく、固有の歴史性を発揮する時間的な展開とみなされなければならないということだ。交錯のあとになされる歴史化が対象とするのは、交錯の諸帰結である。ここにおいても、歴史化は二重の意味における文脈化の論理にしたがってなされる。つまり、一方では、研究対象が歴史的に構築されていることを考慮し、研究対象がいかなる影響力を行使してみずからの環境を変容させうるかが探究される。他方では、複雑な歴史の諸側面が、その構成要素たちがとりむすぶ相互関係や相互依存を十分に考慮に入れつつ探究される。ただし「交錯する歴史」を全体史と同一視するべきではない。個々の研究対象とかかわりをもつ社会活動のダイナミクスから出発することで、個別具体的な現象（交錯に属さない形態の相互関係を除く）をとりあつかうことを目指しているからだ。こういった点から出発することが意味しているのは、研究対象の形態は事前に確定されているわけではなく、したがって、調査の過程でその輪郭をえがきだし、確定することが重要だ、ということである。さらにまた、利用されるべきカテゴリーは、変更不可能なものなどではなく、それ自体が歴史化されなければならない。ここでもまた、歴史のさまざまな時間性のなかで、機能的なアプローチがもちいられている。「交錯する歴史」はプロセス的である。つまり、対内的な視角から構成要素の多様性を考慮に入れ、対外的な視角から他の「ありうる」歴史にはない固有性を考慮に入れるという、その意味で開かれた手続きである。それは、観察者は事象に直接アクセスできると考える「事実による客体化」型本質主義も、構造は同語反復原則にもとづいて事前に調査の帰結を規定しうると考える「構造の物象化」型本質主義も避けようとする点で、問題史に似ている。

交錯という考えかたは、本質主義的な見地とは異なって、まず相互作用を重視するが、これが、ついで、相互に作用しあう諸要素を変容させることになる。これが、交錯の決定的な特徴である。この意味で、交錯という考えかたは「第二段階の」歴史への道を拓く。人文科学における諸学問領域の「交錯する歴史」についていえば、単にあれやこれやの学問領域（および下位領域）に固有のカテゴリー化や概念化といった諸現象だけではなく、そこでとりあつかわれる総体のあいだの翻案作業や、相互作用のなかで生じる境界移動や変容もまた歴史化される。

つぎに問題設定の次元をみると、交錯という考えかたをもちいれば、学問領域や国によって異なる制度的な布置連関のなかで、さまざまな問題設定がいかに構築され、相互に作用しあうかが探究できるようになる。[63]一九世紀ヨーロッパにおける「中世」の多様な構築をめぐる「交錯する歴史」をみれば、問題設定の構築様式や、そこでなされる交渉ゲームがいかなるものかがわかるだろう。[64]ちなみに、このテーマは、比較というアプローチや移転研究では接近できないものである。また、交錯という考えかたをもちいると、時間スケールが多様なものになるし、再帰性という問題が設定されるので、この研究対象を、中世に対する言及が今日いかに利用されているかとか、「近代」という概念といかなる関係にあるかとかいった問題設定のなかで考えることができるようになる。一般化していうと「交錯する歴史」は、機能主義的あるいは構造主義的なパラダイムに資料をはめこむのではなく、研究対象の特殊性に分析手段を適合させる。「交錯する歴史」は、さまざまな学問領域に共通する問題の総体にかかわる問題史として、みずからがその一環をなす史学史を再構築するプロセスに棹差すのである。

再固定する

ただし、問題設定を歴史化することによって「交錯する歴史」が相対主義的なスパイラルに陥るかといえば、そうではない。たしかに、諸々の交錯現象によってメタ関係的なネットワークが織りあげられると、アクターや叙述カテゴリーや分析カテゴリーの相対的な位置は接合され、そのおのおのは、脱構築プロセスのなかで、他者との関係のなかで位置づけられる。さらにまた、交錯や、歴史における交錯の位置づけを考慮にいれると、あれやこれやの位置や概念化が相対化される。しかしながら、この相対化は、根本的には関係づけることであり、それゆえ歴史相対主義に道を拓くものではなくて意味を創出する営為である(65)。「交錯する歴史」は、相異なる「ありうる」視角のあいだの距離から出発する。そして、それらのあいだの距離はいかなるものか、それらおのおのは歴史的に、そしてたいていは相互依存的に、いかに構築されたか、といった点を論じる機会を提供する。そうすることで、これら要素が再固定され、個別具体的な知識効果がうみだされる可能性が生じる(66)。たとえば、社会科学における地中海空間パラダイムにかんするハイドルン・フリーゼの研究は、一九八〇年代にアングロサクソン世界の人類学が提示した均質化志向パラダイムを脱構築し、地中海の表象のさまざまな構成要素を再構成するものである。その際、研究の出発点は、地中海空間の内部の多様性と、それが果たす交差点としての役割を分析することにおかれている(67)。

「交錯する歴史」は歴史相対主義に道を拓くものではないが、しかしながら、歴史的な無限後進という論理を採用するわけでもない。歴史化は、歴史研究を可能なかぎりおしすすめ、過去および過去と現在の関係に関する表象を詳細化することを目指す文脈化と混同されてはならない。「交錯する歴史」は、対象や問題設定のありかたに応じて構築され、境界設定されるものである。それゆえ、そこでは、関連する時間性を同定し、歴史化のプロセスを制約することが可能になる。数十年来ドイツでは「歴史主義の歴史化」というテーマをめぐって研究がつみかさねられているが、それによって「歴史主義」という観念のステータスや使用法は変化することになった。つまり、かつては論争のなかでおしつけられるレッテルだったものが、真に歴史的な研究対象になってきた。国際化と学際化のなかで、二つのことがわかってきた。第一は、ドイツにおける歴史主義論争は、歴史との関係をめぐって他のヨーロッパ諸国でなされてきた一般的な議論と、いかなる関係にあったか、である。第二は、経済学から神学、言語学をへて歴史学に至るさまざまな学問領域が、おのおの独自な、ただし相互に関連するかたちで、いかに知の歴史的な構築という問題に対応したか、である(68)。それゆえ、当初は歴史学者集団の内部で、つまり「歴史主義」の支持者と批判者のあいだで闘わされた論争というかたちで提示された問題は、「交錯する歴史」化され、そのプロセスで回答を与えられた。その限界は、調査の結果をうけて問題設定が移動および再配置されるなかで、いわばみずから画されることになった。したがって、抽象的にいえば、たしかに歴史化の限界を画することは容易でないが、ただし、実践の次元では、歴史化という操作の妥当性は「問題と回答のマッチング」という規準で測定できるし、実際には大した問題ではない(69)。

この点を確認すると、通時態と共時態の関係が再検討できるようになる。両者を調和させることは、比較という手法にとっても、移転研究にとっても、なかなか微妙である。知の生産という行為は、社会生活の事象にかかわる場合、時空間内に定位された様々な位置を結びつけるだけでなく、生じた事物の通時的表象と共時的表象を結びつけもする(70)。ある対象やプロセスを同定することは、認知的な操作である以上、共時態に属する。位置の決定や紐帯の構築といった論理的行為は、即時性という原則にもとづいて機能し、時間的な次元を捨象しがちである。ただし、これらの操作は時間に位置づけられた行為でもある。それゆえ、通時的な展開という発想が必然的に提示されることになる。先の操作もまた、この展開のなかに位置づけられる。「交錯する歴史」の重要性は、比較という手法では共時的な推論をすることが重視され、移転研究では通時的なプロセスが分析されるのに対して、これら二つの次元を接合できる点にある。「交錯する歴史」では、共時的な特徴と通時的な特徴は、相互関係のなかで、たえず再配置されるのだ。

これはコゼレックが「同時的なるものの非時間共有性」や「時間を共有していないものの同時性」と呼んだもの、つまり相異なる歴史的時間性のメタ交錯に似ている(71)。これら時間性は、単一のものさしに沿って並んでいるのではなく、相互に浸透しあっている。したがって、それらを単一次元上あるいは一線上で表現することはできない(72)。コゼレックは、これらの現象を、なによりもまず、知識人における知的な実践や、差異をうみだす「進歩」観念と相関させている。ただし、たとえば農民や労働者や、あるいはあれやこれやの世代に固有の時間経験同士を交錯させることによって、知識人以外の社会集団に即してこれらの現象を分析することも可能だろう。あるいはまた、コゼレックの考察によれば、この提案は諸学問領域の科学史にとっても有益だろう。進歩の観念においては、時間は単一のものとして表象される。しかしながら、相異なる学問領域に属する科学者コミュニティは、制度的にも政治的にも文化的にも多様な空間のなかに分布しているため、その活動を単一の時計に合わせることは不可能である。これらの時間性は、空間と同じように、相互関係のなかで構築される。個別具体的な時間性やそれらの差異化論理を研究する際は、「学問領域おのおのに固有のダイナミズムから独立した、領域外部に存在する時計」という考えかたは役に立たないのである。

差異をうみだすと同時に相互に錯綜する時間性を分析することは、近年「接続される歴史」とか「共有される歴史」とかいった名前のもとに展開されてきたアプローチにつながってゆく。「交錯する歴史」は、とくにナショナルな歴史学の発展によってもたらされた分画化の結果ばらばらになった歴史たちを「再結合する」という発想を、これらの潮流と共有する。ただし、両者のあいだに違いがないわけではない。これらの潮流は、おもに、失われし現実の「再構築／リハビリテーション」という見地のなかに位置づけられる。これに対して「交錯する歴史」は、研究者に対して、研究対象たるプロセスにみずからもまたかかわりをもっていることを考慮に入れるよう求める。ありうる視角は複数であること、言語や用語法やカテゴリー化や概念化や伝統や慣用はズレをもたらすこと、こういった点に注意を払えば、調査に新しい次元が拓けてくる。「交錯する歴史」が重視するのは、「ほら、そこにある」ものを再構築することではなく、再帰的な手続きをもちいることによって意味をうみだしうるものに着目することである。

交錯は、すでに述べたとおり、研究対象と研究手続きの双方の領域に属している。それは、能動的な原則として機能する。そこでは、相互作用の論理にもとづいて調査のダイナミズムが展開し、さまざまな要素が相互関係と相互浸透のなかで構築される。能動的な包摂がこのような側面をもつことや、その影響が構築や変容をもたらすことを考慮に入れることこそ、まさに「交錯する歴史」の真骨頂である。そこでは、観察対象同士のみならず観察者と観察対象を流動的なかたちで結びつけるという操作がなされる。このように描きだされた理解空間（なお、観察者もまた、その構成要素である）の諸要素は、それゆえ、固定的なものではなく、動態的な相互関係にもとづいて定義されてゆく。ここから生じるのは、各要素おのおのの位置と、それらの生成方法を、同時に、しかも絶え間なく再調整するプロセスである。

もっとも「交錯する歴史」は、単にこういった「交錯」概念から導出される特徴をもつにとどまるわけではない。そこでは、知の生産という論理的な操作と、研究対象にも知をうみだすアプローチにもみられる歴史性とのあいだに本質的に存在する緊張を再検討することが求められる。すでにみてきたとおり、スケールの選択、文脈の構築、あるいはカテゴリー化のプロセスといった問題について、「交錯する歴史」は調査と対象のあいだの往復運動を求める。両者の関係を体系的に探究することによって、社会科学がうみだしてきた知に刻みこまれた歴史的な特徴をみずからの領域で明らかにすることが目指されている。いうまでもなく、認識論的な挑戦は続かなければならないし、続くだろう。ただし、かくのごとく素描された調査計画を実行にうつせば、新しい研究の場が拓け、知的な経験がなされる環境が変化してゆくはずである。

（1）　本稿は研究計画文書的な性格をもっているが、隔週でひらかれるセミナーおよび「交錯する歴史、対象とアプローチ」シンポジウム（社会科学高等研究院と国立科学研究センターの共催、パリ、二〇〇二年五月一七日）における議論から有益な示唆を得た。セバスチャン・コンラッド、ハイドルン・フリーゼ、ミカエル・ラックナー、クリスティヌ・ルボー、ニコラ・マリオ、カピル・ラジ、およびジェイ・ローウェルの諸氏は、これらの場で報告し、「交錯する歴史」をめぐる集団的な考察を深めることに貢献してくださった。記して謝意を表したい。セミナーの内容は Werner and Zimmermann, eds.［2004］として刊行される予定である。また、イヴ・コアン、ジャン＝イヴ・グルニエ、アンドレ・オルレアン、およびリュセット・ヴァランシの諸氏からは、貴重なアドバイスを頂いた。記して謝意を表したい。ドイツ研究における問題提起の例としては Daniel［2001］を参照。

（2）　このテーマに関する文献は数多い。近年の動向については「地球スケールの歴史」特集号（*Annales HSS* 56-1, 2001）を参照。ケース・スタディの例としては Dubuisson［1998］を参照。

（3）　この用法については、とりあえず Werner［1993］および Zimmermann, Didry and Wagner, eds.［1999］を参照。トランスナショナルな歴史の諸問題に「交錯する歴史」概念を適用することについて、より詳細には Werner and Zimmermann［2002］を参照。

（4）　「交錯する歴史」に対するわたしたちの関心は、そもそもは、比較や移転研究を実践してみたところから生じた。この実践は、特定の研究対象をめぐっては、限界につきあたらざるをえなかった。これがわたしたちの考察の出発点をなしている。本稿では、比較および移転研究と対比させつつ「交錯する歴史」の位置を確定することを重視し、「接続される歴史」や「共有される歴史」や「錯綜する歴史（entangled history）」は、「交錯する歴史」と同じく、比較および移転研究という二つのアプローチのオルタナティヴとみなしているが、その理由はここにある。もちろん、だからといって、これらおのおのに独自性がないわけではない。この点は本稿の末尾で触れることにする。「接続される歴史」については Strayer, ed.［1989］, Subrahmanyam［1997］, Gruzinski［2001］を参照。「共有される歴史」という表現は、当初は相異なる民族集団が共有する歴史を指すためにもちいられ、ついで諸種の歴史に応用され、さらには「ポストコロニアル研究」をめぐる議論に動員されるにいたった。Stoler and Cooper［1997］および Hall［1996］を参照。「錯綜する歴史」概念については Conrad and Randeria, eds.［2002］を参照。

（5）　とりあえず Espagne［1994］, Haupt and Kocka［1996］, Charle［1998］, Trebitsch［1998］, Paulmann［1998］, Kaelble［1999］, Middel［2000］, Werner［2001］を参照。後者の立場に立つものとして Lingelbach［2002］がある。

（6）　比較と「交錯する歴史」の相互補完性については、Kocka［2003］, pp. 42-44 を参照。

（7）「交錯する歴史」は、歴史学と社会科学の関係をめぐって以前から続けられてきた論争に棹差している。この論争は、フランスでは、前世紀初頭に、Simiand［1903］によって開始された。ドイツでは、論争の中心となったのはゲオルク・ジンメルとマックス・ヴェーバー、とくに歴史学派経済学をめぐる後者の研究である。この研究は、ケース・スタディというかたちをとりながらも、認識論的な考察から議論を始めている。近年における論争の展開については、「歴史学と社会科学」特集号（*Annales ESC* 38-6, 1983）および「歴史学と社会科学、批判的転回」特集号（*Annales ESC* 44-6, 1989）のほか、Passeron［1991］や Laborier and Trom, eds.［2003］を参照。

（8）　比較をめぐって近年フランスで展開されてきた論争については、とりあえず Detienne［2000］, Valensi［2002］以下の諸論考、評価目録をめぐる仏米共同研究の産物たる Lamont and Thévenot, eds.［2000］および Hassenteufel［2000］を参照。

（9）文明間の比較についてはKaelble［1999］およびOsterhammel［2001］を参照。同様の観察は、いうまでもなく、ネーションや地域の次元でも可能だろう。

（10）留意すべきことだが、すでにマルク・ブロックが、オスロ会議における研究計画提示的な講演において、分析カテゴリーを歴史化することが必要だと主張している。この比較重視派〔ブロック〕は、封建制研究のなかで、フランス語では「トナンシエ（Tenancier）」という単語が、ドイツ語では「ヘリガー（Höriger）」という単語が、おのおのもちいられることに気づき、そこからさまざまな相違を導出することによって、示唆にあふれた研究領域に到達した（Bloch［1928］）。

（11）フレドリク・バルトは、すでにBarth［1969］序文のなかで、境界における相互作用を考慮に入れることが必要だと主張している。この相互作用にもとづいて、現存する総体（ここでは「民族集団」）の独自な特徴が定義されるのである。ただしバルトは、それらに決定的な役割を認めつつも、集団の凝集性を問題にせず、また境界に対して二分法的な機能しか認めないことからわかるとおり、相互作用が集団の定義プロセスや特徴を変容させる効果を限定的に考えている。たしかに民族性は境界で定義されるが、バルトにいわせれば、それはつねに同質性と差異という原則にもとづいて構造化されるのである。

（12）この点については、すでにパスロン（Passeron［1991］, pp. 57–88）が、実験と歴史化の狭間にある「社会学的な論理」に特有の困難として論じている。

（13）移転アプローチの解説としてはEspagne and Werner［1987］およびEspagne and Werner［1988］を参照。独英間の移転研究から得られた補足的な議論についてはMuhs, Paulmann and Steinmetz, eds.［1998］を参照。アメリカとヨーロッパの関係についてはTurgeon, Delâge and Ouellet, eds.［1996］を参照。

（14）これらの例としては、本文でとりあげた順番に、Grenier and Lepetit［1989］, Décultot and Helmreich, eds.

［1997］,「ネーション間の文化的交易——一八—一九世紀のフランスとドイツ」特集号（*Revue de Synthèse* 113–1/2, 1992）とJeanblanc［1994］, そしてMintz［1985］を参照。

（15）Dmitrieva and Espagne, eds.［1996］を参照。

（16）この種の事例は移転研究の調査予定対象に入っている（Espagne and Werner［1988］）が、経験的な研究はいまだなされていない。

（17）この単語が「すれちがう」という意味をもつようになったのは、語義の拡張の結果にすぎない（*Le Robert, Dictionnaire alphabétique et analogique de la langue française*, Paris: Dectionnaires Le Robert, 1988, p. 427）。

（18）「他者」と関係をもつことから導かれる変容という議論の哲学的な根拠については、とりあえずTheunissen［1965］を参照。

（19）交雑についてはGruzinski［1999］, pp. 33–57を参照。

（20）たしかに移転研究は、変容という現象に関心を払う以上、変化の側面のいくつかは論じることになる。ただし、移転を分析することだけに限定していると、新しい事物やカテゴリーや実践や制度が誕生する際に生じる根本的な変化が説明できなくなる。換言すると、多くの場合、移転は変化に含まれるが、移転を理解するだけでは変化は理解できない。同様のことは「接続される歴史」にもいえる。そこでは、たしかに変化の側面のいくつかは考慮されるが、変化それ自体が検討されることはない。

（21）Conrad［2004］. 他方では、植民地主義期に誕生した「ナショナルな」歴史学もまた、交錯という観点から分析できるだろう。

（22）Raj［2004］.

（23）Lebeau［2004］.

(24) ここで「視角」という表現は、主観的な意味ではなく、「視覚のアングルを規定する観察点」という文字通りの意味でもちいられている（Weber［1904］）。

(25) ピエール・ブルデューは、一貫してこの点を強調しつづけた。とりあえず Bourdieu［1987］を参照。

(26) これは Giddens［1974］の表現である。

(27) この問題はとくに Dakhlia［2001］, とりわけ p. 1186 以下で論じられている。

(28) とくに教育経路が錯綜し、多様な帰属がもつれあうような統合形態が予想されるようになった時代にあって、この種の表現が複雑なものであることは、わたしたちも理解している。

(29) この問題は、とくに社会科学において深刻である。そこにおける調査は、客観的かつ証明志向的と定義される手続きと、研究者もまた社会的な存在であることから生じる規範的な次元のあいだに絶えず存在する緊張にさらされているからである。ただし、多くの研究によれば、この問題はハード・サイエンスにおいても存在する。Latour and Woolgar［1979］および Barnes, Bloor and Henry［1996］を参照。Pestre［1995］は、研究状況および文献に関する豊かな情報を含んでいる。

(30)「ミクロストーリア」と「多元的視点」アプローチの位置関係については、とりあえず Rosental［1996］を参照。

(31) とりあえず Ginzburg and Poni［1989］および Levi［1989］を参照。

(32) Gribaudi［1996］を参照。

(33) Revel［1996］, p. 26 を参照。

(34) Lüdtke, ed.［1989］, Schulze, ed.［1994］および Schlumbohm, ed.［1999］を参照。

(35) Zimmermann［2001］.

(36) マルティナ・ロウは、空間社会学の研究において、事物と個人からなる空間が関係論的で不安定な次元をもっていると主張している。つまり、地理的、制度的、政治的、経済的、あるいは社会的な座標システムは、境界を設定することで空間を安定させようとするが、事物や個人はこれらのシステムをこえて移動するのである(Löw［2001］)。

(37)「交錯する歴史」とトランスナショナルなものの関係についてさらに議論を展開したものとしては、Werner and Zimmermann［2002］, p. 628 以下を参照。

(38) 近年この問題を論じたものとしては、Putnam［1992］を参照。

(39) Mariot and Rowell［2004］.

(40) Revel［1996］の批判を念頭においている。

(41) Passeron［1991］, pp. 85-88, 368-370 は、文脈の構築がとくに比較という手法につきつけた課題の分析をさらにおしすすめているが、ただし具体的な方法論的提案はしていない。「交錯する歴史」は、研究者がおこなう分析操作と、分析対象たる行為の状況という、文脈の構築がもつ二つの次元をむすびつけるべきことを提唱する。

(42) Goffman［1974］. 状況概念とその使用について、よりひろいアプローチとしては、Fornel and Quéré, eds.［1999］を参照。

(43) 行為理論については、とりあえず Boltanski and Thévenot［1991］, Pharo and Quéré, eds.［1990］, Ladrière, Pharo and Quéré［1993］, Lepetit［1995］を参照。

(44) Baszanger and Dodier［1997］が提唱する結合民俗学に似た方法にもとづいている。歴史への転置の試みとしては Zimmermann［2001］を参照。

（45）Bödeker, Veit and Werner, eds.〔2002〕を参照。
（46）この点については Giddens〔1984〕を参照。
（47）枠組と資源という観点から「構造」概念を再解釈し、それを行為理論や変化の問題設定のなかに統合するべく省察をくわえたものとして、Sewell〔1992〕を参照。
（48）この二重の関連について説明したものとして、Rosental〔2003〕を参照。
（49）一九世紀については、ヨハン・グスタフ・ドロイゼン『歴史（*Historik*）』と、ヴィルヘルム・ディルタイの歴史的理性批判プロジェクトが、いまでも重要である。近年でも、社会科学における再帰性や、近代性に関する諸理論と再帰性の関係をめぐって、論争が続いている。この点については Giddens〔1990〕および Beck, Giddens and Lash〔1994〕を参照。
（50）ドイツにおける議論にもとづく説明としては、Oexle〔1996〕を参照。
（51）Said〔1978〕.
（52）Said〔1998〕.
（53）サイードによれば、政治的な次元では、表象には文化的植民地主義の試みが伴う。
（54）Carrier, ed.〔1995〕. ただし、イギリスの人類学者たちの診断になるこの「オクシデンタリズム」は、たとえ存在するとしても、サイードが分析したオリエンタリズムと同列には扱えない。
（55）Koselleck〔1979〕. 概念史学を概観した近年の例としては Bödeker, ed.〔2002〕を参照。
（56）この種のカテゴリー研究の例としては、とりあえず Fradin, Quéré and Widmer, eds.〔1994〕を参照。「ベルナール・ルプティ追悼号――カテゴリーの使用」（*Annale HSS* 52-5, 1997）も参照。
（57）これはまた、学際的な研究にもあてはまる。

(58) Trom［1996］を参照。

(59) アラン・デロジエルは、この一般化手続きを「統計的カテゴリー化」なるものの説明にもちいている（Desrosières［1993］）。ケース・スタディとしては Trom and Zimmermann［2001］も参照。

(60) Hacking［1983］および Daston and Galison［1992］を参照。文化科学については Lackner and Werner［1999］を参照。

(61) Bensa［1996］, Berg and Fuchs, eds.［1993］および Trom［2003］を参照。

(62) この観点にたつ説得的な弁護として、Revel［1996］, pp. 32-36 を参照。

(63) この立場にたつ研究の例として、Oexle, ed.［2001］および Oexle［1996］序文の問題史論を参照。

(64) この方向における一里塚として Oexle［1995］を参照。他方で Conrad［2004］によれば、この問題はヨーロッパだけに限られたものではなく、ヨーロッパ史学と非ヨーロッパ史学の関係にも介在する。

(65) 認知的相対主義との関係における歴史相対主義の問題設定については、Putnam［1982］および MacIntyre［1988］を参照。歴史的相対性に関する思想史については、Koselleck［1997］, pp. 75-81 を参照。

(66) 「交錯する歴史」が社会的活動のダイナミズムを土台としていることを認めると、それを構築主義論争のなかに位置づけることが可能になる。一方では、「交錯する歴史」のあらゆる対象や、それらを描写する際にもちいうるカテゴリーや、それらにかかわる問題設定は、社会的に構築されたと推測できる。ただし、他方で、だからといって、すべてが同一の次元に存在するとか、おのおのの位置が無差別であるとかいうわけではない。それとは逆に、わたしたちが構築した仮説によれば、交錯の布置連関や、それに対応する知的操作を考えると、意味ある論理は、まさに埋めこまれた位置のあいだの意味論的な相互作用から生じる。この観点からすると、交錯は、個別具体的な知をうみだす社会的構築の一部をなしている。Hacking［1999］を参照。

（67）Friese［2004］.

（68）Nipperdey［1976］, Blanke［1991］, Muhlack［1991］, Rüsen［1993］, Oexle and Rüsen, eds.［1996］および Oexle［1996］を参照。

（69）果てしない歴史化の急進的な性格はそれ自体の目的に反しているということもできるだろう。それは「歴史」という概念それ自体の解体に帰結してしまうからである。存在論的な相対主義に対する批判として、Putnam［1992］および Hacking［2002］を参照。

（70）ここでは、この問題の本質的な根拠について論じることはしない。言語学の領域では、共時的な見地（構造主義言語学）と通時的な見地（歴史学派言語学）の関係という問題が徹底的に論じられてきた。この点については Delassalle and Chevalier［1986］を参照。

（71）Koselleck［1997］, pp. 46–49 および Koselleck［1975］, pp. 390–393 を参照。コゼレックによると、この経験は、一八〇〇年前後に「歴史」という概念が再帰的な性格をもっていることが発見されたのとほぼ同時のことだった。

（72）この問題設定を、差異化をもたらす時間性という現象を「歴史の体制」という用語をもちいて研究することを提唱する潮流と結びつけて考えることも可能だろう。この潮流が登場した背景には、一九七〇年代、過去と現在と未来の関係の表象や、知識の形成に時間経験を刻みこむさまざまな手法について、変化が生じたことがある。フランソワ・アルトーグ、ジャック・ルヴェル、ジェラール・ランクリュによって提唱された「歴史の体制」概念については、とりあえず Hartog［1995］を参照。この概念は Detienne［2000］, pp. 61–80 でふたたびとりあげられ、Hartog［2003］でさらに展開される予定である。ただし、「体制」という発想から推測できるとおり、これらの研究の関心の対象は、なによりもまず、表象と、それと関連する実践との一貫性であり、あるいは体制転換や重要な基本パラメーターの変動であった。そこでは、断絶という現象を発見し、叙述することが目指されていたのである。これとは逆に、相異なる時間性をもつ歴史的総体のあいだの交錯や相互作用は、実際にはこの研究計画の一環をなしていなかったし、それゆえほとんど探究されてこなかった。

引用文献

Barnes, B., Bloor, D. and Henry, D.［1996］, *Scientific Knowledge*（Chicago: The University of Chicago Press）.

Barth, F.［1969］, *Ethnic Groups and Boundaries*（Bergen-Oslo: Universitetsforlaget）.

Baszanger, I. and Dodier, N.［1997］, "Totalisation et altérité dans l'enquête ethnographique"（*Revue Française de Sociologie* 38）.

Beck, U., Giddens, A. and Lash, S.［1994］, *Reflexive Modernization*（Cambridge, UK: Polity Press）〔ウルリッヒ・ベック&アンソニー・ギデンズ&スコット・ラッシュ『再帰的近代化——近現代における政治、伝統、美的原理』松尾精文・小幡正敏・叶堂隆三訳、而立書房、一九九七年〕.

Bensa, A.［1996］, "De la micro-histoire vers une anthropologie critique"（Revel, J., ed., *Jeux d'échelles*, Paris: Editions de l'EHESS）.

Berg, E. and Fuchs, M., eds.［1993］, *Kultur, soziale Praxis, Text*（Frankfurt am Main: Suhrkamp）.

Blanke, H.［1991］, *Historiographiegeschichte als Historik*（Stuttgart: Frommann-Holzboog）.

Bloch, M.［1928］, "Pour une histoire comparée des sociétés européennes"（*Revue de Synthèse Historique* 4）〔マルク・ブロック『比較史の方法』高橋清徳訳、創文社、一九七八年〕.

Bödeker, H.-E., ed.［2002］, *Begriffsgeschichte, Diskursgeschichte, Metapherngeschichte*（Göttingen: Wallstein）.

Bödeker, H.-E., Veit, P. and Werner, M., eds.［2002］, *Concerts et public*（Paris: Editions de la MSH）.

Boltanski, L. and Thévenot, L.［1991］, *De la justification*（Paris: Gallimard）〔リュック・ボルタンスキー&ローラン・テヴノー『正当化の理論――偉大さのエコノミー』三浦直希訳、新曜社、二〇〇七年〕.

Bourdieu, P.［1987］, *Choses dites*（Paris: Editions de Minuit）〔ピエール・ブルデュー『構造と実践――ブルデュー自身によるブルデュー』石崎晴己訳、新評論、一九八八年〕.

Carrier, J., ed.［1995］, *Occidentalism*（Oxford: Oxford University Press）.

Charles, C.［1998］, "L'histoire comparée des intellectuels en Europe"（Trebitsch, M. and Granjon, M.-C., eds., *Pour une histoire comparée des intellectuels*, Bruxelles: Editions Complexe）.

Conrad, S.［2004］, "La constitution de l'histoire japonaise"（Werner, M. and Zimmermann, B., eds., *De la comparaison à l'histoire croisée*, Paris: Seuil）.

Conrad, S. and Randeria, S., eds.［2002］, *Jenseits des Eurozentrismus*（Frankfurt am Main: Campus）.

Dakhlia, J.［2001］, "La culture nébuleuse ou l'Islam à l'épreuve de la comparaison"（*Annales HSS* 56-6）.

Daniel, U.［2001］, *Kompendium Kulturgeschichte*（Franfurt am Main: Suhrkamp）.

Daston, L. and Galison, P.［1992］, "The image of objectivity"（*Representations* 40）.

Décultot, E. and Helmreich, C., eds.［1997］, "Le paysage en France et en Allemagne autour de 1800"（*Revue Germanique Internationale* 7）.

Delassalle, S. and Chevalier, J.-C.［1986］, *La linguistique, la grammaire, l'école, 1750–1914*（Paris: Albin Michel）.

Desrosières, A.［1993］, *La politique des grands nombres*（Paris: Editions La Découverte）.

Detienne, M.［2000］, *Comparer l'incompatible*（Paris: Seuil）.

Dmitrieva, K. and Espagne, M., eds.［1996］, *Philologiques* IV（Paris: Editions de la MSH）.

Dubuisson, D. [1998], *L'Occident et la religion* (Bruxelles: Editions Complexe).
Espagne, M. [1994], "Sur les limites du comparatisme en histoire culturelle" (*Genèses* 17).
Espagne, M. and Werner, M. [1987], "La construction d'une référence culturelle allemande en France" (*Annales ESC* 42-4).
Espagne, M. and Werner, M. [1988], "Deutsch-französischer Kulturtransfer als Forschungsgegenstand" (Id., *Transferts*, Paris: Editions Recherche sur les civilisations).
Fornel, M. and Quéré, L., eds. [1999], *La logique des situations* (Paris: Editions de l'EHESS).
Fradin, B., Quéré, L. and Widmer, J., eds. [1994], *L'enquête sur les catégories* (Paris: Editions de l'EHESS).
Friese, H. [2004], "Unité et histoires croisées de l'espace méditerranéen" (Werner, M. and Zimmermann, B., eds., *De la comparaison à l'histoire croisée*, Paris: Seuil).
Giddens, A. [1974], *New Rules of Sociological Method* (London: Huntingson) 〔アンソニー・ギデンズ『社会学の新しい方法規準——理解社会学の共感的批判』松雄精文他訳、而立書房、一九八七年〕.
Giddens, A. [1984], *The Constitution of Society* (Cambridge, UK: Polity Press) 〔アンソニー・ギデンズ『社会の構成』門田健一訳、勁草書房、二〇一五年〕.
Giddens, A. [1990], *Consequences of Modernity* (Cambridge, UK: Polity Press) 〔アンソニー・ギデンズ『近代とはいかなる時代か?——モダニティの帰結』松雄精文・小幡正敏訳、而立書房、一九九三年〕.
Ginzburg, C. and Poni, C. [1989], "La micro-histoire" (*Le Débat* 17).
Goffman, E. [1974], *Frame Analysis* (Cambridge, MA.: Harvard University Press).
Grenier, J.-Y. and Lepetit, B. [1989], "L'expérience historique" (*Annales ESC* 44-6).
Gribaudi, M. [1996], "Echelle, pertinence, configulation" (Revel, J., ed., *Jeux d'échelles*, Paris: Editions de l'EHESS).

Gruzinski, S.［1999］, *La pensée métisse*（Paris: Fayard）.

Gruzinski, S.［2001］, “Les mondes melés de la Monarchie catholique et autres ‘connected hsitories’”（*Annales HSS* 56-1）.

Hacking, I.［1983］, *Representing and Intervening*（Cambridge, MA.: Harvard University Press）〔イアン・ハッキング『表現と介入――ボルヘス的幻想と新ベーコン主義』渡辺博訳、産業図書、一九八六年〕.

Hacking, I.［1999］, *The Social Construction of What?*（Cambridge, MA.: Harvard University Press）〔イアン・ハッキング『何が社会的に構成されるのか』出口康夫・久米暁訳、岩波書店、二〇〇六年〕.

Hacking, I.［2002］, *Historical Ontology*（Cambridge, MA.: Harvard University Press）〔イアン・ハッキング『知の歴史学』出口康夫・大西琢朗・渡辺一弘訳、岩波書店、二〇一二年〕.

Hall, S.［1996］, “When was the post-colonial?”（Chambers, I. and Curti, L., eds., *The Post-Colonial Question*, London: Routledge）.

Hartog, F.［1995］, “Temps et histoire”（*Annales HSS* 50-6）.

Hartog, F.［2003］, *Régimes d’historicité*（Paris: Seuil）〔フランソワ・アルトーグ『歴史の体制――現在主義と時間経験』伊藤綾訳、藤原書店、二〇〇八年〕.

Hassenteufel, P.［2000］, “Deux ou trois choses que je sais d’elle”（Id., *Les méthodes au concret*, Paris: PUF）.

Haupt, H.-G. and Kocka, J.［1996］, *Geschichte und Vergleich*（Franfurt am Main: Campus）.

Jeanblanc, H.［1994］, *Des allemands dans l’industrie et le commerce du livre à Paris*（*1811-1870*）（Paris: CNRS Editions）.

Kaelble, H.［1999］, *Des historische Vergleich*（Frankfurt am Main: Campus）.

Kapil, R.［2004］, “Histoire européenne ou histoire transcontinentale?”（Werner, M. and Zimmermann, B., eds., *De la comparaison à l’histoire croisée*, Paris: Seuil）.

Kocka, J. [2003], "Comparison and Beyond" (*History and Theory* 42).

Koselleck, R. [1975], "Fortschritt" (Brunner, O., Conze, W. and Koselleck, R., eds., *Geschichtliche Grundbegriffe*, Vol. 2, Stuttgart: Klett-Cotta).

Koselleck, R. [1979], *Vergangene Zukunft* (Frankfurt am Main: Suhrkamp).

Koselleck, R. [1997], *L'expérience de l'histoire* (french original edition, Paris: Gallimard & Seuil).

Laborier, P. and Trom, D., eds. [2003], *Historicité de l'action publique* (Paris: PUF).

Lackner, M. and Werner, M. [1999], *Der Cultural Turn in den Humanwissenschaften* (Bad Homburg: Werner Reimers Stiftung).

Ladrière, P., Pharo, P. and Quéré, L. [1993], *La théorie de l'action* (Paris: Editions du CNRS).

Lamont, M. and Thévenot, L., eds. [2000], *Rethinking Comparative Cultural Sociology* (Cambridge, UK: Cambridge University Press).

Latour, B. and Woolgar, S. [1979], *Laboratory Life* (London: Sage).

Lebeau, C. [2004], "Eloge de l'homme imaginaire" (Werner, M. and Zimmermann, B., eds., *De la comparaison à l'histoire croisée*, Paris: Seuil).

Lepetit, B. [1995], "Le présent de l'histoire" (Id., ed., *Les formes de l'expérience*, Paris: Albin Michel).

Levi, G. [1989], *Le pouvoir au village* (Paris: Gallimard).

Lingelbach, G. [2002], "Erträge und Grenzen tweier Ansätze" (Conrad, C. and Conrad, S., eds., *Die Nation schreiben*, Göttingen: Vandenhoek & Ruprecht).

Löw, M. [2001], *Raumsoziologie* (Frankfurt am Main: Suhrkamp).

Lüdtke, A., ed. [1989], *Alltagsgeschichte* (Frankfurt am Main: Campus).

MacIntyre, A. [1988], *Whose Justice? Which Rationality?* (Notre Dame, IN.: University of Notre Dame Press).

Mariot, N. and Rowell, J. [2004], "Visites de souveraineté et construction nationale en France et en Allemagne à la veille de la Première Guerre mondiale" (Werner, M. and Zimmermann, B., eds., *De la comparaison à l'histoire croisée*, Paris: Seuil).

Middel, M. [2000], "Kultur-transfer und historische Komparatistik" (*Komparatif* 10).

Mintz, S. [1985], *Sweetness and Power* (New York: Viking)〔シドニー・W・ミンツ『甘さと権力――砂糖が語る近代史』川北稔・和田光弘訳、平凡社、一九八八年〕.

Muhlack, U. [1991], *Geschichtswissenschaft im Humanismus und in der Aufklärung* (München: C. H. Beck).

Muhs, R., Paulmann, J. and Steinmetz, W., eds. [1998], *Aneignung und Abwehr* (Bodenheim: Philo).

Nipperdey, T. [1976], "Historismus und Historismuskritik heute" (Id., *Gesellschaft, Kultur, Theorie*, Göttingen: Vandenhoeck & Ruprecht).

Oexle, O. [1995], "Was deutsche Mediävisten an der französischen Mittelalterforschung interessieren muß" (Borgolte, M., ed., *Mitteralterforschung nach der Wende 1989*, supplement of *Historische Zeitschrift* 20).

Oexle, O. [1996], *Geschichtswissenschaft im Zeichen des Historismus* (Göttingen: Vandenhoek & Ruprecht).

Oexle, O., ed. [2001], *Das Problem der Problemgeschichte 1880–1932* (Göttingen: Wallstein).

Oexle, O. and Rüsen, J., eds. [1996], *Historismus in den Kulturwissenschaften* (Köln: Böhlau).

Osterhammel, J. [2001], *Geschichtswissenschaft jenseits des Nationalstaats* (Göttingen: Vandenhoek & Ruprecht).

Passeron, J.-C. [1991], *Le raisonnement sociologique* (Paris: Nathan).

Paulmann, J. [1998], "Internationaler Vergleich und interkultureller Transfer" (*Historische Zeitschrift* 3).

Pestre, D.［1995］, "Pour une histoire sociale et culturelle des sciences"（*Annales HSS* 50–3）.
Pharo, P. and Quéré, L., eds.［1990］, *Les formes de l'action*（Paris: Editions de l'EHESS）.
Putnam, H.［1982］, *Reason, Truth, and History*（Cambridge, MA.: Harvard University Press）〔ヒラリー・パトナム『理性・真理・歴史――内在的実在論の展開』野本和幸・中川大・三上勝生・金子洋之訳、法政大学出版局、一九九四年〕.
Putnam, H.［1992］, *Renewing Philosophy*（Cambridge, MA.: Harvard University Press）.
Raj, K.［2004］, "Hitoire européenne ou histoire transcontinentale?"（Werner, M. and Zimmermann, B., eds., *De la comparaison à l'histoire croisée*, Paris: Seuil）.
Revel, J.［1996］, "Micro-analyse et construction du social"（Id., ed., *Jeux d'échelles*, Paris: Editions de l'EHESS）.
Rosental, P.-A.［1996］, "Construire le macro par le micro"（Revel, J., ed., *Jeux d'échelles*, Paris: Editions de l'EHESS）.
Rosental, P.-A.［2003］, *L'intelligence démographique*（Paris: Odile Jacob）.
Rüsen, J.［1993］, *Konfigurationen des Historismus*（Frankfurt am Main: Suhrkamp）.
Said, E.［1978］, *Orientalism*（New York: Pantheon Books）〔エドワード・W・サイード『オリエンタリズム』全二巻、今沢紀子訳、平凡社（平凡社ライブラリー）、一九九三年〕.
Said, E.［1998］, "Between worlds"（*London Review of Books* 20–9）.
Schlumbohm, J., ed.［1999］, *Mikrogeschichte-Macrogeschichte*（Göttingen: Wallstein）.
Schulze, W., ed.［1994］, *Sozialgeschichte, Alltagsgeschichte, Mikro-Historie*（Göttingen: Vandenhoeck & Ruprecht）.
Sewell, W.［1992］, "A theory of structure"（*American Journal of Sociology* 98–1）.
Simiand, F.［1903］, "Méthode historique et sciences sociales"（*Revue de Synthèse Historique*）.

Stoler, A. and Cooper, F.［1997］, "Between metropole and colony"（Id., eds., *Tensions of Empire*, Berkeley: University of California Press）.

Strayer, R., ed.［1989］, *The Making of the Modern World*（New York: St. Martin's Press）.

Subrahmanyam, S.［1997］, "Connected histories"（Lieberman, V., ed., *Beyond Binary Histories*, Ann Arbor: University of Michigan Press）.

Theunissen, M.［1965］, *Der Andere*（Berlin: W. de Gruyter）.

Trebitsch, M.［1998］, "L'histoire comparée des intellectuels comme histoire expérimentale"（Id. and Granjon, M.-C., eds., *Pour une histoire comparée des intellectuels*, Bruxelles: Editions Complexe）.

Trom, D.［1996］, *La production politique du paysage*（Ph. D. Thesis, Institut d'Etude Politique de Paris）.

Trom, D.［2003］, "Situationnisme méthodologique et histoire"（Laborier, P. and Trom, D., eds., *Historicité de l'action publique*, Paris: PUF）.

Trom, D. and Zimmermann, B.［2001］, "Cadres et institution des problèmes publics"（Cefaï, D. and Trom, D., eds., *Les formes de l'action collective*, Paris: Editions de l'EHESS）.

Turgeon, L., Delâge, D. and Ouellet, R., eds.［1996］, *Transferts culturels et métissage*（Laval: Presses Universitaires de Laval）.

Valensi, L.［2002］, "L'exercice de la comparaison au plus proche, à distance"（*Annales HSS* 57-1）.

Weber, M.［1904］, "Die Objectivität sozialzissenschaftlicher und sozialpolitischer Erkenntnis"（*Archiv für Sozialwissenschaft und Sozialpolitik* 19）〔マックス・ヴェーバー『社会科学と社会政策にかかわる認識の「客観性」』富永祐治・立野保男訳、折原浩補訳、岩波書店（岩波文庫）、一九九八年〕.

Werner, M.［1993］, "Le prisme franco-allemand"（Bock, H. et al., *Entre Locarno et Vichy*, Vol. 1, Paris: CNRS Editions）.

Werner, M. [2001], “Comparaison et raison” (*Cahiers d'Etudes Germaniques* 41).

Werner, M. and Zimmermann, B. [2002], “Vergleich, Transfer, Verflechtung” (*Geschichte und Gesellschaft* 28).

Werner, M. and Zimmermann, B., eds. [2004], *De la comparaison à l'histoire croisée* (Paris: Seuil).

Zimmermann, B. [2001], *La constitution du chômage en Allemagne* (Paris: Editions de la MSH).

Zimmermann, B., Didry, C. and Wagner, P., eds. [1999], *Le travail et la nation* (Paris: Editions de la MSH).

19世紀フランスにおける準幹部公務員

―ある研究の中間報告―

5

ジャン・ルビアン

Jean Le Bihan

〔解　題〕

フランス革命後のフランス史、とりわけ一九世紀史に関する研究についていうと、近年の動向を表現するキーワードの一つは「プロソポグラフィ」(英語。フランス語では「プロゾポグラフィ」)である。

プロソポグラフィとは、大略、中規模の社会集団について、メンバーおのおのの伝記的な情報を網羅的に収集し、それを統計的に処理することにより、集団の全体的な特徴を把握する、という研究アプローチである。分析対象としては、貴族、議員、高級官僚、あるいは実業家など、情報源たる史料が残りやすいエリート集団がえらばれることが多い。また、定義からわかるとおり膨大な史料を探索・収集・分析しなければならないため、通常は共同プロジェクトによってすすめられる。「批判的転回」やアナール学派と密接な関係があるというわけでは(じつは)ないが、歴史学にとって重要な手法である。

このアプローチは、そもそも古代史研究の分野で開発されたが、フランス一九世紀史研究についていうと、ほぼ一九七〇年代に導入された。今日では、一九世紀の政治的・経済的・社会的なエリート集団を対象として、大規模な共同プロジェクトが次々に組織されている。このうち経済的エリート集団については、経済史学者ドミニク・バルジョがフランス全土を対象とする「第二帝制期の企業家」プロジェクトを組織し、地域ごとの叢書(パリ・ピカール社、現在第一一巻まで刊行済)として研究成果を公刊している。また政治的エリート集団については、パリ第一大学とパリ第四大学の共同付属機関である「一九世紀史研究センター」が中核となり、第二帝制期の下院議員、第三共和制期の上院議員、あるいは同時期の下院議員などについて、個人研究や共同プロジェクトがすすめられている。ち

Introduction d'auteur

なみに、このうち一九世紀のパリ市議会議員のプロソポグラフィは、長井伸仁氏が担当している（『第三共和制期のパリ市議会議員』、パリ・ソルボンヌ出版部、二〇〇二年）。

本論文「一九世紀フランスにおける準幹部公務員」もまた、この動向に棹差している。これは、二〇〇六年一二月五日にボルドー第三大学でひらかれたセミナーの報告にもとづき、日本の読者のため翌年に書きおろされた未公刊論文である。ジャン・ルビアン（Jean Le Bihan）は、プロソポグラフィをもちいて一九世紀イル＝エ＝ヴィレヌ県（フランス西部）における県準幹部公務員を分析したみずからの博士論文「一九世紀の準幹部公務員」を紹介し、このアプローチの具体的な手続きを説明するとともに、それがはらんでいる可能性を論じている。さらにまた、本論文は、フランスの博士論文がいかに準備されるかをビビッドにえがきだしており、その点でも興味深い。

ルビアンは、一九七一年に生まれ、二〇〇五年にレンヌ第二大学（フランス）で歴史学博士号を取得したのち、現在は母校で現代史担当准教授をつとめている。主要業績としては博士論文の刊行版である『国家に奉仕するということ』（レンヌ大学出版会、二〇〇八年）のほか、「県庁の〈下級幹部〉、あるいは一九世紀における新たな〈中間管理職〉の出現」（『社会運動』第二一八号、二〇〇七年）などがある。

今日、ヨーロッパの、なかんずくフランスの歴史学者のあいだでは、「グローバル・ヒストリー」、「交錯する歴史」、あるいは「接合される歴史」といった、さまざまに変化し、妥当性の程度を異にする名称のもとに、諸々のヒストリオグラフィのあいだの比較と対話に対する関心があらたに生じつつある(1)。この傾向は、コミュニケーションにおいて驚くべき進歩が実現されてきたことに支えられている。このようなときにあって、日本の出版界が、彼らに発言する機会を与え、彼らの門戸開放の試みをひろく知らしめんとすることは、きわめて喜ばしい(2)。たしかに、フランス史、とりわけ本稿でとりあげる一九世紀フランス史をめぐる研究状況は、日本でまったく知られていないわけではない。その証拠に、アラン・コルバンの著作は、今日、そのほとんどが日本語に訳されている。さらにまた、パリで教育を受けた日本人研究者たちが、これら研究状況を適切に紹介してくれている(3)。しかしながら、いまだ知られていない側面も少なくはない。社会史と国家史の領域において、このことは顕著である。

この事態はとても残念なものである。これら二つの領域で論じられてきた問題や、利用されてきた問題設定や、さらには利用されてきた技術は、フランス史の特殊性についての情報を提供するにとどまるものではないからだ。それらは、より普遍的に、工業化や都市化という大きな断絶、自由主義、あるいは民主主義といった事態に直面して、「ある」社会がいかに再構築され、「ある」国家がいかに確立したかについて、多くを教えてくれる。そして、それによって、フランス人以外の研究者に対しても、みずからの研究対象と研究方法を再検討する機会を与えてくれるだろう。現在進行しつつあるこの対話に貢献する機会が与えられたので、本稿では、わたし自身の博士論文を再論することにしたい。この博士論文は一九世紀イル＝エ＝ヴィレヌ県〔フランス西部ブルターニュ地方に位置する〕における行政官、正確には「準幹部」なる公務員にあてられ、その意味で社会史と国家史の交点に位置している。

本稿では、第一に、この調査の研究対象そのもの、つまり一九世紀における準幹部公務員を定義する。この概念は、どの程度の妥当性をもっているか。その範囲は、いかに定められるべきか。第二に、それを研究するに際して開発した技術システムを論じる。この点についてわたしが直面した課題にして困難は、後述するとおり、プロソポグラフィという方法をサバルタンな（つまり、語のラテン語的な意味で、行政機構の頂点の下位に位置する）カテゴリーの公務員に応用する方法をみつけだすことだった。第三に、わたしの研究の結論に言及する。公務員中間層と自由主義国家、ついで共和主義国家との関係をめぐっては、ひとつの疑問、というより仮説が存在するが、この仮説について、わたしの結論にもとづいて考察を加える。

1　準幹部公務員――新しい研究対象か？

行政組織の頂点と底辺部のあいだには、定義からしてそのどちらにも属さない中間的な職種や職階がいくつか、すでに一九世紀の段階で、つまり第二次世界大戦後に公務員のカテゴリー化が進み、職階や職能のヒエラルヒーが客観的なものとして規定される以前から、存在していたはずだ――この思いつきがわたしの研究の出発点をなした。ところが、その後ただちに、そうした職種や職階は、これまで歴史学者の関心をひいてこなかったことが明らかになった。

一九世紀における準幹部公務員——研究史の概観

一九世紀の公務員について、わたしが調査を開始した一九九〇年代末の研究史の状況を検討してみよう。ちなみに、その状況は、今日でもさほどかわらない。

第一に、この研究領域は均衡を欠いている。ここでは長いあいだ、そして今日でも、公務員エリートの研究が支配的である。その証拠に、一九七〇年代には、知事に関する研究が進んだ。ジャック・オベール他の研究（[16]）のほか、第二帝制期の知事に関するヴィンセント・ライトたちの研究（[57]）、第三共和制期から第四共和制期にかけての知事に関するジャンヌ・シヴェク・プイデソの研究（[81]）を挙げることができる。財務関係幹部公務員に関する研究も見出しうる。たとえば、会計検査官に関するウンベルト・トディスコの研究（[83]）、その延長線上に位置する、財政部長（Trésoriers-payeurs généraux）および収入役（receveurs）に関するピエール＝フランソワ・ピノの研究（[71]［72］［73]）、財務監察官（inspecteurs des Finances）に関するエマニュエル・シャドの研究（[28]）である。さらにまた、大学教員（[46]［47]）、治山治水監督官（[24]［25]）、あるいは鉱山技師（エンジニア、上級技術職員）（[82]）なども研究の対象となった。

これら研究はすべてモノグラフ的な性格をもっているが、そのほかに、総合的な、あるいはすくなくとも職種横断的な分析もいくつか出現してきたし、今日でも出現している。そのよい例が、一九八七年に公刊された『共和国のエリート、一八八〇—一九〇〇年』なるクリストフ・シャルルの博士論文（[91]）と、「最上位層」に関するドミニク・シャニョロの研究（[90]）である。

このように研究が公務員エリートに集中したことには、いくつかの要因がある。まず挙げるべきは、一九六〇年代から七〇年代にかけての状況だろう。この時代を画するのは、フランスの教育システムの危機と、それに対する批判である。ここからは、フランス型「指導的職能へのアクセス」モデルに対する疑問が生じざるをえない。歴史学者についていえば、このモデルの生成と構築を問題にする必要があるということになる。次に、資料効果も影響を与えたし、今日でも影響を与えつづけている。つまり、公務員エリートの歴史は、資料が多く残されているがゆえに、とりあつかいやすい。最後に、行政史研究が各省庁による歴史委員会の設置という経緯をたどって制度化されたことが同じ方向にはたらいた可能性も排除できない。こういった構造においては、幹部公務員がしばしば優越的な地位を占めるからである。

もっとも、ここ一〇年から二〇年のあいだに、事態はおおきく進化した。それは、公務員エリートに対する歴史学者の関心が弱まったからではない。事実はそれとはほど遠い。むしろ、いくつかのサバルタンな公務員職種に関心がむけられるようになったのである。本稿に付された参考文献のリストをみれば、この変化の概要が感得できるだろう。実際、ここ数年間、関連する博士論文が増えている。つまり、郵便局に関するドミニク・ベルティノッティの研究（[21]）、ブルターニュ地方における初等教員に関するジルベール・ニコラの研究（[68]）、あまり知られていないが、一九世紀フランスに多数存在していた徴税吏に関するピエール・ミクレルの研究（[67]）などである。

これらに加えて、職種横断的な研究が二つある。まず、人類学的な見地から、おもに中央行政機構の下級職公務員を論じるギー・テュイリエの研究である。彼の研究は、たしかにかなり以前に開始されたものではあるが、今日にいたるまで継続されている[4]。つぎに、ジャン＝ポール・ジュルダンの研究は、アキテーヌ地方南西部という限定された地理的枠組についてではあるが、公務員の総体を、したがって「当然ながら」そしてかなり詳細にサバルタンな公務員をとりあつかっている（[96][97]）。

なお、この革新を補完的に証明するものとして、数年前にジャン＝ノエル・リュクが開拓した憲兵史研究という領域がある。アルノ＝ドミニク・ウトをはじめとするすぐれた博士論文が量産されていることからして、この領域は有望である（[49]）。

しかしながら、残念なことに、これら研究は、サバルタンな公務員（あるいは下位の職階にある公務員）を、そのものとして捉えようとはしていない。それらがまるごと研究するべき対象として構築されたことは一度もないのである。それゆえ、エリートをエリートとして、つまりどの部門やカテゴリーに根を下ろしているかよりも、彼ら相互を結びつけるものはなにかを重視しつつ検討しようとするシャルルの企てに対応するものは、公務員ヒエラルヒーの下位については存在しない。ミシェル・カッサンをはじめとする近世史学者が中級官職保有者（オフィシエ）に関する省察を深め、この点でお手本を示していることを考えると、これは驚くべきことである（[124][125][126][127][128][129]）。

基準という難問

そのようなわけで、わたしにとっては、出発点ではかなり曖昧だとしかいいようのない対象の輪郭をいかに確定するかが問題になった。厳密で、可能なかぎり異論を許さないような基準を探求することが、最初のステップとして不可避になった。いかなる方向に調査を進めるにせよ、まずはこの点を明らかにしなければならなかったのである。

一九世紀フランス社会をめぐる研究史を検討すると、一種のパラドクスとでもいうべきものが目にとまる。つまり、一方では、ほとんどすべての研究者は多かれ少なかれ「下級職公務員」（ジョルジュ・デュプー）が存在したことをつねに認めてきた。ところが、他方では、それを厳密に定義しようとするものはいなかったのである。この分類学的な曖昧さの好例は、一九七三年に刊行されたアドリーヌ・ドマール編『一九世紀フランスの富』だろう。そこでは、執筆者のあいだで、公務員に関する社会職業的な分類コードが相異なっている。たとえば、フェリクス＝ポール・コダチオニは「中下級職階の職員、公務員、補完要員」なる集団の存在を提示しているのに対して、デュプーとジャクリーヌ・エルパンは、公務員について、幹部公務員、準幹部公務員、下位職階の公務員を区別する、といった具合なのだ。こういった事例は、ほかにも存在している。

より重要なのは、中級職階の公務員あるいは準幹部公務員をめぐっては、その存在についてはコンセンサスが存在するものの、直感的な把握にとどまっており、特徴づけを可能にするにはいたっていない、ということである。その基準についての説明は存在しないし、それゆえ憶見（ドクサ）が晴れたこともない。シャルルは、こういった未決定状態を脱するべく、中級職階の公務員を「このカテゴリーは……中間層の端に位置する。父親の世代から、内部昇進制度を通じた社会的流動の可能性が現実のものとなりうるし、そして、それによって後続世代はねばりづよく努力する気になるからである」と定義している（[91]）。ここでは、おそらく、ラブルース学派の数量史的な前提は完全に転倒させられている。ただし、本稿で論じるべき実践的な次元についていえば、この定義がかつてのもの以上に明晰であるとはとてもいえない。

いまから一五年ほど前、ジュルダンが二編の重要な論文を公表し、この問題を再検討したときの研究状況は、こういったものだった。これら論文のうち、一編は給与に、もう一編はまさに一九世紀における公務員中間層の定義に、おのおのあてられていた（[93］［107］）。ジュルダンの発想は、厳密な分類を構築するのに適切な基準として給与をもちいようというものだった。ここでは、かくのごとき試みに伴う多くの技術的な困難には触れず（それらは数多いだろうが、克服可能なものである）、ただちに彼の結論をみてみよう。ジュルダンによれば、公務員ヒエラルヒーは三つの階層に分割できる。頂点には、一万フラン以上の給与を得る幹部公務員がいる。その対極には、一〇〇〇フラン以下の給与しか得ていない小役人がいる。両者の中間には、第三の集団たる「一〇〇〇から一万フランの給与等級に位置する」公務員が残ることになる。

この結論は重要であり、わたしの省察において決定的な役割を果たした。ジュルダンが提唱した分類の大きなメリットは、給与ヒエラルヒーという、行政機構に固有の基準を土台としていることにある。この基準の有用性は、ここから生じる。しかしながら、この基準には、いくつかの個別具体的な問題があるように思える。たとえば昇進の問題だが、職歴を積むなかで、一〇〇〇フランとか一万フランとかいった閾値をこえる公務員はどう分類すればよいのだろうか。あるいはまた、周知のとおり、給与水準は、付与される権限の水準と必ずしも相関しているわけではない（自発的に低い給与水準で満足する公務員の事例はよく知られている）。給与ヒエラルヒーのなかに位置づけることは、こういった公務員については、十全な意味をもちえない。

そういうわけで、わたしは「ヒエラルヒー上の地位」という別の基準を重視し、議論を進めるにあたってはこの基準だけに依拠することにした。

具体的に説明しよう。わたしもまた、準幹部公務員（以下本稿では、採用基準の変更を目にみえるものとするべく、「準幹部公務員」という用語のみをもちいる）は「幹部公務員でもなく、今日いうところの小役人でもない」というかたちで消極的に定義されなければならないという仮説から出発する。

ヒエラルヒー的な、あるいは職能的な見地からすると、幹部公務員の定義には、問題はない。すべて専門家たちが一致して論じているところによれば、幹部公務員には、中央行政当局のリーダーのほか、地方分権化された行政当局の責任者たる「地方幹部公務員」（[5]）が含まれる。

これに対して、小役人の定義は微妙である。要言すれば、わたしは「公務員」と「職員」をめぐって一九世紀に利用されていた古典的な定義をもちいることにした。それによれば、職員は、公務員と違って単なる執行官であり、公権力を体現しない。これは、二〇世紀に発現する小役人と中間管理職公務員の違いを、すでに予想させるものである。わたしは、ヒエラルヒーの最下位に位置する階層を同定するに際して、当時の公務員文化に由来するこの基準を採用した。なお、県や市町村が独自に採用した職員がいるが、彼らは議論の対象としない。公務員としての身分をもたず、しかしながら付与された職能の観点からすると上述の基準にあてはまる、という点で、彼らは少々複雑な事例をなしているからである。

この二重の境界設定が終わると、厳密に「準幹部」と定義できる一連の職能や職種が残る。なお、準幹部公務員は「単一」ではなく「二つの」階層からなっている。つまり「上級」準幹部公務員および「下級」準幹部公務員である。

ここでもちいられているのはヒエラルヒー的な基準だが、これは行政組織の構成要素をなしている。この基準をもちいると、準幹部公務員という中級集団が厳密に定義できる。また、以上で区別された四つの階層は、地理的なヒエラルヒーを再現している（図1を参照）。つまり、簡単にいえば、わたしが定義した

	幹部公務員	「上級」 準幹部公務員	「下級」 準幹部公務員	職　員
知事部局	知事	官房長，郡長（副知事）	部長（県庁），書記官（郡役場）	職員
司　法	控訴院長，控訴院検事長	控訴院および民事裁判所の司法官	治安判事	
軍	将官	佐官	尉官	下士官
国　庫	財政部長	収入役	収税吏	
直接税	局長		収税官	
間接税	局長	副局長，視察官	収税官	徴税吏
登　記	局長	視察官，副視察官	登記担当官	代理人
郵　便	局長	副局長，監督官	郵便局長	職員，郵便配達人
土木事業	主任技師	技師	監督官	職員
公教育	大学管区長	大学教員，校長，大学管区視学官	高校教員，初等視学官	小学校教員
治山治水	管理官	視察官，副視察官	監督官	班長
市町村道		主任監督官	郡・小郡監督官	
市長村		書記官長（県庁所在都市）	課長（県庁所在都市），書記官（郡役場所在都市）	職員

図1　公務員の分類の試み—— 1881年イル＝エ＝ヴィレヌ県の場合（出典：[95], p. 28）

準幹部公務員は「およそ」郡や小郡（カントン）の行政の責任者に対応している。

最後に、しかし重要な点を指摘しておきたい。一九世紀社会史の専門家のあいだでは、長いあいだ、シャルル＝エルネスト・ラブルース型のマクロな歴史的アプローチが支配的だった。それと比較するとき、わたしの立場は正反対である。わたしにとっては、この集団の地位が均質であると仮定し、それにもとづいて彼らを「諸環境のヒエラルヒー」（ドマール）のなかに挿入し、かくして彼らを定義することが目的だったわけではない。わたしがもちいた職階は、ア・プリオリに社会環境と相関しているわけでは（もはや）ない。それは、研究上の必要から構築された単なる「観測地点」にすぎないのである。

2　準幹部公務員――プロソポグラフィは不可能か？

第二の段階に入ろう。実践において、さらにいえば技術的な観点からして、これら準幹部公務員をいかに研究するべきか、という問題である。冒頭で述べたとおり、わたしは、プロソポグラフィという手続きをもちいてこれら公務員を分析することにした。

プロソポグラフィという方法――再論

プロソポグラフィとは、個人カードを連続的に作成することにもとづく、統計的な合目的性をもった調査手法である。実際には、研究者は三つの段階を踏むことになる。

第一の段階では、みずからのコーパス（資料体）を定義し、個人カードのおのおのに含まれるべき情報の数を決定する。そののち、「集合的伝記」（シャルル）と要約できる二つの軸に沿って作業を進める。ここでは、あまり多くの情報を含まない大量のカードからなるコーパス、その逆の事例、あるいは両者の中間の事例など、さまざまな場合がすべてありうる（ちなみに、一部の研究ではコーパスの分量ばかりが強調されているが、こういったアナウンス効果にだまされるべきではない）。個人情報は二つのカテゴリーに分類できる。第一は、当事者の戸籍や経歴など、多かれ少なかれ避けては通れない情報である。第二は、公務員の職歴や、政治家の当選歴や、芸術家の作品など、研究対象たるコーパスごとに異なる、個別具体的な情報である。

第二の段階では、可能なかぎり多くの情報を集めることを試みる。カードを完成させせんとするわけだ。この段階で利用される手法は、分析対象たるコーパスによって、おおきく異なる。一般的にいえることといえば、研究対象たる個々人が属する社会カテゴリーが上位であればあるほど、一九世紀の伝記事典をはじめとする刊行資料として利用しうる情報がたくさん存在する、ということくらいだろうか。これとは逆に社会カテゴリーが下位であればあるほど、文書館（とくに国立中央文書館と県文書館）に頼る度合いが増す（後述）。

第三の段階では、収集された情報をもとに、データベースを構築するのみである。

フランスでは、この方法は、一九世紀社会史学の領域では一九七〇年代に発展し、パラダイム転換をひきおこした。シャルルが要約するところによれば、これは、「マクロ社会史」つまりかなり大規模で、しばしばローカルあるいは地域的な枠組でとらえられる社会集団（ある都市やある地域におけるブルジョワや労働者など）を研究することから、「ミクロ社会史」つまりより小規模で、しばしば職業的な見地から把握される集団の研究への移行だった。

一九世紀社会史を研究および叙述する方法におけるこの変化には長所がある。プロソポグラフィは分析を洗練させ、「マクロ史」が隠蔽する分裂を明るみに出し、進化の把握を可能にするからである。もちろん、それゆえに研究のアトム化が進む危険があることもまたたしかである。とくに行政史は、教育史、警察史、あるいは憲兵史といった、ほぼ自律的な研究領域に、これまでにないほど分裂してしまった。

研究史の回顧

問題は、公務員の下位カテゴリーにプロソポグラフィという方法を適用することは、それ自体で自明な作業ではない、という点にある。研究史を少々さかのぼってみよう。

実際のところ、この方法はなによりもまずエリートの研究に（たしかにエリート研究が盛んだったとはいえ）適用されてきた。知事に関するライトたちの研究、大学教員に関するシャルルの研究、財政部長に関するピノの研究など、先に引用した研究の大部分はプロソポグラフィである。これらの研究の着想はしばしば相互に似ているが、それは、もちいられる方法が似ていることを意味している。たいていは、主要な巻が一冊、付属の伝記辞典が一冊、という感じなのだ。もちろん、資料は公務員エリートに関するもののほうが豊富なことを考えると、これは不思議でない。とくに、職業的な軌跡を再構築する際には職歴関係文書が圧倒的に最有益な資料となるが、彼らの場合、職歴関係文書のほとんどは国立中央文書館に所蔵されている。

サバルタンな公務員カテゴリーに関する研究のなかにも、プロソポグラフィの手続きに基づいていると自称するものはある。しかしながら、それらを検証してみると、大多数の研究は一見するところよりも複雑怪奇なかたちでプロソポグラフィを利用していることがわかる。それらは、二つの場合にわけて考えられる。

第一は、きわめて稀だが、人事記録簿が完璧に残っている場合である。この場合は、研究対象たる個人の完璧なリストが構築できる。そして、個人関係文書が（完全に、あるいは部分的に）欠落していても、そのおかげでどうにかすることができる。その最善の例としては、七月王制期ブルターニュ地方における初等教員に関するニコラの研究がある（[68]）。ちなみに、ニコラの場合、当時の初等教員は厳密な意味では公務員でなかったため、〔職歴関係文書を代替する〕代替的な資料を利用するというこの手続きは、ことさら必要なものだった。彼は、レンヌ師範学校の人事記録簿をもとにして個人カードを作成した。つまり、彼の企てが成功したのは、養成施設が存在したからである。しかしながら、当時の下位の公務員についていえば、これは例外的な事態である。

第二は、代替的な資料をもちいるという技法が利用できない場合である。その例としては、徴税吏に関するミクレルの博士論文がある（[67]）。他の事例にもあてはまりうる批判を彼にむけるのは、あまり好ましくないと思われるかもしれない。しかしながら、わたしには、彼の研究は、ほとんど言及されることのない方法論的な困難を象徴しているようにみえる。彼の手続きは単純なものである。つまり、残存している資料は代表的なものだと仮定し、それらを利用するのだ。もちろん、彼の論文においても、資料の欠落にはつねに（あるいは、ほぼつねに）意味がある以上、そういう場合は資料が代表的なものではなくなり、この仮定が妥当しなくなることは認められている。しかし、たとえば、彼は「重要でない」とされる資料を棄却するが、そのせいで、より長い職歴が過大評価されてしまっている。さらにまた、資料の残存状況は、時代によって異なる。一九世紀についていえば、時代が進むにつれて資料は増加し、豊かになる。それゆえ、彼の分析では、対象時期のうちはじめの期間が事実上過小評価化されてしまう。さらにまた、同様の推論は集団や職種のスケールについても妥当する。資料の残存状況は、集団や職種のスケールによって、おおきく異なっているからである。

総じていえば、多少ともプロソポグラフィ的な手続きを採用していると自称し、中下級職階の公務員カテゴリーを対象とする諸研究を検討してみると、この研究手続きの正統性と将来性に対する疑問は、晴れるどころか、いっそう強まってしまう。つまり、代替的な資料を利用できればよいが、それは稀にして例外的である。利用できなければ方法論的なバイアスを甘受しなければならないが、そうすると証明が必然的に脆弱化してしまうのである。

具体的な事例にもとづく検証

わたしの研究の分析対象として選択された三つの職種の事例をみれば、この技術的な困難の程度がどれほどのものか、具体的に理解できるはずである（ふたたび図1を参照）。これら職種とは、県庁の通称「下士官」（つまり本庁の課長（chefs de service des préfectures）と郡役場の書記官（secrétaires de sous-préfecture））、直接税収税官（percepteurs des Contributions directes）、そして土木事業監督官（conducteurs des Ponts et chaussées）である。イル＝エ＝ヴィレヌ県については、いかなる個人関係文書が利用しうるのだろうか。

職歴に関する文書としては、まずイル＝エ＝ヴィレヌ県文書館（同様の推論は他の県文書館にもあてはまるはずである）で資料を発見した。具体的には、県庁「下士官」については、一八七四年を基点とする資料群がある。収税官については、未分類ではあるが、一八八九年から九九年をカバーする資料群がある。監督官については、三つの資料群があり、そのなかでもっとも古いものは一八五六年を基点としている。これに対して、国立中央文書館はあまり役に立たない。一九世紀において、県庁「下士官」は国家公務員ではなかったため、個人関係文書は働いていた県にしか存在しない。また、収税官と監督官については、彼らの文書は苗字のアルファベット順に分類されているため、同一の空間（県など）に勤務していた公務員をみつけだすことができない。もちろん、すべての文書を繰れば、みつけることは可能だろうが……。

人事記録簿としては、以下のような資料を発見した。県庁「下士官」については、イル＝エ＝ヴィレヌ県文書館に、一八二二年から八三年をカバーする記録簿がある。収税官については、サヴィニ＝ル＝タンプル（Savigny-le-Temple）（セーヌ＝エ＝マルヌ県）にある経済財政産業省付属経済財政文書センターに、勤務状況に関する資料群が欠落のない状態で保管されている。ただし、この資料群は、これまた苗字のアルファベット順に分類されているため、上述したものと同じ同定問題につきあたらざるをえない。監督官については、一八五六年から一九〇二年をカバーする複数の人事記録簿がイル＝エ＝ヴィレヌ県文書館に保存されている。

まとめると、たしかに、個人関係文書は存在する。彼らの軌跡を再構成するに際して、おそらくこれらは有益な資料である。しかしながら、欠落が存在するため、厳密なプロソポグラフィの土台とするには不十分だし、不十分でありつづけている。これが、わたしが直面した主要な方法論的な困難である。

『県行政年鑑』をもちいてプロソポグラフィを救済する

この問題を回避するべく、わたしは通常の研究方針を根本的にひっくりかえすことにした。つまり、これら文書から出発するのではなく、これまで無視されてきた『県行政年鑑』という資料から出発するのである。

『年鑑』とは、各県で毎年出版されていた、さまざまな情報を含む準公的な刊行物のことである。一九世紀を通じて、情報の種類は増加し、精度は高まってゆく。含まれる情報の例としては、実践的な次元の情報（統計、さまざまな料金、人口移動など）、住所録とよばれる都市エリートの名簿（たいていは県庁所在地に関するものに限られる）、県内に存在する行政機構の組織図などがある。このなかでわたしの関心をひいたのは、いうまでもなく最後に挙げた組織図である。

歴史学者たちは、これまで『年鑑』をたかく評価してこなかった（今日でもそうである）。この資料にむけられてきた、そして今日でもむけられるのが通常である批判としては、欠落が多いという性格と、信頼性に欠けるという点がある。ところが、実際に検討してみると、これら批判は双方ともに正当化しえないたぐいのものであることがわかる。

第一の批判については、批判が正当か否かを最終的に確定するには全国次元の目録が必要だろうが、そのようなものは存在しない。しかしながら、これまで調べたかぎりでは、大部分の県には完璧とまではいわないまでも「ほぼ」完璧なバックナンバーが揃っている。イル＝エ＝ヴィレヌ県についていえば、部分的に重複する二種類のバックナンバーが存在する。

つぎに、第二の批判は、より重要にみえる。この理由ゆえに、研究者たちは『年鑑』を体系的に利用しようとしてこなかった。しかしながら、ジャン・メルレは、古いが重要な論文のなかで、『年鑑』は信頼できる、それもかなり信頼できる情報源であることを明らかにした。それによると、他の資料と比較対照してみると、公表された情報のうち『年鑑』への掲載が遅れたものは八%、厳密な意味での過誤を含んで掲載されたものは三%なのである。(5)

それゆえわたしは『年鑑』を信頼し、三つの段階を踏んで具体的な作業を進めることにした。

第一の段階では、『年鑑』を利用して、一八二〇年代半ばから一九一四年にいたる時期にイル＝エ＝ヴィレヌ県で勤務した県庁「下士官」、収税官、そして監督官について、全員の目録を作成した。その総計は五三八人である。このリストを、人事記録簿から作成できたリストと照合したところ、四人の名前が新たに発見できた。かくしてとりあえず発見できた五四二人を対象として、分析を開始した。ただし、のちに資料を精査するなかで、一一人の名前が新たに発見された。したがって、最終的な人数は五五三人ということになる。なお、この結果は『年鑑』が信頼できることを「事後的に」証明している。最終的な誤差は三%以下だったからである。実際、明らかな過誤は三件だけだった。

第二の段階では、そしてこの段階にいたってはじめて、利用可能な他の個人関係文書、つまり人事記録簿と職歴関係文書（前述）を分類整理し、利用した。

第三段階では、通常プロソポグラフィでもちいられる資料を動員した。当然のことながら、血縁的な軌跡を再構成するに際しては、戸籍と小教区簿冊を活用した。イル＝エ＝ヴィレヌ県生まれの公務員の祖先については可能であれば祖父母の世代まで、それ以外の公務員の祖先については父母の世代まで、おのおの遡って確定した。婚姻については、同県には一九世紀の登録証書の目録がすべて残っているため、作業

	県庁「下士官」	収税官	監督官	合　計
『県行政年鑑』	115	214	209	538
登記資料	66	120	145	331
イル＝エ＝ヴィレヌ県文書館所蔵資料	19	14	80*	113
国立中央文書館所蔵資料	9	13	53	75
最終的な人数	120	217	216	553

図2　利用された個人関係文書の一覧（出典：[95], p. 43）

＊この数値は関連資料そのものの数ではなく，それにかかわる個人の数である．前者はさまざまな文書群のなかに散在している．

はかなり楽になった。具体的にいうと、三四五件の婚姻を発見できた。もうひとつ体系的に依拠した時系列的な資料としては、個人の死去に際して作成される遺言状がある。それによって、財産と子孫について知ることができた。四年ごとに作成される住民調査をみることで、研究対象たる個人の住所がわかり、彼らの居住戦略を検討することが可能になった。さらにまた、重要なことに、住民調査には各家庭に雇用される召使の数が記載されているが、これは重要な社会マーカーである。学位論文から啓蒙書を経て仕事上の覚書に至るまで、研究対象たる公務員の手になる刊行物をすべて調査したことも付言しておきたい。レジオン・ドヌール、学術褒章、あるいは農業貢献賞など、彼らの叙勲もまた、可能なかぎり調査した。刊行物および叙勲については、県文書館に保存されている資料を網羅的にチェックした。コーパスに含まれている個人の社会的あるいは職業的な軌跡を明らかにしうる資料であれば、これ以外のものについてもすべて、発見次第ただちにとりこんだ(6)。

ここで重要なのは、先に述べた困難はこのようにして回避されたということである。研究対象たる行政機構おのおのにおける準幹部公務員のリストをほぼ網羅的なかたちで再構築することが、いまや可能になった。利用しうる個人関係文書の一覧表を作成してみればわかるとおり、そのことのメリットは相当なものである（図2を参照）。

たとえば関連する個人の総数と残存資料の数とのズレは驚くべきものである。もしも『年鑑』から出発しなければ、このバイアスゆえに分析の効力は失われてしまったことだろう。参考までに、当該時期の最初の五〇年間に当該ポストに在職した公務員のうち五二％、あるいは当該時期全体における収税官のうち四三％は、この方法をもちいなければひろいあげられなかっただろう。こうして、プロソポグラフィという手法は準幹部公務員にも適用できるが、そのためには上述した具体的な研究計画に従わなければならない、ということが証明されたわけである。

3　準幹部公務員——出現しつつある集団

調査から得られた結果にうつろう。前述したような定義を採用して利用し、前述したような個別具体的な研究計画を構築したあとで、この集団について、わたしはいかなる結論に達したか、である。なお、ここで、わたしは「集団」を単数形でもちいている。それは、わたしの研究の出発点において「準幹部公務員」は分析カテゴリーであり、せいぜいが仮説でしかなかったが、調査を進めてみると、研究対象たる三つの職種は多くの点で収斂し、また多くの類似性を共有することが、ただちにわかったからである。それゆえ、三者のあいだには一種のまとまり、つまり一種事実上の均質性があると結論づけることが許されるだろう。これら収斂は、三つの主要な領域にみてとることができる。

職　歴

職歴の領域では、専門職業化にむかうはっきりとした傾向が、あちらこちらで見出された。幾多の要素がそのことを証明している。人事採用についてみると、この期間を通じて、公務員採用時に求められる要件の水準は上昇しつづける。それは、公務員採用手続き（採用試験、競争試験）が全国で一元化してゆくことと軌を一にしている。この進化がもっとも劇的なのは土木事業監督官である。監督官は、第一帝制期には単なる現場監督だったのが、一世紀たつあいだに、一種の資格なきエンジニア（上級技術職員）になってゆく。収税官についても、この進化はかなりのものである。これに対して県庁「下士官」については、資料が不足しているため、確たることはいえない。ただし、多くの指標がさししめすところによれば、進化は存在していた。

現業公務員に課される義務もまた、この方向にしたがって強化されてゆく。たとえば、空間的流動性が増加する。というよりも、空間的流動性をめぐる中央行政当局の要求が高まってゆくというべきだろう。この点を明らかにする事例として最適なのは、収税官の職務である。一九世紀を通じて、収税官の相貌は「あまりにも異動なし」から「あまりにも異動あり」へと一変する。ヴィトレ郡（イル＝エ＝ヴィレヌ県東部）で実施された調査から得られた数値をいくつかつかみておくと、一八二五年以前に採用された収税官の八九％はイル＝エ＝ヴィレヌ県で、五二％は同郡で、そして二一％は勤務地たる市町村で生まれていた。ところが、一九〇五年以降に採用された収税官のなかには、同県生まれはいない。

さらにまた、同様のことは勤務評定書についてもいえる。この膨大で興味深い研究対象については、近年テュイリエ（[102]［103］）による概観が発表され、今後も研究が進められるべきであるが、このころに登場し、次いで構造化されてゆく。この点についていうと、一九世紀中葉が真の転換期をなしている。評定書は、収税官については一八四四年、土木事業監督官についは一八五六年に、おのおの誕生した（県庁「下士官」については、この現象は出現が遅れ、また、かなりばらばらだった）。いずれにせよ、国家と公務員の紐帯は、各地で緊密化してゆく。上司が部下を個人として特定できる、いわゆる職歴文書の登場もまた、そのことを証している。この問題はすでにジャン＝イヴ・ピブブによって検討されはじめているが（[101]）、その相貌をすべて確定するには、なすべきことは山積しているといわなければならない。

いずれにせよ、一言でいえば、準幹部公務員の専門職業化は普遍的で明白な事実である。

こういうと、専門職業化という現象は準幹部公務員に固有のものではなく、公務員の総体、さらには一九世紀における労働界の大部分にあてはまる、という反論が予想される。これは妥当な反論であり、そのとおりであるが、ただし、準幹部公務員の職歴には、さらに二つの固有な特徴がある。

第一は、彼らの職務の性格にかかわるものだ。時代が下るにつれて、彼らの職務は徐々に固定化してゆく。換言すれば、準幹部公務員は徐々に（のちにいうところの）中間管理職化してゆく。そのことは、下級職との比率をみれば明らかだろう。この比率（分母に下級職公務員の数、分子に準幹部公務員の数をとったもの）は、各地で低下してゆく。たとえば、レンヌにあるイル＝エ＝ヴィレヌ県庁本局をみると、一八三七年には八人の「下士官」に対して部下が九人だったが、一九一三年には一一人の「下士官」に対して部下が一八人となった。他の職種についても同様に職務の固定化が進み、一部郡役場をはじめとして、一部の公務員にはじめて部下が配当されることになった。直接税収税官については、徴税吏の雇用が一般化していった。この一般的な進化は容易に説明できる。それは、執行担当職員の増加ゆえなのである。そして、執行担当職員が増加したのは、一九世紀において国家の行動が活発化したためだった。この発展から「下

	「上級」準幹部公務員への昇進		幹部公務員への昇進	
	人	%	人	%
県庁「下士官」	9	8.6	1	1
収税官	9	4.7	0	0
監督官	6	3	1	0.5
合　計	24	4.9	2	0.4

図3　準幹部公務員は袋小路か？

からの圧力」が帰結し、また、そのことは準幹部公務員の権限増大に帰結した。第二は、準幹部公務員におけるキャリアの展望にかかわっている。明らかに、それは袋小路だった（図3を参照）。

実際のところ、直近上位の職階〔分析されている三つの職種は「下級」準幹部公務員に区分されるので、その直近上位は「上級」準幹部公務員に相当する〕に昇進できた事例は少数であり、幹部公務員にアクセスできた事例はほぼ皆無である。正確にいえば、職歴が完全に再構築できた四八九人の公務員について、このお手柄を立てたのは二人だけである。そのうちひとりは知事になり、もうひとりは土木主任技師になった。この分化という事実は、したがって「公務員エリートは、自己の既得権益を永続させるべく、指導的職務へのアクセスを妨げた」というシャルルの仮説を裏付けるものである。もっとも、この現象を国家機構の頂点からみるシャルルに対して、わたしは同じものを「下から」みているのであるが。

社会環境

一九世紀史学者のあいだで長いあいだ「社会環境」と呼びならわされていたものについては、わたしの研究は二つの結論に至った。

第一の結論は、準幹部公務員の社会学的特徴は、一九世紀を通じて根本的に民主化されたというものである（図4を参照）。

	1849 年以前		1849-1879 年		1879 年以後	
	人	%	人	%	人	%
上級層カテゴリー	38	23	36	24	14	18
中間層カテゴリー	87	54	41	28	16	21
民衆カテゴリー	37	23	72	48	47	61

図 4　準幹部公務員の民主化（出典：[95], p. 165）
注：表示されている年代は任官年である.

この現象は普遍的なものであり、研究対象たる三つの集団のなかで免れたものは存在しない。変動がもっとも激しかったのは収税官であり、民衆カテゴリー出自者の比率は八％から五四％に上昇した。また、この現象がもっとも進んだのは監督官であり、当該比率は九〇％に達している。こういった進化は、明らかに、名望家層が準幹部公務員職から去ったことを意味している。

また、この進化はもうひとつの現象、つまり公務員職の世襲の後退を伴っている。一八四九年以前任官者と一八七九年以降任官者のあいだで、公務員または相当官の子弟の割合は四九％から二三％に減っている。この減少は、小売業者や小企業経営者を出自とするものよりは、むしろ農業従事者と民間給与生活者を出自とするものを利した。前二者の比重は、優越的ではあるが、安定していた。これに対して、民主化の効果がもっとも発揮されたのは農業従事者を出自とするものに関してである。また、民間給与生活者については、民主化とともに、当該集団の出現という事態が大きな役割を果たした。

結局のところ、準幹部公務員の外観が一新したわけである。成上りものが遺産相続者の上位に立つようになる。そして、そのことは、どう考えても、彼らと国家機構の関係に遡及的効果を及ぼさざるをえない。

第二の結論は、準幹部公務員の生活水準はほどほどのものであり、のみならず、この期間を通じて改善される傾向にあった、というものだ。

わたしの研究に意義があるとすれば、まずはこの点を指摘したことである。これは、あきらかに通説を否定するものだからだ。ジュール・ミシュレに始まり、同時代の歴史学者によって抱かれ広められてきた通説では、サバルタンな公務員の生活は、貧しい（かの「ドブネズミ色の背広を着た貧困」）とまではいえないが不安定なものだったとされている。

まず、わたしがサンプルとした公務員の名目給与を、一八九九年にヴィクトル・テュルカンが刊行した一般統計と対照してみよう。そうすれば、準幹部公務員は国家公務員給与上位者一六％に含まれることがわかる。さらにまた、退職までのあいだに年収が四〇〇〇フランの水準をこえた人々（対象者の大部分にあてはまるが）に限定すると、この割合は四％にまで低下する。

次に、より決定的な点であるが、名目給与の意味は限定的なものであることを考慮し、給与を生活費用にもとづいて修正してみた。そうすると、生活水準はどこでも、それもかなりの程度上昇していることがわかった。もっともこの上昇は、労働者をはじめとする他の給与生活者ほど大幅ではないし、急激でもなかった。ここからは、客観的な富裕化が一種の「主観的な貧困化」（ジャック・ルージュリ）と共存していたという仮説が導出できる。古文書を繰っているとたえず不平不満にでくわすが、それはこの点から説明できるだろう。この不平不満は、過度に重視するべきものではない――かといって、完全に無視するべきでもないが。

集団的活動

集団的活動という領域にかかわる探究は始まったばかりである。たしかにサンディカリスムにかんするシヴェク・プイデソやオリヴィエ・ボーの研究は利用できるが、しかし手がつけられていない対象がいくつも残されている（[111]［112］［114］［115］［116]）。とくに、もっとも日常的な組織実践についてである。

この点をめぐって関心を払うに値するのは、準幹部公務員と彼らの上位者（あるいは国家といってもよいが）が正面から対決することは稀、というよりほとんどなかった、ということである。たしかに、民主的な色彩が強く、ときには急進的な香りさえするレトリックをもちいつつ、権利要求的なスタンスをとる人々は、少なくとも一部にはいた。彼らは、とくに一八四八年のように体制が転換する際には、権力の一時的な弱体化を利用するべく請願活動をおこなった。この点では、彼らは他の人々とかわらない。もっとも、これはあきらかに周辺的な行動だった。

ただし、この点に関しては一種の年表が作成できるようにみえる。すくなくとも、研究対象たる三つの職種から出版されたコルポラシオン的な、あるいはプロト労働組合的な刊行物を分析すると、そういった示唆がえられる。

一八七〇年代から八〇年代にかけては、あきらかに（相対的ではあるが）反乱の時期である。ここに反映されているのは、この時代には、効率と道徳性の観点からこれら行政機構の機能の改革を意図する法案が集中している、ということだ。ちなみに、この事態に対して、公務員、というよりも彼らの代表者は、国会議員と共闘するという戦略をとった。これは、間接税収税関連行政機構についてアンドレ・ナリサンが「議会による調停」と呼んだものである（[113]）。

つづいて一八九〇年代からは、彼ら公務員と中央行政当局の関係は真の協力の方向に進化してゆく。これは、これまでの行政史研究でまったく解明されていない領域である。中央行政当局はさまざまな諮問手続きを導入し、公務員を意思決定に結びつけようとした。職能団体の年次集会といったさまざまな儀礼がコード化され、少なくとも象徴的な次元では、交渉と取引の空間の代替物として機能した。公務員の側についていえば、彼らは、場合によっては追従的な敬意ともいえるような穏当さを示すようになった。

要言すれば、どうみてもこれは公務員エリートとも下級職公務員とも異なっている。公務員エリートは、待遇がよく、また行政機構と政治領域のインターフェイスに位置しているため、自己の利害を擁護するために団結する必要は（それほど）ないし、郵便配達人をはじめとする下級職公務員は国家と暴力的に対峙することを厭わないからである。

総括

もちろん、こういった収斂が生じたからといって、研究対象として選択され三つの職種のあいだに存在する（場合によっては重要な）相違がなくなったわけではない。それを過小評価するべきではない。とくに専門職業化のプロセスは、土木事業監督官においていちじるしく進んだのに対して、それ以外の職種では、一部の収税官職を政治任用職化するという（ルイ・フィリップ治世下に制度化された）慣行など、さまざまな障害によって妨げられた。民主化のプロセスもまた、不均等に進行した。圧倒的に多くの成上りがみられたのは監督官である。それ以外の職種における民主化は、県庁「下士官」における学歴資本や収税官における金銭的資本など、あれやこれやの形態の資本を利用できなければならないという事態によって、効果を発揮できなかった。付言しておけば、これまで述べてきたことの論理的な結果として、上級行政機構との対立関係は、土木事業監督官たちのあいだで、もっともつよく意識化された。それ以外の職種では、内部にさまざまな分裂があり、上級行政機構との対立関係を隠蔽していた。たとえば、国庫関連行政機構における元嘱託職員と「例外的」採用予定者の分裂、県庁内における県公務員と国家公務員の分裂などである。

しかしながら、それでも、収斂と類似性は印象的である。あまりにも印象的なので、次のようなモデルを提示することも認められるだろう。第一に、ここでとりあつかっているのは、あきらかに「逆説的な専門職業化」とでもよぶべきものである。つまり、一方で、公務員に求められる能力と労力はたえず増加してゆくが、他方で、彼らは上級職階の閉鎖性に直面しつづけるのである。第二に、しかしながら、前述したとおり、この矛盾は激化しない（激化にはほど遠い）。第三に、そういうわけで、準幹部公務員はこの状況からなんらかの利益を得ていると結論づけなければならない。ここでいいたいのは、ある程度の物質的な豊かさのみならず、叙勲をはじめとする、さまざまな象徴的損害賠償のことだ。国家が象徴的な損害賠償を提供しようと努めるのは、準幹部公務員の出自の民主化が進むと、彼らが得る利益（あるいは損害賠償）の価格が上昇することを認識しているからである。

換言すれば、ここには「従属と服従」と「出世、安定、承認」のあいだの取引がみてとれる。当然ながら、この取引は突然に生じたものではなく、長いプロセスの産物である。つまり、それは、七月王制期に官僚制化と行政的合理化が試みられたことに影響されて始まった。そして、第三共和制期、とりわけ世紀転換期に、大学入学資格所有者が労働市場に殺到し、また国家の側が職員に対する態度を修正するようになったことに伴って加速した。

そうだとすると、エリートが「指導的階級」から「支配的階級」に徐々に変質したことに倣って、ここ

付録　個人カードの例

アブラム（苗字）　イポリット，ルイ（1855-1912）

【戸　籍】
1855年12月3日　サン＝マロ生まれ
　父　ディディエ　イポリット　アブラム（苗字），サン＝マロ生まれ
　母　アナイス　ステファニ　ゴダール（苗字），グランヴィル（マンシュ県）生まれ
　父方の祖父　シャルル　トゥサン　アブラム（苗字）
　母方の祖父　ジル　ジャン　ゴダール（苗字）
　妻　クレマンティヌ　オリヴ　マリ　ジュリエヌ　フイエ（苗字）
死去　1912年2月
娘　マルセルとマドレーヌ

【経　歴】
学歴　中等教育，サン＝マロ教会立コレージュ
任官　1869年
下位職階
　　1869-1885年　サン＝マロ郡役場職員
　　1885-1888年　イル＝エ＝ヴィレヌ県庁職員
昇進
　　1888-1897年　課長（第3級）
　　1897-1898年　課長（第2級）
　　1898-1899年　課長（第1級）
　　1899-1900年　課長（特別級）
　　1900-1901年　次長（給与3000フラン）
　　1901-1912年　次長（給与4000フラン）
勤務先
　　1888-1890年　市町村行政局
　　1890-1893年　一般行政局
　　1893-1912年　市町村行政局
上位職階　なし
退官　1912年
退官理由　死去

【社会生活】
住所　レンヌ市ボーモン大通り11番地（1911年）
召使　なし（1911年）
叙勲　アカデミー・オフィシエ章（1904年）

【出　典】
Archives départementales d'Ille-et-Vilaine（ADIV）6 K q 1-2. Arrêtés du préfet（personnel）（depuis 1864）; ADIV 1 M 215, 217. Palmes académiques. Dossier Abraham; ADIV 2 M 1. Préfecture d'Ille-et-Vilaine. Registre des employés et gens de service（depuis 1822）; ADIV 1361 W 1. Dossier Abraham; Archives Municipales de Rennes 1 F 4/66. Recensement（1911）; Registres de catholicité de Saint-Malo; *Annuaire d'Ille-et-Vilaine*（1889-1913）.

でもひとつのモデルから別のモデルへの移行を語りたくなるかもしれないが、しかしながらそれは正しくない。かく推論するには、準幹部公務員が一九世紀はじめから固有の性質をそなえた集団として存在していたことを前提しなければならないが、実際には、このような性格は、この時点ではまだ出現しはじめたばかりだったからである。

この点についていえることがあるとすれば、行政機構組織図の中位を占める職員は、当該時期のはじめにはかなり不均質な総体を構成しているにすぎなかったが、一九世紀を通じて統一体化し、この歴史的な妥協を通して均質化してゆく、ということだけである。少なくとも、これがわたしが到達した仮説である。

結論

わたしが進めた研究から、いかなるパースペクティヴを導出できるだろうか。モデルを提示する場合は、その有効性を確定するべく、考察領域を拡張することが必要である。この点については、少なくとも二つの実験スケールがある。

第一は、フランスというスケールだが、この点について詳説することは避けたい。ここでいうまでもなく、将校に関するウィリアム・セルマンの研究（[79]［80]）、高校教員に関するポール・ジェルボやジェラール・ヴァンサンの研究（[46]［87]）、市町村役場の課長に関するブリュノ・デュモン他の研究（[42]）などを比較対照することが、その第一歩になるだろう。わたしの意見では、この作業は、先に提示した仮説に洗練をもたらすものではあれ、反証するものではないだろう。もっとも、より進化した仮説を設定し、とりわけまだよく知られていない諸集団を研究しはじめることは必要である。

第二は、国際的なスケールである。いうまでもなく、このスケールにかかわる考察は研究計画的なものにすぎないし、たとえ結果が出るとしても長い時間がかかるだろう。しかしながら、国家の成長、政治行政制度の自由化、中間層の発展、あるいは伝統的エリートの抵抗といった重要なダイナミズムは、日本をはじめ各地で作動していることがわかる。もちろん、容易に想像できるとおり、それらは、おのおの場面ごとに、個別具体的なかたちで作動したり相互に接合したりするのであり、そのなかで、各国家における布置連関がくっきりとえがきだされてゆく。ただし、この点については、次の問題が枢要、というよりも最枢要である。つまり、国家間の相違は単に時系列的なものだろうか。すなわち、それは政治社会文化的な領域における異なった発展段階の産物だろうか。もしもそうであれば、フランス型モデルは普遍的有効性を維持できることになる。それとも、これとは逆に、準幹部公務員と国家の妥協について、さまざまなモデルや類型を区別する必要があるのだろうか――研究の現状では、この問題に回答することはできない。ここでいえるのは、近代国家の歴史と中間層の歴史との接点に位置し、それゆえ近代国家や中間層を研究するに際して有益な観測地点となりうるような研究領域が、わたしたち歴史学者のとりくみを待っている、ということにとどまる。

（1）　たとえば、二〇〇七年六月九日に高等師範学校で開催された近現代史学会主催シンポジウム「グローバル・ヒストリー、接合する歴史――歴史研究スケールの変化か？」を参照。

（2）　本稿の翻訳を担当いただいた小田中直樹氏に謝意を表したい。

（3）とくに、アラン・コルバン氏の指導のもとに、一八七一年から一九一四年におけるパリ市議会議員に関する博士論文を完成した長井伸仁氏を念頭においている。

（4）テュイリエの研究は膨大な論文として発表されている。その多くは『行政研究』に掲載された（[102][103][104][105][108][109][110]）。そのほかに言及するべきは、刊行時には、その時点における彼の研究の総合的な位置を占めていた『一九世紀省庁における日常生活』（Thuillier, G., *La vie quotidienne dans les ministères au XIXème siècle*, Paris, Hachette, 1976）である。下級国家公務員の不明瞭な世界に入りこみたいものにとって、同書は今日でもなおきわめて貴重な文献である。

（5）Merley Jean, « Une source de l'histoire économique et sociale méprisée: les annuaires provinciaux et départementaux des XVIIIème et XIXème siècles », *Bulletin du Centre d'histoire économique et sociale de la région lyonnaise*, 1974-3, pp. 29-44.

（6）稿末に個人カードの例を付しておいたので、それをみれば、ここで得られた結果を想像できるはずである。

参考文献

1　一九世紀フランスにおける公務員

1・1　総論

[1] Burdeau François, *Histoire de l'administration française du 18ème au 20ème siècle*, Paris, Montchrestien, 1994.

[2] Dreyfus Françoise, *L'invention de la bureaucratie. Servir l'Etat en France, en Grande-Bretagne et aux Etats-Unis*（*XVIIIème-XXème siècle*）, Paris, La Découverte, 2000.

[3] Legendre Pierre, *Trésor historique de l'Etat en France*, Paris, Fayard, 1992.

[4] Legendre Pierre, *L'administration du XVIIIème siècle à nos jours*, Paris, Presses Universitaires de France, 1969.

[5] Pinet Marcel (ed.), *Histoire de la fonction publique en France*, Vol. 3, Les XIXème et XXème siècles, Paris, Nouvelle Librairie de France, 1993.

[6] Rosanvallon Pierre, *L'Etat en France de 1789 à nos jours*, Paris, Seuil, 1992.

[7] Thuillier Guy, *Bureaucratie et bureaucrates en France au XIXème siècle*, Genève, Droz, 1980.

[8] Thuillier Guy, *La bureaucratie en France aux XIXème et XXème siècles*, Paris, Economica, 1987.

[9] Thuillier Guy, Tulard Jean, *Histoire de l'administration française*, Paris, Presses Universitaires de France, 2nd éd., 1994.

1・2　研究史の総括

[10] Bodineau Pierre, « L'histoire de la fonction publique s'écrit peu à peu: un bilan rapide des recherches des quinze dernières années », *Revue des sciences administratives de la Méditerranée occidentale*, 1987, pp. 84–87.

[11] Le Bihan Jean, « Les fonctionnaires français du XIXème siècle. Essai de bilan historiographique », *Sociétés et Cultures de l'Ouest. Bulletin du Centre de Recherches historiques sur les sociétés et cultures de l'Ouest européen*, Université Rennes 2, 1, 2001, pp. 46–65.

[12] Legendre Pierre, « L'épreuve des travaux: bibliographie sommaire des trois dernières décennies », *Histoire de l'administration*, Paris, Cujas, 1972, pp. 110–130.

[13] Legendre Pierre, « L'histoire de l'administration dans les facultés de droit et des sciences économiques: inventaire d'un héritage », *Histoire de l'administration*, 1972, pp. 17–27.

[14] Thuillier Guy, Tulard Jean, « L'histoire de l'administration au XIXème siècle depuis dix ans: bilan et perspectives », *Revue historique*, 524, 1977, pp. 441–455.

[15] Tudesq André-Jean, « L'histoire de l'administration (XIXème et XXème siècle), dans les facultés des lettres et des sciences humaines », *Histoire de l'administration*, Paris, Cujas, 1972, pp. 28–34.

1・3 モノグラフ

[16] Aubert Jacques et al., *Les préfets en France (1800–1940)*, Genève, Droz, 1978.

[17] Bellanger Emmanuel, *Administrer la « banlieue municipale »: activité municipale, intercommunalité, pouvoir mayoral, personnel communal et tutelle préfectorale en Seine banlieue des années 1880 aux années 1950*, Ph. D. Thesis, Université Paris 8, 2004.

[18] Berliere Jean-Marc, *L'institution policière en France sous la IIIème République (1875–1914)*, Ph. D. Thesis, Université de Dijon, 1991.

[19] Bernaudeau Vincent, « Les magistrats de la cour d'appel d'Angers: entre méritocratie et auto-reproduction d'une compagnie judiciaire de province (1848–1883) », *Annales de Bretagne et des pays de l'Ouest*, 105, 1998, pp. 69–83.

[20] Bernaudeau Vincent, *La justice en question. Histoire de la magistrature angevine au XIXème siècle*, Rennes, Presses Universitaires de Rennes, 2007.

[21] Bertinotti-Autaa Dominique, *Recherches sur la naissance et le développement du secteur tertiaire en France: les employés des P. T. T. sous la 3ème République*, Ph. D. Thesis, Université Paris 1, 1984.

[22] Bertinotti Dominique, « Carrières féminines et carrières masculines dans l'administration des Postes et Télégraphes à la fin du XIXème siècle », *Annales. Economies, Sociétés, Civilisations*, 40–3, 1985, pp. 625–640.

[23] Brunot André, Coquand Robert, *Le corps des Ponts et Chaussées*, Paris, CNRS, 1982.

[24] Buttoud Gérard, *L'Etat forestier: politique et administration des forêts dans l'histoire française contemporaine*, thèse d'Etat de science politique, Université Nancy 2, 1983.

[25] Buttoud Gérard, *Les conservateurs des Eaux-et-Forêts sous la Troisième République (1870–1940). Matériaux biographiques pour une sociologie historique de la haute administration forestière française*, Nancy, INRA, 1981.

[26] Caplat Guy (ed.), *Les inspecteurs généraux de l'Instruction publique. Dictionnaire biographique 1802–1914*, Paris, INRP and CNRS, 1986.

[27] Carre de Malberg Nathalie, « Le recrutement des inspecteurs des finances de 1892 à 1946 », *Vingtième siècle. Revue d'histoire*, 8, 1985, pp. 67–91.

[28] Chadeau Emmanuel, *Les inspecteurs des finances au XIXème siècle: profil social et rôle économique (1850–1914)*, Paris, Economica, 1986.

[29] Charle Christophe, « Naissance d'un grand corps, l'Inspection des finances à la fin du XIXème siècle », *Actes de la Recherche en Sciences sociales*, 42, 1982, pp. 3–17.

[30] Charle Christophe, *Les professeurs de la faculté des lettres de Paris (1809–1939), dictionnaire biographique*, Paris, CNRS and INRP, 1985, 1986.

[31] Charle Christophe, *La République des Universitaires 1870–1940*, Paris, Seuil, 1994.

[32] Charle Christophe, Ferre Régine, *Le personnel de l'enseignement supérieur en France aux XIXème et XXème siècles*, Paris, CNRS, 1985.

[33] Charle Christophe, Telkes Eva, *Les professeurs du Collège de France (1901–1939)*, Paris, CNRS and INRP, 1988.

[34] Charle Christophe, Telkes Eva, *Les professeurs de la faculté des sciences de Paris (1901–1939)*, Paris, CNRS and INRP,

1989.

[35] Clinquart Jean, *La douane et les douaniers de l'Ancien Régime au Marché Commun*, Paris, Taillandier, 1990.

[36] Condette Jean-François, *Les recteurs d'académie en France de 1808 à 1940*, 1: *La formation d'une élite administrative au service de l'instruction publique*, 2: *Dictionnaire biographique*, Paris, INRP, 2006.

[37] Couailhac Marie-Josée, *Les magistrats dauphinois au XIX*^{ème} *siècle*, Grenoble, CRHESI, 1988.

[38] De Luca Virginie, *Les inspecteurs de l'Assistance publique: figures tutélaires de la III*^{ème} *République*, Ph. D. Thesis, Université de Versailles-Saint-Quentin-en-Yvelines, 1999.

[39] De Luca Virginie, « Des inspecteurs des Enfants assistés aux inspecteurs de l'Assistance publique: la lente transformation d'un fonctionnaire local en un fonctionnaire d'Etat au XIXème siècle », *Revue française des affaires sociales*, 2001–4, p. 98.

[40] Duchesne Denise, *Le personnel de la Cour de cassation de 1800 à 1830*, Ph. D. Thesis, Ecole pratique des hautes études, 1979.

[41] Dumons Bruno, Pollet Gilles, « "Fonctionnaires" municipaux et employés de la ville de Lyon（1870–1914）: légitimité d'un modèle administratif décentralisé », *Revue historique*, 581, 1992, pp. 105–125.

[42] Dumons Bruno, Pollet Gilles, Saunier Pierre-Yves, *Les élites municipales sous la III*^{ème} *République des villes du Sud-Est de la France*, Paris, CNRS, 1997.

[43] Fernandez Alexandre, « Le personnel communal à la recherche d'un statut, du Consulat aux "Lois de décentralisation" », in Guillaume Pierre（ed.）, *La professionnalisation des classes moyennes*, Talence, Maison des sciences de l'homme d'Aquitaine, 1996, pp. 57–69.

[44] « Figures de gendarmes », *Sociétés et représentations*, 16, 2003.

[45] GEGOT Jean-Claude, *Le personnel judiciaire de l'Hérault (1790-1830)*, thèse d'histoire du droit, Université de Montpellier, 1974.

[46] GERBOD Paul, « Les inspecteurs généraux et l'Inspection générale de l'Instruction publique de 1802 à 1882 », *Revue historique*, 236, 1966, pp. 79-106.

[47] GERBOD Paul, *La condition universitaire au XIX*ème *siècle*, Paris, Presses Universitaires de France, 1965.

[48] *Histoire du ministère de l'Intérieur de 1790 à nos jours*, Paris, La Documentation française, 1993.

[49] HOUTE Arnaud-Dominique, *Le métier de gendarme national au XIX*ème *siècle*, Ph. D. Thesis, Université Paris 4, 2006.

[50] HUGUET Françoise, *Les inspecteurs généraux de l'instruction publique (1802-1914). Profil d'un groupe social*, Paris, INRP, 1988.

[51] JOURDAN Jean-Paul, « Les juges de paix de l'Aquitaine méridionale (Landes, Basses-Pyrénées, Hautes-Pyrénées) de 1870 à 1914 », *Annales du Midi*, 100, 1988, pp. 287-305.

[52] JOURDAN Jean-Paul, « Les magistrats de la cour d'appel de Pau au XIXème siècle (1811-1914) : éléments de sociologie », *Revue de Pau et du Béarn*, 1988, pp. 233-260.

[53] KAWA Catherine, « Les employés du ministère de l'Intérieur pendant la Première République (1792-1800) : approche prosopographique de la bureaucratie révolutionnaire », *Annales historiques de la Révolution française*, 295, 1994, pp. 110-120.

[54] KAWA Catherine, *Les employés du ministère de l'Intérieur pendant la Première République (1792-1800). Approche prosopographique de la bureaucratie révolutionnaire*, Ph. D. Thesis, Université Paris 1, 1993.

[55] LE BIHAN Jean, « Le personnel municipal rennais au XIXème siècle. Bilan d'une enquête », *Mémoires de la Société d'histoire et d'archéologie de Bretagne*, 81, 2003, pp. 433-464.

[56] LE BIHAN Jean, « Les "gradés" de préfecture ou l'émergence contrariée de nouveaux "cadres" administratifs au XIXème siècle », *Le Mouvement social*, 218, 2007, pp. 13–28.

[57] LE CLERE Bernard, WRIGHT Vincent, *Les préfets du Second Empire*, Paris, Armand Colin, 1973.

[58] LECOMTE Catherine, « Le personnel communal de l'empirisme au statut », in *Fonction publique et décentralisation*, Lille, Presses Universitaires de Lille, 1987.

[59] LEMETAYER-REZZI Nathalie, *Servir la République: prosopographie de hauts fonctionnaires coloniaux de 1880 à 1914*, Ph. D. Thesis, Université de Provence, 2005.

[60] LUC Jean-Noël (ed.), *Gendarmerie, Etat et société au XIXème siècle*, Paris, Publications de la Sorbonne, 2002.

[61] MARAIS Jean-Luc (ed.), *Les préfets de Maine-et-Loire*, Rennes, Presses Universitaires de Rennes, 2000.

[62] MARNOT Bruno, *Les ingénieurs au parlement sous la IIIème République*, Paris, CNRS, 2000.

[63] MASSALOUX Jean-Paul, *La régie de l'Enregistrement et des Domaines aux XVIIIème et XIXème siècles*, Genève, Droz, 1989.

[64] MAYEUR Françoise, *L'enseignement secondaire de jeunes filles sous la Troisième République*, Paris, Presses de la Fondation Nationale des Sciences Politiques, 1977.

[65] METAIRIE Guillaume, *Le monde des juges de paix de Paris (1790–1838)*, Paris, Loysel, 1994.

[66] METAIRIE Guillaume, *Des juges de proximité. Les juges de paix. Biographies parisiennes (1790–1838)*, Paris, L'Harmattan, 2002.

[67] MICKELER Pierre, *Les agents des régies financières au XIXème siècle*, thèse d'histoire du droit, Université Paris 12, 1994.

[68] NICOLAS Gilbert, *L'école normale primaire de Rennes et la première génération de normaliens en Bretagne: 1831–1852*, Ph. D. Thesis, Université Paris 4, 1992.

[69] Nicolas Gilbert, *Instituteurs entre politique et religion. La première génération de normaliens en Bretagne au XIXème siècle*, Rennes, Apogée, 1993.

[70] Picon Antoine, *L'invention de l'ingénieur moderne. L'Ecole des Ponts-et-Chaussées, 1747–1851*, Paris, Presses de l'Ecole Nationale des Ponts et Chaussées, 1992.

[71] Pinaud Pierre-François, *Les trésoriers-payeurs généraux au XIXème siècle. Répertoire nominatif et territorial*, Paris, Editions de l'Erudit, 1983.

[72] Pinaud Pierre-François, *Les receveurs généraux des Finances 1790–1865. Répertoire nominatif et territorial*, Genève, Droz, 1990.

[73] Pinaud Pierre-François, *Histoire des finances publiques au XIXème siècle: le ministère des finances, 1789–1870. Techniques financières et prosopographie des fonctionnaires*, Ph. D. Thesis, Ecole des hautes études en sciences sociales, 1995.

[74] Reddy William M., « "Mériter votre bienveillance": les employés du ministère de l'Intérieur en France de 1814 à 1848 », *Le Mouvement social*, 170, 1995, pp. 7–37.

[75] Reid Donald, « L'identité sociale de l'inspecteur du travail, 1892–1940 », *Le Mouvement social*, 170, 1995, pp. 39–59.

[76] Richez Sébastien, *Le développement des Postes au XIXème siècle: acculturation des Français, implantation et mutation des infrastructures et des personnels à travers l'illustration de la Normandie 1830–1914*, Ph. D. Thesis, Université de Caen, 2002.

[77] Rousselet Marcel, *Histoire de la magistrature française*, Paris, Plon, 1957.

[78] Royer Jean-Pierre, Martinage Renée, Lecocq Pierre, *Juges et notables au XIXème siècle*, Paris, Presses Universitaires de France, 1982.

[79] Serman William, *Le Corps des officiers sous la Deuxième République et le Second Empire*, Atelier National de Reproduction

des Thèses, Université Lille 3, 1979.

[80] Serman William, *Les officiers français dans la nation 1848–1914*, Paris, Aubier, 1982.

[81] Siwek Pouydesseau Jeanne, *Le corps préfectoral sous la III*^{ème} *et la IV*^{ème} *République*, Paris, Armand Colin, 1969.

[82] Thepot André, *Les ingénieurs du corps des mines au XIX*^{ème} *siècle*, Ph. D. Thesis, Université Paris 10, 1991.

[83] Todisco Umberto, *Le personnel de la Cour des Comptes* (*1807–1837*), Genève, Droz, 1969.

[84] Veillon Didier, *Magistrats au XIX*^{ème} *siècle en Charente-Maritime, Vienne, Deux-Sèvres et Vendée*, La Crèche, Geste, 2001.

[85] Viet Vincent, « La professionnalisation du corps des inspecteurs du travail », in Guillaume Pierre (ed.), *La professionnalisation des classes moyennes*, Talence, Maison des sciences de l'homme d'Aquitaine, 1996, pp. 117–128.

[86] Viet Vincent, *Aux origines de l'inspection du travail au XX*^{ème} *siècle. L'inspection de 1892 à 1914*, Ph. D. Thesis, Institut des études politiques de Paris, 1992.

[87] Vincent Gérard, « Les professeurs de l'enseignement secondaire dans la société de la "belle époque" », *Revue d'histoire moderne et contemporaine*, 13, 1966, pp. 49–86.

[88] Voutyras Anne-Marie, *Statuts des professeurs et auxiliaires des facultés de 1800 à 1848*, thèse d'histoire du droit, Université Paris 2, 1989.

[89] Wright Vincent, *Les préfets de Gambetta*, Paris, Presses de l'Université Paris-Sorbonne, 2007.

2　他のアプローチ

2・1　ヒエラルヒー的アプローチ

[90] Chagnollaud Dominique, *Le premier des ordres. Les hauts fonctionnaires* (*XVIII*^{ème}*-XIX*^{ème} *siècles*), Paris, Fayard, 1991.

[91] Charle Christophe, *Les élites de la République 1880–1900*, Paris, Fayard, 1987.

[92] Charle Christophe, *Les hauts fonctionnaires en France au XIXème siècle*, Paris, Gallimard, 1980.

[93] Jourdan Jean-Paul, « A la recherche d'une classe moyenne dans les rangs de la fonction publique: le cas du XIXème siècle », in Guillaume Pierre（ed.）, *Regards sur les classes moyennes XIXème-XXème siècles*, Talence, Maison des sciences de l'homme d'Aquitaine, 1995, pp. 45–52.

[94] Jourdan Jean-Paul, « Petit emploi public et considération sociale dans la France du XIXème siècle », in Pontet Josette（ed.）, *A la recherche de la considération sociale*, Talence, Maison des sciences de l'homme d'Aquitaine, 1999, pp. 135–142.

[95] Le Bihan Jean, *Fonctionnaires intermédiaires au XIXème siècle. L'exemple de trois corps en Ille-et-Vilaine（« gradés » de préfecture, percepteurs, conducteurs des Ponts et chaussées）*, Ph. D. Thesis, Université Rennes 2, 2005.

2・2　地域的アプローチ

[96] Jourdan Jean-Paul, *Du sans-grade au préfet: fonctionnaires et employés de l'administration dans les villes de l'Aquitaine（1870–1914）*, Talence, Maison des sciences de l'homme d'Aquitaine, 1994.

[97] Jourdan Jean-Paul, *Le personnel de l'administration dans le sud-ouest aquitain de la fin de l'Ancien Régime aux années 1880*, thèse d'Etat, Université Paris 4, 2000.

[98] Thoral Marie-Cécile, « Naissance d'une classe sociale: les fonctionnaires du bureau, du Consulat à la Monarchie de Juillet. Le cas de l'Isère », *Revue d'histoire du XIXème siècle*, 32, 2006, pp. 93–110.

3 職種横断的なテーマ

3・1 職歴と地位

[99] BIDOUZE René, « Du Serment de fidélité à l'Empereur au statut général des fonctionnaires de l'Etat et des collectivités locales », *Revue française d'administration publique*, 25, 1983, pp. 9–30.

[100] PATAULT Anne-Marie, « Les origines révolutionnaires de la fonction publique: de l'employé au fonctionnaire », *Revue d'histoire du droit*, 64–3, 1986, pp. 389–405.

[101] PIBOUBES Jean-Yves, « Les dossiers de carrière des fonctionnaires », unpublished paper presented at the seminar « Réflexions sur les sources écrites de la biographie politique », Université Paris 1, 13 November 1999.

[102] THUILLIER Guy, « Une histoire de la notation administrative », *Revue administrative*, 159, 1974, pp. 228–236.

[103] THUILLIER Guy, « Pour une histoire de la notation administrative: la communication du dossier et l'article 65 de la loi du 22 avril 1905 », *Revue administrative*, 167, 1975, pp. 454–468.

[104] THUILLIER Guy, « La gestion du personnel des ministères au XIXème siècle: l'exemple de la Guerre（1830–1880）», *Revue administrative*, 183, 1978, pp. 261–273.

[105] THUILLIER Guy, « L'avancement, choix ou ancienneté », *Revue administrative*, 185, 1978, pp. 483–494 and 186, 1978, pp. 618–625.

3・2 賃金と退職

[106] BIDOUZE René, « Les modalités de détermination des traitements de fonctionnaires: évolution du début du XXème siècle à nos jours », *Revue française d'administration publique*, 28, 1983, pp. 703–731.

[107] Jourdan Jean-Paul, « Pour une histoire des traitements des fonctionnaires de l'administration au XIXème siècle: l'apport du Bulletin des lois à travers les années 1789–1914 », *Histoire, Economie, Société*, 10–2, 1991, pp. 227–244.

[108] Thuillier Guy, « Les sources d'une histoire des pensions civiles au XIXème siècle », *Bulletin d'histoire de la Sécurité sociale*, 23, 1991, pp. 29–39.

[109] Thuillier Guy, *Les pensions de retraite des fonctionnaires au XIXème siècle*, Paris, Association pour l'étude de l'histoire de la Sécurité sociale, 1994.

[110] Thuillier Guy, *Les retraites des fonctionnaires (1790–1914). Débats et doctrines*, Paris, Association pour l'étude de l'histoire de la Sécurité sociale, 1996.

3・3 集団的行動とサンディカリスム

[111] Beaud Olivier, « Bureaucratie et syndicalisme: histoire de la formation des associations professionnelles des fonctionnaires civils des ministères（1870–1904）», *Revue administrative*, 244, 1988, pp. 309–322.

[112] Beaud Olivier, *Aux origines du syndicalisme des "cadres" de la fonction publique, le cas des fonctionnaires des ministères (1870–1914)*, thèse de droit, Université de Caen, 1984.

[113] Narritsens André, *Le syndicalisme des Indirectes (1903–1940)*, Montreuil, Institut CGT d'histoire sociale, 1993.

[114] Siwek Pouydesseau Jeanne, « Un groupe à part: petits et moyens fonctionnaires », in Lavau Georges, et al.（eds.）, *L'univers politique des classes moyennes*, Paris, Presses de la Fondation Nationale des Sciences Politiques, 1983.

[115] Siwek Pouydesseau Jeanne, *Le syndicalisme des fonctionnaires jusqu'à la guerre froide 1848–1948*, Lille, Presses Universitaires de Lille, 1989.

[116] Siwek Pouydesseau Jeanne, « Le syndicalisme des fonctionnaires (1900–1981) », *Vingtième siècle, Revue d'histoire*, 37, 1993, pp. 115–126.

3・4　公務員と政治

[117] Baruch Marc Olivier, Duclert Vincent (ed.), *Serviteurs de l'Etat. Une histoire politique de l'administration française 1875–1945*, Paris, La Découverte, 2000.
[118] Gerbod Paul et al., *Les épurations administratives (XIXème et XXème siècles)*, Genève, Droz, 1977.
[119] Joly Bertrand, « Boulangisme et fonction publique: le syndicat des révoqués », *Revue historique*, 581, 1992, pp. 89–104.
[120] Le Bihan Jean, « Fonctionnaires et République en Bretagne avant 1914. Sur l'état d'une question », *Ar Falz*, 88, 2004, pp. 31–36.
[121] Machelon Jean-Pierre, *La République contre les libertés? Les restrictions aux libertés publiques de 1879 à 1914*, Paris, Presses de la Fondation Nationale des Sciences Politiques, 1976.
[122] Piboubes Jean-Yves, *Le serment politique en France 1789–1870*, Ph. D. Thesis, Université Paris 1, 2003.
[123] Wright Vincent, « Administration et politique sous le Second Empire », *Revue des travaux de l'Académie des sciences morales et politiques*, 1973, pp. 287–302.

4　中位の官職保有者――研究が進行中の一領域

[124] Cassan Michel (ed.), *Les officiers "moyens" à l'époque moderne. France, Angleterre, Espagne*, Limoges, Presses Universitaires de Limoges, 1998.

[125] Cassan Michel (ed.), *Offices et officiers "moyens" en France à l'époque moderne. Profession, culture*, Limoges, Presses Universitaires de Limoges, 2004.

[126] « Etat et administrateurs de rang moyen à l'époque moderne », *Histoire, Economie, Société*, 4, 2004.

[127] Nagle Jean, « L'officier "moyen" dans l'espace français de 1568 à 1665 », in Genet Jean-Philippe, *L'Etat moderne: Genèse*, Paris, CNRS, 1990, pp. 163–174.

[128] « Officiers "moyens" (I) », *Cahiers du centre de recherches historiques*, 23, 1999.

[129] « Officiers "moyens" (II). Officiers royaux et officiers seigneuriaux », *Cahiers du centre de recherches historiques*, 27, 2001.

6

巻頭言

『アナール』第 66 巻第 1 号

およそあらゆる人文社会科学雑誌と同じく、今日『アナール』は科学出版の変容、調査研究にかかわる諸政策の帰結、そして新たな読書慣行に直面している。オンライン化、フリー・アクセス、バンドル化された雑誌の参照、キーワードをもちいた研究参照といった時代にあって、首尾一貫した編集プロジェクトを推進しつづけるには、どうすればよいのだろうか。とりわけ、科学的評価が求める点を満たすことと、リスクをとるという営みは、いかに両立させうるのだろうか。このうち前者には様々な観点にもとづいて評価分析されることが含まれているし、これに対して後者がないところに野心的な編集プロジェクトは存在しえない。また、ありとあらゆる歴史の新しい記述法や新しい研究対象や新しい研究方法に門戸を開くことと、つねに諸雑誌が担うことをよぎなくされてきた知の保証という役割は、いかに両立させうるのだろうか。さらにまた『アナール』には、これら挑戦に加えて、専門化、というよりは過度の専門化の時代において総合的な性格をもつ雑誌であり、また革新的たらんとしつづけていると自他ともに認める雑誌であるという特徴が付け加わる。みずからを裏切ることなく進化するには、いかにすればよいのだろうか。硬直化することなく自己を貫きとおすには、いかにすればよいのだろうか。

『アナール』は進化する。今日の時点で目につく証拠として、二つの営為を挙げておこう。そのうち、まず人目を引く局面といえば、刊行回数の変化である。すなわち、本誌は今年から季刊というリズムを採用する。これにより、各号には、読まれ議論される時間が確保されるはずだ。この新たな刊行回数は、それと同時に、本誌掲載諸論文が科学的に評価分析されることを促すだろう。この科学的な評価分析は、知が細分化された時代にあっては不可欠であり、しかしながら時間を要するプロセスである。第二に、本誌の機能が再編されたことは、国際科学委員会の設置と、運営委員会の刷新にみてとれる。これらは、より大規模なプロジェクトの最初の要素にすぎない。今後数カ月のうちに、本誌はインターネットに自前のサイトをもつ予定である。これにより、未公刊のテクスト、本誌掲載諸論文の例証や補完となる文書、さらには、そしてとりわけ（われわれが希望するところによれば）論争や討論を公開することが可能になるだろう(1)。なされるべきは、サイトの内容と本誌の内容を、時間性や形態（フォーマット）の相違を活用しながら接合することである。最後に、もっとも野心的な、ただしもっとも必要な作業として、来年から『アナール』英語版を電子刊行することがある。同版は、フランス語版を補完するものとなるはずだが、本誌にとってはたゆまぬ努力を払わなければならないことを意味する。しかしながら、これは、調査研究の国際的なアクターでありつづける、すなわち外国の執筆者の文章を刊行し外国で読まれつづけることを望む雑誌にとっては、不可欠の条件であると、われわれはかたく信じている。これは、いかなる意味においても、英語の優越という現状に降伏することではない。逆に、フランス語圏における人文科学の生産物を擁護しつづけることを確認するためのものである。はっきりといってしまおう。アメリカ合衆国、のみならず中国やブラジルやドイツで読まれることを望むフランス人研究者は、すでに英語で公刊しているし、その度合いはますます増加してゆくことだろう。英語は、事実上、科学における国際標準語になっている。メジャーな人文科学雑誌が二カ国語刊行制度を採用すれば、みずからの言葉で執筆および刊行しつづけながらも、国際的な次元で翻訳されたり、読者をえたり、存在をアピールしたりできる可能性が拓かれるはずだ。

編集体制の価値は、いかなる知的プロジェクトが土台をなしているかによって決まる。今日は、特定のパラダイムの勝利を宣言したり、特定のパラダイムのために闘ったり、方法に関する教訓を垂れたり、諸学問領域の地政学を語ったりするべき時代ではない。まったくもってそうではない。われわれのみるところ、われわれの認識論的局面の主要な特徴をなすのは、社会科学における理論的および方法論的な多元主義である。われわれは、これはポジティヴな事態である考えている。たしかに、かつて『アナール』はひとつの歴史学派であったかもしれない。しかし、そうだとしても、かなり以前から、もはや『アナール』はひとつの歴史学派ではない。それでは、これまで何度も論じられてきた本誌のプロジェクトは、折衷主義のなかに溶解してしまったのだろうか。われわれは、そう考えてはいない。まったく逆に、この開かれた知的空間においてこそ、『アナール』はみずからが独自であることを唱道しつづけうると確信している。この独自性は、おもに以下の三点に由来する。

第一は、方法論的な反省の存在が求められるということである。『アナール』は、モデル化から物語に至るまで、数量史からケース・スタディに至るまで、あるいは社会史から思想史に至るまで、歴史を実践し描写する多種多彩な方法に開かれつづけることを望んでいる。ただし、優先的に掲載されるのは、みずからがもちいる手続きについて探究するテクスト、新しい方法の試行や独自な概念の彫琢を提唱するテクスト、そして歴史にかかわる問題設定の革新に貢献するテクストである。たしかに、歴史学におけるイノベーションは、新たな資料の発見に基づいている。しかし、このイノベーションは、それ以上に、そして以前から、新たな資料を探究する新たな方法に基づいている。歴史学における手続きをかくのごとく構築主義的に概念化することこそ『アナール』の特徴であった。むろんそれは様々に異なる形態を採りえてきたが、今日においても、この態度はかわらない。われわれが書評論文やさまざまな形態の討論を正当にも重視するのはそのためである。

「歴史、社会科学」。本誌の副題は、今後もプログラムでありつづける。『アナール』は先史時代から最近年までのすべての時期をカバーする歴史学の専門誌であり、そのことには一点の曇りもない。しかしながら、本誌は他の学問領域と対話する必要性を主張することに、一貫して心を砕いてきた。この対話は、たえず開きなおされ、深化し、さらには再構築されなければならない。他の学問領域も、あるいは諸学問領域のあいだに存在する関係もまた、進化しているからである。われわれの同僚が実践していることを時代遅れのかたちで概念化して土台にするニセの学際性ほど危ういものはない。この努力は、ここ数年にあっては、とりわけ法学、社会学、人類学、さらにはまた文芸理論、美術史学、哲学の方向にむけて進められてきた。なお、長きにわたってじつに密接な関係をとりむすんできた地理学や経済学との対話については、次の機会に論じることにしたい。重要なのは、学問領域としての歴史学の独自性を否定することではなく、ファジーな学際性を推進することでもなく、人文社会科学のただなかに討論と意見交換の共有空間が存在するよう努めることである。

最後に、本誌の第三の独自性は、フランス以外の空間、とりわけヨーロッパ外部の領域に対して注意を払うことであり、この点に変化はない。だからといって、グローバル・ヒストリーに対する今日の熱狂に無条件に追随するつもりはない。グローバル・ヒストリーは、しばしば方法論的な単純化と曖昧さの担い手たるにとどまっているからだ。『アナール』は、世界に開かれ、体系的な比較という手法を奉じ、交流や接続という現象に注意を払う点で長い伝統をもつと自任しているが、ただし、本誌がとりわけ留意しつづけているのは、こういった歴史がいかなる形態を採りうるかという問題である。この点に関して、われわれは数年前に特集号を編んだが、再度本誌で論じる予定である。この間、われわれは、中国史、中央アジア史、インド史、南北アメリカ史、あるいはアフリカ史にかかわるテーマを何度もとりあげてきた。この領域においては、二つの課題をクリアすることが緊要であると考えられる。第一は、外国史を明らかにするにとどまらず、外国史に関する史学史を明らかにし、それによって歴史や歴史研究に関する相異なる概念化のあり方の接合を目指すことである。第二は、地理的範囲の次元における区分を避けるべく学際的でテーマ先行的なアプローチを提示し、また問題設定の革新を促すことである。

これは、どうみても、完璧に設定された作業プログラムを描写したものではない。むしろ、知的な地平線や、とりわけ一つの編集プロジェクトを素描したにすぎない。すなわち、相異なる歴史学的あるいは認識論的な伝統を背景としているかもしれないが、十分考えぬいたうえで知の境界線を移動させようと試みているテクストを読み、議論し、論争する機会をひとびとに提供する、というプロジェクトである。

（1）この機会に、今日、本誌の内容はすべてウェブ上でアクセス可能であることを再言しておきたい。本誌の古い時期のバックナンバーは「ペルセ（Percée）」および「ジェイストール（Jstor）」の両サイトにおいてアクセス可能である。最新号および過去数年間の分については、本誌購読者はアルマン・コラン社のサイトにおいて、および〔一部については非購読者であっても〕「ケルン（Cairn）」サイトにおいて、おのおののアクセス可能である。

7

巻頭言

『アナール』、今日、明日

『アナール』第 67 巻第 3 号

今日、科学専門誌はいかなるものでありうるのか。われわれは、二〇一一年第一号の巻頭言〔本書第六章〕において『アナール』の進化を宣言した際、この問題を提示した。「人文社会科学の危機」なる言説が氾濫しているときにあって、われわれはこの設問に回答を提示したいと思う。この言説は、しばらく前からわれわれの諸学問領域が直面してきた経済的、政治的、および制度的な困難のなかで拡延してきたが、だからといって、ここ数年来の歴史学や社会科学の諸領域を特徴づけている目覚ましい革新から目を逸らさせるものであってはならない。直近の二〇年間をみると、もろもろの知と実践が再配置されたことがはっきりとわかる。すなわち、人間科学におけるポスト・モダニズムや文化論的転回を起源とする設問が考慮に入れられ、行動やデータを新しいかたちで分析することによって社会経済史学が革新され、歴史上の行動の時間性（historicité）と歴史学者による叙述の時間性との関係が省察され、史料批判の位置づけが変容し、諸社会科学のあいだの交流や、さらには哲学や文学との交流が重視され、さらには、ケース・スタディと一般化手続きを接合することによって歴史の認識論に関する省察が深化してきた。これら進化は「歴史学の危機」が乗り越えられたことを証すものである。たしかに科学的調査研究の空間は、一九六〇年代末の知的および制度的な大転換を経て明確になったとおり、拡散してきた。しかしながら、このことはまた、ひとつの再編成という現象でもある。黄金時代のノスタルジーのなかで生きるヒマがあったら、この現象の様相を理解しようとするべきであろう。研究者は、どの世代においても、危機という試練に直面してきた。われわれをとりまく危機は、おそらく、これまでの危機ほど悲劇的なものではない。ただし、これまでのものとおおきく異なっていることは確かである。すなわち、政治的、経済的、あるいは知的な諸問題に加えて、調査研究と結果公表の手段が技術的に変容しつつあるのだ。デジタル革命は、パソコンや電子メールの日常的な使用から、オンライン公開、さらには書籍や雑誌の遡行的デジタル化による大量の古書アクセスに至るまで、社会科学の具体的なしごとを変容させた。研究者には、この事態を評価する責任がある。それは、過去数十年間になされてきた知的、技術的、および制度的な変化を記憶にとどめる責任があるのと同様だ。ここのところ毎年、歴史学者たちは、さらに広く社会科学の実践者たちは、働き、問題設定と方法を革新し、新たな経験的結果を得つづけてきた。もっとも研究者は、研究プログラムに関する宣言という放蕩行為を避けようと（正統にも）配慮してきた。それのみならず、数十年前に比して、社会科学に対する世論の関心は低下している。それゆえ、おそらく、ここまで述べてきた進化は、以前ほど華々しいものではないであろう。しかしながら、理論的な下準備は継続的になされてきた。歴史学の新たな光景が、その概略を示しつつある。『アナール』は、これら進化にこれまで貢献し、また今後も貢献しつづけるものとして、現状を報告し説明したいと望んでいる。

では、それはいかなる手段によってか。実際のところ重要なのは、本誌の知的な野望と、物質的な形態をわけて考えないことである。まずもって考慮するべきは、紙媒体のフランス語版を可能なかぎり広く流通させつづけることだ。紙媒体のフランス語版こそは本誌の自然なる姿であり、その知的な一貫性は物体としての統一性のなかに、すなわち特定のテーマに関する論文、試論、書評論文、そして研究紹介（recension）からなる冊子が織りなすセットのなかに映し出されている。しかしながら、紙媒体が緩やかに衰退するという現象は定期刊行物も例外ではなく、発行部数とコストの問題を生ぜしめている。それゆえ『アナール』は、他の雑誌と同様に、数年前から電子版を（モバイル端末を除いて）販売し、また古いバックナンバーについては極力無料アクセスを可能にする、という方策を選択してきた。われわれは、利益を得んと考えているのではなく、われわれを支えてくれている公的諸機関が負担に同意しているコストを公正に分配できるような、バランスのとれた経済モデルを探求している。それゆえ、完全に無料アクセス可能なオンライン雑誌という形態からも、諸科学機関のメンバーが生み出した業績にアクセスするために多額の出費を強いることで、公的な調査研究投資から巨額の金をむしり取る民間出版社による刊行からも、距離をとろうと考えたのである。

すべて困難は、本誌の二つの実践、すなわち紙媒体版とオンライン版を、均衡点を見出しつつ連接させるという一点に尽きる。一方では、紙媒体版は、本誌のアイデンティティにとって、また本誌とコミュニティ、つまりフランス語圏の学生および研究者のコミュニティが織りなす紐帯にとって、本質的な役割を果たしている。他方において、電子版は、国外の読者を増やしつづける唯一のチャンスを体現している。『アナール』は、創刊の時点から、フランスおよびフランス語圏諸国の国境を越えることを目的としてきた。その証拠に、本誌の読者は国内よりも国外のほうが多い。新たな活力を見出す手段としては、まず本誌の編集メンバーを国際化することがあるが、それとともに、そしてそれ以上に重要なのは、いかなる言語で刊行するかという問題を省察することである。われわれは、紙媒体版は完全にフランス語で刊行しつづけつつ、論文にかかわる部分は、本当の意味でバイリンガルなオンライン版を読者に提供することを選択した。本誌の活動の主要な一部分をなす研究紹介は、しばらくのあいだは、紙媒体版においても電子版においてもフランス語のみとなる予定である。これにより、研究紹介の独自性が維持されることになる。になお研究紹介については、国際的な科学論争においてしかるべき位置を占めるべく読者を増やすことを目的として、本誌のウェブサイトを刷新し、さらにはヨーロッパ「レセンシオ・ネット（recencio.net）」プロジェクトのプラットフォームに統合させる予定である。社会科学高等研究院（EHESS）、国立科学研究センター（CNRS）、フローレンス・グールド財団、そしてパリ・アメリカン大学から支援を得て、翻訳チームをコーディネートするアメリカ人大学教員とアメリカ人編集担当秘書を編集メンバーに迎え、さらには『アナール』運営委員の全員が努力することにより、この野心的な企画を開始することが可能となった。バイリンガル版の技術的な困難としては、二つの相異なる印刷コードをもちいなければならないことや、英語においてもフランス語においても科学言語として高品質たらんとしなければならないことがあるが、これらは実際のところ大変である。政治的なリスクもまた、フランスは自国言語の保護と顕彰に熱心な国だけに、小さくはない。しかしながら、われわれには、この実験は試行に値すると思われたのである。

この選択は、単に編集の次元において適応したということにとどまるものではない。本巻頭言で提示した新たな体制の総体と同様に、これもまた、新しいツールの助けを借りつつ、『アナール』の遺産に深く根付いている歴史学の目的を発展させることを重視しようという、ひとつの知的な方向性である。バイリンガル版により、フランス語圏のすべての研究者は、みずからの言語で書き公表しつづけると同時に、英語によって世界中の読者に訴えかける機会が得られるだろう。また、われわれが望むところによれば、これまで以上に英語圏の研究者を惹きつけ、彼らが異なる種類の公衆に訴えかけることを可能にするだろう。研究の国際化は空疎な言葉ではない。すなわち、合衆国やヨーロッパ以外をみてみると、ラテン・アメリカ、インド、中国、ロシア、日本、中近東、あるいはアフリカなど、古き知的伝統をもつがこれまで軽視されてきた諸国における歴史学のダイナミズムは、目覚ましいものである。この文脈においては、事態を喜ぶか嘆くかにかかわらず、フランス語はもはやどうにかやってゆくだけの存在となり、英語こそが伝達言語になりつつある。英仏バイリンガル版は、『アナール』の国際的な野心に忠実でありつづけ、われわれのアイデンティティを譲り渡すことなく歴史学に関するわれわれのプロジェクトの影響力を強化することに貢献し、本誌の未来、したがって知的および経済的な基盤を確たるものにするための、最善の方法であると思われる。

新たな刊行政策の発展の手段としては、もうひとつ、今や科学にとって不可避の作業ツールとなったウェブサイトを、本誌独自でオンライン公開することがある。その目的は、われわれの読者に対して、紙媒体各号を補完し随行する出版空間を提供することにある。このサイトをもちいることにより、今後は、本誌の現況をすべて確認するのみならず、バック・ナンバーとのリンクにより、本誌の歴史的資産を見出すことが可能になる。このうち後者については、キーワードで検索したりテーマの変遷をたどったりする電子的な手法が利用されることにより、再活性化が実現されるだろう。このサイトはまた、付録やテクストやビデオをオンライン公開し、それらを参照に供することで、本誌読者との新たな紐帯を創造し、論文の新たな読みかたと発表の仕方を発展させせうるはずである。これまでも、運営委員会に投書したり、返答を公開したりすることは、つねに可能であった。しかしながら、この意見交換には、伝統的な編集処理形態という制約があった。われわれは、このサイトを、本誌以上に早いリズムおよび柔軟な方法で科学的な討論を活性化させる特別な空間にしたいと考えている。それは、刊行された論文や研究紹介をめぐって、コメントすることが読者に奨励され、執筆者に返答が求められることにより、討論の場となるだろう。すなわち、科学的な生活の核心にあり、本誌がなしてきた知的活性化という作業の土台をなすのは、さまざまな形態の討論である。本誌のサイトは、電子技術をもちいて、これら討論を押し広げようとするものである。

バイリンガル版とウェブサイトを補完する第三のイノベーションとしては、フランス国立図書館の支援を得て、刊行された号をめぐる公開討論会を定期的に組織することがある。われわれが『アナール』において実現しようと努めている使命のひとつは、歴史学および社会科学の職業的専門家コミュニティの境界をのりこえることだ。すなわち、本誌は、中等教員、学生、さらには調査研究の現状を一望したいと望む一般公衆をも対象としている。市民の総体（cité）に対してさらに開かれるというのは、本誌創刊者たちの意志を継ぎ、また公共的な調査研究という理想を追求する立場に身を置くための、ひとつの方法である。

では、いかなる展望があるのか。われわれは、各種の媒体や、相異なる言語や、さらには現在の編集事業とこれまで蓄積されてきた遺産とのあいだに補完性を構築することにより、本誌の機能の新たなかたちを提唱することを展望している。実際のところ、オンライン化は、各号を、基本単位すなわち論文に分割してセット化するが、それら論文が、本来位置づけられる総体と関連づけられるかといえば、必ずしもそうではない。雑誌の機能を希薄化させるこの進化に直面するとき、質が大切だといった回答では十分でない。いうまでもなく、高水準の雑誌を実現するには、外部の匿名査読者に支えられた運営委員会という制度が機能することが必要である。しかしながら、雑誌とは、評価権限をもつ機関などではなく、物質的な紙の束と同一視されるようなものでもない。アイデンティティと認識と価値の根拠たりうるもの、すなわち知的なプロジェクトなのだ。これは、スローガンを生産しなければならないとか、流行を生み出さなければならないとか、史学史のセクト主義的なビジョンを擁護しなければならないとかいったことを意味するわけではない。われわれが試みたいのは、単なる方針をこえて、さまざまな原則を実地に適用することである。すなわち、歴史科学および社会科学の経験的な成果と方法論的な提案とを結びつけたテクストを刊行すること。地理的および年代的な地平線を可能なかぎり押し広げることによって、科学の国際的な生産行為に対して本誌の門戸を極力開くこと。歴史学とは人間科学という学際的なプロジェクトの一環をなす社会科学の一領域であると考えること。そして、科学的な業績に対して、実証主義と相対主義というシンメトリカルな因習に陥るのを避けるために不可欠な、自己反省的で批判的な次元を提供することである。『アナール』が雑誌でありつづけたいというのであれば、雑誌以上のものとならなければならない。方針ではなく、要求が必要だ。プログラムではなく、実践と執筆行為と手続きと作法《さくほう》が必要だ。ひとことで言えば、語の全ての意味において「スタイル」が求められているのである。

編訳者あとがき

本書の中核をなすのは、二〇〇八年から二〇一四年にかけて雑誌『思想』（岩波書店）に不定期連載された小特集「《批判的転回》以降のフランス歴史学」で訳出された五本の論文である。

ベルナール・ルプチ「今日の『アナール』」（『思想』第一〇一二号、二〇〇八年）（Bernard Lepetit, "Les *Annales* aujourd'hui," *Review* 18-2, 1995）（本書第一章）

ミシェル・ヴェルネール＆ベネディクト・ツィンメルマン「交錯する歴史を考える——経験的なるものと再帰的なるもののはざまで」（『思想』第一〇二一号、二〇〇九年）（Michael Werner and Bénédicte Zimmermann, "Penser l'histoire croisée: entre empirie et réflexivité," *Annales. Histoire, Sciences Sociales* 58-1, 2003）（本書第四章）

ジャン・ルビアン「一九世紀フランスにおける準幹部公務員——ある研究の中間報告」（『思想』第一〇三二号、二〇一〇年）（Jean Le Bihan, "Les fonctionnaires intermédiaires dans la France du XIXème siècle: le point sur un chantier en cours," Japanese original version）（本書第五章）

ジェラール・ノワリエル「社会的なるものの主観主義的アプローチにむけて」（『思想』第一〇八三号、二〇一四年）（Gérard Noiriel, "Pour une approche subjectiviste du social," *Annales. Economies, Sociétés, Civilisations* 44-6, 1989）（本書第三章）

パトリック・フリダンソン「組織、新たな研究対象」（『思想』第一〇八六号、二〇一四年）（Patrick Fridenson, "Les organisations, un nouvel objet," *Annales. Economies, Sociétés, Civilisations* 44-6, 1989）（本書第二章）

この小特集は、一九八八年から翌年にかけてフランスの代表的な歴史学専門誌である『アナール』誌上で論じられた「トゥルナン・クリティーク（危機的な曲がり角／批判的転回）」から約二〇年を経て、フランス歴史学はいかなる方向に進んでいるのかを知りたい、という、ぼくのささやかにして私的な欲求から企画されたものであるが、さいわいにして『思想』編集長（当時）互盛央氏（現・講談社）の快諾を得て、実現に至った。

互氏のご厚意に対し、心から謝意を表したい。

また、小特集においては、フランス歴史学の動向を知悉している日本の歴史学者に対して、関連テーマに関するいわばカウンターパートをなすべき論文の執筆を依頼し、これまたさいわいにも快諾と寄稿を得た。本書には再録できなかったが、具体的には次の三本の論文である。読者諸賢には、ぜひ『思想』にて参照されたい。

渡辺和行「ポストモダンの社会史と『アナール』」（『思想』第一〇一二号、二〇〇八年）

平野千果子「交錯するフランス領アフリカとヨーロッパ――ユーラフリカ概念を中心に」（『思想』第一〇二一号、二〇〇九年）

長井伸仁「プロソポグラフィとミクロの社会史――フランス近現代史研究の動向から」（『思想』第一〇三二号、二〇一〇年）

唐突かつムチャな依頼をこころよく引受けてくださった渡辺氏、平野氏、そして長井氏には、感謝を表現すべき言葉もない。ふかくお礼もうしあげたい。

さらに、小特集の完結からしばしのときを経て、かつて『思想』編集部で、何の故にか遅々として進まぬ小特集をめぐる互氏の悪戦苦闘ぶりを目の当たりにしていた岡林彩子氏（現・法政大学出版局）から、全体に対する訳者解題その他を付し、日本の読書界に少しでも資すものとすべきではないか、という申出があった。学術書をめぐる近年の出版状況をかえりみるに、これはまこと（語の二重の意味で）有難き事態であり、どう考えても返事は「はい」か「イエス」か「よろこんで」の三択である。そのような次第で、せっかくの機会ゆえ近年『アナール』運営委員会が発した二本の巻頭言を訳出し、訳者解題として「イントロダクション」を書下ろしたうえで、全体を一書に編んで成ったのが本書である。

「巻頭言」（“Editorial,” *Annales. Histoire, Sciences Sociales* 66–1, 2011）（本書第六章）

「巻頭言　『アナール』、今日、明日」（“Les *Annales*, aujourd'hui, demain,” *Annales. Histoire, Sciences Sociales* 67–3, 2012）（本書第七章）

岡林氏の無謀ともいうべきご提案には、頭を垂れるのみである。

一九七〇年代から八〇年代に至る「社会史ブーム」に前後する時期のわが国において、雑誌『アナール』、同誌に集う通称「アナール学派」の歴史学者たち、ひいてはフランス歴史学は、テオーリアの次元で様々なインスピレーションを与えてくれた。そして、その後「トゥルナン・クリティーク」を経て、いまや彼らはプラクシスの次元に主戦場を移したかにみえる。

それでは、今後、雑誌『アナール』は、アナール学派は、そしてフランス歴史学は、どこに進んでゆくのか。ひるがえって、ぼくら日本の歴史学者はどこに進むべきなのか。その際、フランス歴史学からテオーリアやプラクシスの次元で学ぶことはあるのか……などと、ひとり勝手に感慨にふけっていた二〇一六年秋、当の『アナール』運営委員会はウェブサイト（http://annales.ehess.fr/）上に声明を出し、二〇一七年から同誌を完全にバイリンガル化することを明らかにした。同誌に掲載される論文、書評、研究紹介などの文章は、おそらくは膨大な翻訳コストをかけて、すべて英仏二カ国語で刊行されることになる。ましいった。

歴史学は、やはり生きているのである。

二〇一六年秋　杜の都にて

小田中直樹

《叢書・ウニベルシタス　1054》
歴史学の最前線
〈批判的転回〉後のアナール学派とフランス歴史学

2017年3月25日　初版第1刷発行

小田中直樹 編訳

発行所　一般財団法人 法政大学出版局
〒102-0071 東京都千代田区富士見 2-17-1
電話 03 (5214) 5540　振替 00160-6-95814

印刷 平文社　製本 積信堂

ISBN978-4-588-01054-5　Printed in Japan

著　者
ベルナール・ルプティ（Bernard Lepetit）
1948-1996 年。1989 年から死去するまで社会科学高等研究院指導教授。専門は歴史学。

パトリック・フリダンソン（Patrick Fridenson）
1944 年生まれ。現在、社会科学高等研究院名誉教授。専門は経営史学。

ジェラール・ノワリエル（Gérard Noiriel）
1950 年生まれ。現在、社会科学高等研究院指導教授。専門は史学史、歴史理論。

ミシェル・ヴェルネール（Michael Werner）
1946 年生まれ。現在、国立科学研究センター研究指導教授および社会科学高等研究院指導教授。専門は独仏関係論。

ベネディクト・ツィンメルマン（Bénédicte Zimmermann）
社会科学高等研究院指導教授。専門は独仏比較歴史社会学。

ジャン・ルビアン（Jean Le Bihan）
1971 年生まれ。レンヌ第二大学准教授。専門はフランス近代史。

編訳者
小田中直樹（おだなか なおき）
1963 年生まれ。東京大学大学院経済学研究科第二種博士課程単位取得退学。博士（経済学、東京大学）。現在、東北大学教授。専門はフランス社会経済史。
主な著書に『フランス近代社会 1814-1852――秩序と統治』（木鐸社、1995 年）、『19 世紀フランス社会政治史』（山川出版社、2013 年）。